LE VIANDIER
DE TAILLEVENT

LE VIANDIER
DE
GUILLAUME TIREL
DIT
TAILLEVENT

Enfant de cuisine de la reine Jehanne d'Évreux, queu du
Roi Philippe de Valois et du duc de Normandie, Dauphin de Viennois,
premier queu et Sergent d'armes de Charles V, Maistre
des garnisons de cuisine de Charles VI

1326-1395

Publié sur le Manuscrit de la Bibliothèque Nationale
avec les variantes des Mss. de la Bibliothèque Mazarine et des Archives
de la Manche, précédé d'une introduction et accompagné de notes

PAR

LE BARON JÉRÔME PICHON

Président de la Société des Bibliophiles françois

ET

GEORGES VICAIRE

On y a joint des pièces originales relatives à Taillevent,
les reproductions de ses sceaux et de son tombeau, la réimpression
de la plus ancienne édition connue de son livre, une édition nouvelle
du plus ancien Traité de cuisine écrit en françois
et une table des matières.

A PARIS
SE VEND CHEZ TECHENER
M.DCCC.XCII

TABLE DES CHAPITRES

Introduction	1
Bibliographie	XLVII
Manuscrit de la Bibliothèque Nationale . . .	1
Extraits du manuscrit de la Bibliothèque Mazarine	35
Manuscrit de la Bibliothèque du Vatican . . .	209
Édition du XVᵉ siècle	43
Additions de Pierre Gaudoul	103
Traité de cuisine écrit vers 1300	113
Pièces justificatives	129, 277
Additions et corrections	160, 298
Table alphabétique des matières	153, 283

TABLE DES PLANCHES

Tombeau de Taillevent (dessin de M. E. Guerrier), en regard du titre.	
Tombeau de Taillevent (reproduction d'après le moulage)	XVI
Tombeau de Taillevent (dessin de M. de Gaignières)	XVIII
Sceaux de Taillevent (Reproduction des trois) . .	XXII, XXVII
Fac-simile de l'édition la plus ancienne connue .	LIII
Fac-simile de l'édition de la Bibliothèque de Grenoble	LIX
Figure sur bois de l'édition de 1545	LXVIII
Fac-simile d'une quittance scellée de Taillevent	142
Fac-simile du manuscrit du Vatican	212

INTRODUCTION

INTRODUCTION

Le *Viandier* de Taillevent est un des plus anciens traités culinaires connus qui aient été écrits en françois et probablement dans les langues modernes. Nous n'en connoissons qu'un seul qui lui soit certainement antérieur [1], et encore ce traité est-il fort incomplet. Le *Viandier* a été plusieurs fois, on pourroit même dire souvent, réimprimé depuis la fin du xv° siècle jusqu'en 1604 [2], et il y a d'autant plus lieu de

---

(1) Petit traité de cuisine, écrit vers 1306 d'après M. Douet d'Arcq qui l'a publié dans la *Biblioth. de l'École des Chartes*, tome I, 5° série, 1860, pp. 216-224. Il fait partie d'un ms. de la Biblioth. Nat. portant le n° 7131 du fonds latin, in-folio, sur vélin, de 166 ff. Ce ms. commence par un *Traité de chirurgie composé par Henri de Amondeville, chirurgien de Philippe le Bel*, en 1306.

(2) Voir plus loin la *Bibliographie des manuscrits et des imprimés* du « Viandier ».

s'étonner d'un si long succès que tous les imprimés, pleins de fautes, contiennent des phrases tellement tronquées, tellement incompréhensibles que jamais praticien, fût-il le plus habile, n'aura pu mettre, avec profit, en pratique les recettes de ce traité.

On connoît trois manuscrits anciens de cet ouvrage, sans compter celui qui est mentionné dans l'*Inventaire du Duc de Berry*[1]. Ces manuscrits sont conservés, l'un à la Bibliothèque Nationale, l'autre à la Bibliothèque Mazarine, le troisième aux Archives de la Manche, à Saint-Lô. Le plus ancien est celui de la Bibliothèque Nationale ; celui de la Bibliothèque Mazarine est le plus étendu[2] ; le manuscrit de Saint-Lô est, à la fois, le plus récent et le moins développé. Les deux premiers diffèrent profondément ; le second a été l'objet d'un

---

(1) Ce ms. fait partie d'un gros volume ainsi décrit : « Art. 910. Un gros volume, escript en françoys, de lettre de court, ouquel sont contenuz les livres qui s'ensuivent : le livre de la Propriété des choses, le livre de l'Istoire de Thèbes, le livre de l'Istoire de Troye, le livre d'Orose, le livre de Lucan, le Romans de la Rose, le Testament maistre Jehan de Mehun, le Trésor et le Testament du dit maistre Jehan de Mehun, Boèce, de Consolation, Matheole et autres livres, et ou derrenier est le *Viendier Taillevent* ; et au commencement du second fueillet du dit volume est escript : en especial ; et est couvert de cuir rouge empraint, à quatre fermouers de cuivre et V gros boullons de mesmes sur chascune aiz ; lequel volume mon dit Seigneur achata, ou moys de may mil cccc et IIII de maistre Regnault du Montet, la somme de II^c escus d'or. » *Invent. du duc de Berry de 1416*, aux Archives nationales. — Même article dans l'*Invent. de Sainte-Geneviève*, où ce volume est prisé 75 livres tournois. — On ne sait pas ce que ce livre est devenu.

(2) Bien qu'il ne contienne que 141 recettes, tandis que celui de la Bibliothèque Nationale nous en donne 144. Il est vrai que, dans ce dernier ms., les recettes sont exposées beaucoup plus brièvement.

travail de révision et d'augmentation postérieures, car on y trouve, outre de légères modifications au texte original, quelques recettes vraisemblablement étrangères à l'œuvre de Taillevent. Le copiste n'a, du reste, apporté aucun soin dans l'accomplissement de sa besogne ; la plupart des recettes, à la fin principalement, se trouvent pêle-mêle, non-seulement sans titres, mais encore écrites les unes à la suite des autres et sans alinéas. Plusieurs de ces recettes, surtout parmi celles qui concernent les sauces, sont répétées à deux endroits du manuscrit et l'on s'imagine aisément l'embarras des infortunés queux chargés d'opérer d'après cette détestable copie.

Le nom de l'auteur se lit sur le manuscrit de la Mazarine comme sur celui de la Bibliothèque Nationale; dans le manuscrit conservé à Saint-Lô, l'ouvrage est anonyme, mais il offre de telles ressemblances avec les deux premiers, avec le premier surtout, qu'on ne sauroit douter un instant que ce soit une version de Taillevent, avec variantes. Ce traité se trouve transcrit à la suite d'un *Journal de la recepte de la terre et baronnie de la Haye-du-Puits*, pour l'année 1454.

Le manuscrit de la Bibliothèque Nationale porte la mention suivante qui prouve, d'une manière irréfutable, sinon la date précise à laquelle fut composé le *Viandier*, du moins son existence avant 1392 : « *Cest viandier fu acheté a paris par moy Pierre Buffaut lun mil ccc iiii^{xx}*

xij ou pris de vi s. par. » Il est donc incontestable que le traité de Taillevent fut écrit au xive siècle, mais quel étoit ce Taillevent, son auteur?

L'intitulé du *Viandier* donne à Taillevent la qualité de « maistre queux du Roy nostre sire », sans dire de quel roi. Legrand d'Aussy qui ne le connoissoit que par les imprimés, ayant remarqué qu'on y mentionnoit un banquet donné pour le comte du Maine et Mademoiselle de Châteaubrun, au Bois sur la mer, le 6 juin 1455, a cru Taillevent attaché à la maison de Charles VII[1] et,

---

(1) *Hist. de la vie priv. des Français*, éd. 1815, t. iii, p. 230. — C'est ce menu, certainement ajouté à l'œuvre de Taillevent, qui a induit en erreur ses premiers éditeurs et leur a fait croire que Taillevent étoit cuisinier de Charles VII. »

Ce banquet fut, assurément, donné à l'occasion des négociations relatives à la succession de Bretagne, non pas au *Bois sur la mer* qui n'existe probablement pas, mais au *Bois-Sire-Amé*, château situé près de Bourges où Charles VII et Agnès Sorel passoient souvent la belle saison. Le *Bois-Sire-Amé* fut appelé aussi le *Bois Trousseau*, à cause d'Artault Trousseau, vicomte de Bourges, un de ses possesseurs. Charles VII, qui l'avoit probablement acheté de lui, le donna, en juin 1447, à Agnès Sorel, après l'avoir fait restaurer par les soins de Jacques Cœur.

Ce banquet est du 6 juin 1455 et nous voyons Charles VII au Bois-Sire-Amé le 4 du même mois ; à cette date, il donna, en ce lieu, des lettres imposant une crue ou supplément d'impôt pour payer la rançon de Guill. Cousinot (*Vallet de Viriville*). La date donnée au menu concorde donc parfaitement avec le séjour de la Cour au Bois-Sire-Amé.

Deux dames sont citées dans ce menu et les suivants : Mme de Villequier et Mme de Châteaubrun. Antoinette de Maignelais, dame de Villequier, est fort connue. Elle était cousine — et non nièce — d'Agnès Sorel et lui succéda, après sa mort, dans les bonnes grâces de Charles VII. Quant à Mme de Châteaubrun, que M. Vallet de Viriville dit être Colette de Vaux, c'étoit une belle et séduisante personne qui nous paroît avoir tourné la tête deux ans plus tard, en 1457, aux ambassadeurs hongrois venus alors pour demander la main de Madeleine de France, fille du Roi, pour le Roi Ladislas de Hongrie. Ces ambassadeurs furent très brillamment reçus à leur arrivée en France et les banquets de Mme de Foix

comme il avoit vu figurer un Taillevent en qualité d'écuyer de cuisine dans un état de la maison royale pour 1381, il a pensé qu'il s'agissoit là d'un ancêtre de

et des comtes d'Etampes et de la Marche, dont les menus figurent dans le Taillevent imprimé, nous semblent bien devoir être les mêmes que ceux dont Georges Chastelain a parlé avec détails.

Chastelain raconte qu'au banquet donné par le Cte de Foix le 23 décembre 1457, un chevalier allemand, appelé messire Jehan Strapt, fit vœu sur le paon que, pour l'honneur de la demoiselle de Villequier auprès de laquelle il étoit placé, jamais il ne s'asseoiroit à table, ni à dîner, ni à souper, *jusqu'à ce qu'il eût fait armes pour l'amour d'elle* ; un chevalier hongrois, que Chastelain ne nomme pas, jura qu'un mois après être revenu dans son pays il romproit deux lances à fer émoulu pour l'honneur de la demoiselle de Châteaubrun et ne se vestiroit que de noir jusqu'à ce qu'il eût accompli son vœu *pour l'amour que ladite damaiselle en estoit vestue par tout icelay jour.*

Le père Menestrier, dans ses *Origines des ornements des armoiries*, Lyon, 1680, in-12, p. 218, dit que les vicomtes de Bergues S. Winock avoient pour cri de guerre : *Bergues a madame de Chateaubrun*. On se demande si ce ne seroit pas à notre enchanteresse des banquets de 1455 et 1457 que ce cri devroit son origine.

Châteaubrun étoit un fief appartenant, vers cette époque, à la grande maison de Naillac en Limousin ; mais nous ne pouvons, malgré nos recherches au Cabinet des Titres, désigner exactement la personne qui portoit ce nom. Il est probable que, comme Mme de Villequier, elle étoit mariée, mais que son mari n'étoit qu'écuyer et non chevalier ; c'est pourquoi ces deux dames n'étoient appelées que *Mademoiselle* et non *Madame*.

Le comte du Maine, Charles d'Anjou, étoit frère du Roi René et beau-frère de Charles VII qu'il servit fidèlement et brillamment. Il semble qu'il étoit lié avec Mme de Châteaubrun puisqu'il étoit dit que le banquet étoit donné pour elle et pour lui.

Le Comte de Foix étoit Gaston IV (de la branche de Grailly). Il posséda ce comté de 1436 à 1472, année de sa mort. C'étoit aussi un serviteur fidèle de Charles VII.

Le Comte de la Marche étoit, à cette époque, Bernard d'Armagnac, Cte de Pardiac, deuxième fils du connétable d'Armagnac, tué à Paris en 1418 et père de l'infortuné duc de Nemours, décapité sous Louis XI, en 1477.

Le Comté d'Étampes étoit, alors, disputé entre la maison de Bretagne et celle de Bourgogne. Il nous semble toutefois qu'alors le Cte d'Etampes devoit être François de Bretagne, fils de Richard de Bretagne, Cte d'Etampes et de Marguerite d'Orléans. Il devint duc de Bretagne, en 1458, après la mort d'Artus II, son oncle, duc de Bretagne. C'est lui qui fonda l'université de Nantes.

l'auteur du *Viandier*[1]. Les auteurs des *Mélanges tirés d'une grande bibliothèque*[2], mieux inspirés, ont dit que Taillevent avoit été cuisinier de Charles V et de Charles VI, mais sans apporter aucune preuve à l'appui de cette assertion. Il est donc exact de dire que l'on n'avoit émis nulle part une opinion raisonnée sur le nom de l'auteur du *Viandier* et sur l'époque de la composition de son ouvrage avant l'article que l'un de nous publia dans le *Bulletin du Bibliophile*, en 1843[3]. Un certain nombre de documents découverts depuis la publication de cet article nous permettent aujourd'hui de traiter la question avec plus de développements.

C'est dans une pièce de 1326[4] relative au couronnement de la reine de France, Jeanne d'Évreux, femme du roi Charles le Bel, que nous voyons figurer, pour la première fois, le nom de Taillevent. Le futur auteur du *Viandier* y est cité parmi les enfants de cuisine qui sont : Jehanin Le Camus, Guillaume de Recloses, *Taillevent* et Galerne. Nous pouvons donc le croire, à

---

(1) *Hist. de la vie priv. des Français*, éd. 1815, t. II, p. 230.
(2) Par le M⁹ de Paulmy et Contant d'Orville. Paris, 1779-88, 69 vol. in-8, tome III, p. 42.
(3) Voir Article de M. le B⁹⁹ Jérôme Pichon, *Bulletin du Bibliophile* (Paris, Techener), livraison de juin 1843.
(4) *Officiers des maisons de Roys, Reynes, Enfans de France et de quelques princes du sang*, t. I, p. 71, Biblioth. Nation., mss., fonds français, 7852. Voyez « Les Robes du Couronnement de la Reyne de France Jeanne d'Évreux, femme du roy Charles le Bel ». La « Livrée des robbes » a été faite à la Pentecôte 1326, par Pierre des Essarts, argentier, et Thomas Coste.

cette époque, âgé d'une douzaine d'années environ. Pendant vingt ans, de 1326 à 1346, nous perdons momentanément sa trace ; il n'est plus question de lui dans les différentes ordonnances que nous avons compulsées, et ce n'est qu'en 1346 qu'il nous réapparoît au service de Philippe VI de Valois. D'enfant de cuisine de la reine Jeanne d'Évreux, il est devenu queu du roi. Philippe de Valois étant à Roye-lez-Sainte-Geme [1], le 12 mai 1346, ordonne au bailli de Rouen de payer à Guillaume Tirel, son *keu*, une somme de deux cents vingt-huit livres quatre deniers et maille parisis qui lui appartient à cause de sa femme « fille de Jehane, suer de feu Jacques Bronart, jadis sergent d'armes » [2].

(1) Roye étoit un château près du village de Sainte-Geme ou Sainte-Jamme situé lui-même sur la lisière de la forêt de Marly, et près de l'abbaye de Joyenval. Il en subsistoit encore des ruines au siècle dernier et sur son emplacement existe aujourd'hui une propriété appelée le *Désert* (Voir *Hist. de Saint-Germain*, par Abel Goujon, 1829, p. 429).

Il nous paroît bien probable que ce nom qui est celui d'une petite ville de Picardie et d'une très grande maison qui a joué un long rôle dans notre histoire, étoit venu à ce château de Barthélemy de Roye, fondateur de l'abbaye de Joyenval, en 1221, ou d'un de ses successeurs dont plusieurs furent enterrés en ce lieu.

Le château de Roye appartenoit-il à Philippe de Valois, ou ce prince y étoit-il seulement venu pour se livrer au plaisir de la chasse dans la forêt de Marly? C'est ce que nous ne pouvons dire. Outre la pièce que nous citons, on en connoît encore une autre, de 1345, relative aux bestiaux importés dans le Gévaudan, donnée au même lieu par ce même prince, ce qui milite en faveur de la possession de ce château par lui. En tout cas, il est bien probable que Taillevent y étoit avec lui quand le mandement du 12 mai 1346 fut expédié.

(2) Voir plus loin, *Pièces justificatives*, n° 1. C'est à M. Bernard Prost que nous devons la connoissance de cette pièce.

Le 24 octobre suivant, le roi qui se trouvoit à Compiègne[1], ordonne au même bailli de Rouen de payer à son amé queu certains deniers qui lui étoient dus « à cause de sa femme ». Il est évident que c'est toujours de la succession de Jacques Bronart (ou Bonard)[2] qu'il s'agit. Trois ans plus tard, en octobre 1349, ce même prince, étant à Saint-Léger en Yveline, permet à son amé queu de bouche Guillaume Tirel dit Taillevent et à Jeanne sa femme de fonder[3], quand il leur plairoit, pour leur salut et celui des leurs, une chapelle de 24 livres de rente à prendre sur une maison dite Larchière[4] qu'ils possédoient à Saint-Germain-

---

(1) Voir plus loin, *Pièces justificatives*, n° 2 et 3.

(2) L'épitaphe de la première femme de Guillaume Tirel prouve que son vrai nom étoit *Bonard*. Le nom de Bronart paroît donc bien être ici une faute pour Bonard.

(3) *Pièces justificatives*, n° 4.

(4) Saint Louis, étant à Saint-Germain-en-Laye, en octobre 1229, confirma la donation d'une rente annuelle faite à la Chapelle de l'hôpital Saint-Éloi de Saint-Germain par Regnault Larcher, officier de sa maison et de celles des rois Philippe-Auguste et Louis VIII pour le repos des âmes de ces trois rois qu'il avoit servis. « Regnault Larcher possédoit, dit M. Abel Goujon, dans son *Hist. de Saint-Germain-en-Laye*, 1829, p. 514, une maison assez considérable, et près de la chapelle Saint-Éloi dont il étoit fondateur un petit fief qui a donné son nom à une cour qui existe encore et s'appelle la *Cour Larcher*. » C'est très probablement la maison de Regnault Larcher, dite Larchière, à cause de lui, que possédoit Taillevent ; mais où se trouvoit cet immeuble ? Un document que nous avons vu à la Bibliothèque municipale de Saint-Germain nous éclaire sur ce point. Il s'agit d'un acte de vente d'une maison passé, par devant notaires, le 12 janvier 1675 entre Séraphin Testu, intendant des affaires de Madame Louise-Françoise de la Baume Le Blanc, duchesse de La Vallière, paire de France, et Olivier de Bessac, intendant de Monseigneur le Comte de Vermandois. Seraphin Testu reconnoît « avoir vendu, cédé, quitté, transporté et dellaissé du tout... une maison seize

en-Laye, sans payer aucun droit d'amortissement. Ce don étoit fait à Guillaume Tirel, en considération des bons et agréables services que le roi avoit reçus de lui au temps passé et de ceux qu'il espéroit encore en recevoir.

C'est au prieuré de Notre-Dame d'Hennemont [1], près Saint-Germain-en-Laye, et dont l'établissement remonte aux premières années du xiv° siècle, que Taillevent se détermina à fonder cette chapelle et à y fixer sa sépul-

à S. Germain en Laye, grande rue du d. lieu appellée *Taillevand*, consistant en deux corps du logis, hangards au milieu, dans laquelle est une cave, lesd. corps de logis apliquez à cuisine, salle de chambres, gardcrobbes et greniers, escurie, le tout couvert de thuille... tenant d'un costé au chemin dudit S. Germain à la chaussée de Chaigaigne, d'autre au sieur Ferand, d'un bout et d'autre bout par devant, sur lad. rue allant dud. S. Germain au Port au Pecq, lad. maison estant en la censive de sa Majesté et des religieux et Couvent nostre Dame d'Hennemont... la dite maison de la dame Duchesse de La Vallière, cy-devant acquise de Messire François Michel Le Tellier, marquis de Louvois, secretaire d'estat et de dame Anne de Souvré, son espouse, par contrat passé devant Mouffle et Lefouyn, notaires à Paris, le xxix mars 1669. »

Il existe encore à Saint-Germain, rue des Ursulines (aujourd'hui rue Voltaire), n° 44, un *Hôtel de Louvois*; c'est, très probablement, cet hôtel que la duchesse de La Vallière acquit, en 1669, du ministre de Louis XIV et qu'elle céda, en 1675, au comte de Vermandois, son fils. D'après l'emplacement que lui assigne l'acte de vente, emplacement situé non loin de la *Cour Larcher* actuelle, dont l'entrée est entre les n°° 40 et 42 de la rue de Paris, on peut croire que cet immeuble, bâti sur l'ancien fief de Regnault Larcher, n'étoit autre que la maison *Larchère* que possédoit Taillevent et qui se seroit, après lui, appelée *Taillevand*.

(1) Le prieuré d'Hennemont avoit été fondé, au mois de mars 1309, par Petronille ou Perrenelle de Giry (de Geriaco), demoiselle de la Reine, sur « la terre et seigneurie » que lui avoit données Philippe IV le Bel, en 1289, « en reconnoissance des bons services qu'elle auoit rendu a Elizabeth sa mère pour lors décédée et qu'elle rendoit actuellement à Jeanne de Navarre, Reine de France, sa femme. » Par de nouvelles lettres données à Meaux en 1299, le roi laissoit à Petronille de Giry liberté entière de disposer « comme il luy plaira de cette terre d'Hannemont ». La fondatrice avoit alors abandonné, en 1309, sa propriété aux Religieux du Val

ture. Sa femme, Jeanne Bonard, mourut en 1363 ; il est très probable que ce fut à cette époque que Taillevent mit à exécution son projet de fondation d'une chapelle. Puis, s'étant ultérieurement remarié avec Isabeau Le Chandelier, il fit faire une superbe tombe plate sur laquelle il étoit représenté les mains jointes, armé de toutes pièces, entre ses deux femmes. Sa tête est couverte d'un bassinet ; une cotte de mailles s'y attache, garantit ses bras et ses cuisses, en passant sous une cotte d'armes, probablement en cuir, garnie de clous. Sa masse d'armes et sa dague pendent à son côté droit ; ses pieds et ses jambes sont garnis de plaques ; à ses talons sont fixés de gros éperons recourbés. A la garde de sa longue épée dont le pommeau est orné d'une croix se trouve suspendu son écu à la fasce chargée de trois chaudières, ou trois marmites si l'on veut, et accompagné de six roses, trois en chef mises en fasce et trois en pointe posées 2 et 1. Nous retrouverons ce même écu sur trois sceaux de Taillevent apposés au bas de trois pièces dont nous reproduisons l'une en *fac-simile*.

des Ecoliers de Sainte-Catherine de Paris « pour y establir un monastère où ils seroient sept Religieux comptant le Prieur » ; elle attacha à cette fondation plusieurs services à perpétuité, « entr'autres pour ses père et mère qu'elle ne nomme point et pour deux de ses frères, l'un nommé Pierre de Giry, abbé de Saint-Benoît-sur-Loire et l'autre Simon de Giry, prieur de Sainte-Céline, de Meaux. » Petronille de Giry décéda en 1325 le samedi après la Saint-Marc et fut enterrée dans le prieuré. Gaignières rapporte que son tombeau étoit placé du côté de l'Evangile. *Biblioth. Nationale*, Gaignières, fonds latin, 17048, t. I, f. 671.

La première femme de Guillaume Tirel, Jehanne Bonard, est représentée vêtue d'une robe décolletée et coiffée en cheveux, tandis que la seconde, Isabeau Le Chandelier, porte sur un costume à peu près semblable un chaperon. Cette différence de costume est singulière et nous la signalons au lecteur. Comme Taillevent, ses deux femmes ont les mains jointes. Aux pieds de chacun des trois personnages, sont placés des chiens. La partie supérieure de la tombe est d'une ornementation et d'un dessin très élégants; au-dessus de chaque personnage on aperçoit, assez vaguement du reste, Dieu le Père assis et recevant dans les plis de sa tunique les âmes du défunt et des défuntes; de chaque côté de Dieu, se tiennent debout deux anges portant un chandelier. Les inscriptions funèbres forment comme un encadrement autour de la pierre tombale.

Cette tombe, qui mesure 2 ^{m} 72 de hauteur et 1 ^{m} 40 de largeur, est excessivement curieuse. M. de Gaignières à qui les amis de l'Histoire sont redevables de tant de monuments conservés dans ses dessins, a eu soin de la consigner dans son merveilleux recueil d'épitaphes, et nous avons pensé qu'il ne seroit pas sans intérêt de reproduire ici ce monument tel que Gaignières l'a vu, à la fin du xviie ou, plus probablement, au commencement du xviiie siècle. Nous avons voulu également le montrer dans l'état où il est actuellement, alors que près de deux cents ans se sont écoulés depuis l'exécution du premier dessin, et ce n'est pas sans éprouver de sérieuses difficultés que nous sommes enfin parvenus à atteindre notre but.

La tombe de Taillevent est conservée au musée de la ville de Saint-Germain-en-Laye[1]; scellée dans le mur de l'escalier qui conduit à la bibliothèque municipale, elle reçoit le jour de face, et cet éclairage défectueux empêche absolument de voir aucun des traits gravés sur la pierre; non-seulement la lecture des inscriptions est, par cela même, rendue très difficile, mais le peu de largeur de l'escalier ne permet même pas qu'on puisse la photographier. Nous avons donc dû aviser à d'autres moyens. Grâce à l'obligeante intervention de M. Alexandre Bertrand, membre de l'Institut et conservateur du musée gallo-romain de Saint-Germain, grâce aussi à Mme Bunout, bibliothécaire de la ville, nous avons pu faire prendre un moulage de la tombe de Guillaume Tirel, et c'est d'après le moulage qu'a été photographié ce monument du plus haut intérêt pour l'histoire de Taillevent. La planche que nous donnons, reproduite au dixième par l'héliogravure et tirée en taille douce, est donc très exacte; mais bien des choses n'y sont pas venues, quoique

---

(1). La pierre tombale de Guillaume Tirel a été donnée au musée de la ville par M. Baron, propriétaire du château d'Hennemont, le 24 juillet 1874.

pouvant être vues par un œil expérimenté. C'est pourquoi nous avons cru devoir joindre à la planche, faite d'après la photographie du moulage, une autre planche où M. Ernest Guerrier a consigné ce que voyoit son œil exercé et qui n'étoit pas venu soit dans le moulage, soit dans la photographie.

La tombe de Guillaume Tirel est inégalement conservée; certaines parties sont encore intactes, mais il en est d'autres qui ont subi de graves détériorations, ce qui n'a, du reste, rien de bien surprenant si l'on songe à l'emplacement que cette tombe occupoit à Hennemont. M. de Gaignières, absolument précis sur ce point, puisqu'il parle d'une chose qu'il a vue, nous apprend, en effet, que la pierre tombale du sergent d'armes de Charles V étoit placée au milieu de la sacristie du prieuré. C'est donc au passage quotidien des religieux qu'il sembleroit légitime d'attribuer l'usure de la pierre. Toutefois, il est des détériorations qui doivent certainement être postérieures à cette époque, nous voulons parler de celles relatives aux incrustations de marbre blanc qui figuroient les mains et les visages des trois personnages. Seul, le visage de Taillevent a pu être retrouvé à Hennemont lorsque M. Gosselin, l'éditeur des *Romantiques*, devenu propriétaire de l'ancien prieuré, recueillit, dans une pieuse et artistique intention dont il faut lui être reconnoissant, les fragments de la tombe de Taillevent et de celles des Meudon[1] et les sauva d'une destruction certaine.

A la Révolution, lorsque le monastère et ses dépendances furent vendus comme biens nationaux[2], le premier de ces monuments fut scié en cinq morceaux par des mains sacrilèges, et les cinq morceaux de cet élégant spécimen de l'art gothique furent employés à chaperonner le mur de soutènement d'une terrasse. Il est à présumer que c'est à cette époque que les visages et que les mains de marbre ont dû être arrachés de la pierre où ils étoient incrustés, et jetés sans respect avec d'autres décombres. Que devinrent alors les cendres de Taillevent et de ses deux femmes? Les auteurs du *Précis historique de Saint-Germain-en-Laye* rapportent

(1) Les trois tombes des Meudon étoient placées dans le chœur de la chapelle d'Hennemont. L'une renfermoit les cendres de Monseigneur Robert de Meudon, « jadis chevalier de nostre sire le Roy et concierge de S¹-Germain-en-Laye qui trespassa l'an 1320 la vigile S¹ Jean Baptiste » et celles de Madame Ameline, sa femme, décédée en 1325, la veille de la conversion de saint Paul. Dans l'autre, reposoit Robert de Meudon « escuier et aisné fils de feu M⁹ Robert de Meudon, qui trespassa l'an de grâce 1325, le lendemain de la Saint-Jean-Baptiste. » La troisième étoit celle de M⁹ Henry de Meudon, chevalier, décédé au mois de mai 1344, la veille de S. Germain. *Bibl. Nationale*, Gaignières, fonds latin, 17048, t. ɪ, f. 647.

(2) La vente du prieuré d'Hennemont et des domaines qui en dépendoient, annoncée par voie d'affiches les 26 novembre et 10 décembre 1790, eut lieu les 11 et 12 janvier 1791. Cette propriété avoit été divisée en onze lots; le premier lot, comprenant les bâtiments, l'église, la cour et le jardin, a été adjugé à un sieur Regnault, aubergiste à Saint-Germain-en-Laye, rue de Pologne, au prix de 22.600 francs. Le procès-verbal de l'adjudication est conservé aux Archives du département de Seine-et-Oise, à Versailles. *Répert. des ventes de biens nationaux*, district du canton de S.-Germain-en-Laye, n° 4.

qu'elles furent transportées au cimetière de la ville, mais aucun document authentique ne nous a permis de contrôler leur assertion [1].

Les inscriptions gravées de la tombe sont, malheureusement aussi, fort endommagées, notamment dans la partie où se trouve inscrite la date de l'année où Taillevent rendit son âme à Dieu. Néanmoins, si effacés, si usés que soient les chiffres romains qui la composent, nous espérons être parvenus à découvrir cette date si importante à connoître. Dans la crainte de passer pour téméraires, nous nous garderons bien de résoudre sans hésitation ce problème, mais ce que nous pouvons dire, sans trop de présomption, c'est que la date que nous croyons lire concorde parfaitement avec les autres documents que nous avons recueillis sur Taillevent. Notre opinion ne sort pas du domaine des choses vraisemblables.

De l'examen attentif auquel nous nous sommes livrés, il semble ressortir que le tombeau de Guillaume Tirel

---

(1) Par MM. Rolot et de Sivry, *Saint-Germain-en-Laye*, 1848, in-18, p. 399. « Les ossements renfermés dans les tombes ont été transportés au cimetière de Saint-Germain ; des parties de vêtements de laine étoient encore intacts ; quelques vases en terre cuite contenoient des restes de charbon, des squelettes de lévriers étaient couchés aux pieds des squelettes humains. » M. Guégan, qui reproduit ces détails dans son *Nouveau Guide du promeneur à Saint-Germain-en-Laye*, 1879, in-18, p. 93, ajoute que les riches dessins qui couvrent la pierre « paraissent avoir été peints et dorés » ! Mais, comme ses devanciers, M. Guégan ne nous fournit aucune preuve de ce qu'il avance.

a été exécuté très longtemps avant sa mort et que toutes les inscriptions, y compris celle relative à Isabeau Le Chandelier, ont été gravées lors de la confection du monument. Le graveur n'auroit laissé en blanc que la place nécessaire pour inscrire, dans la suite, l'année et le jour du décès de Taillevent et celui de sa seconde femme.

Voici donc l'inscription telle que nous avons pu la lire :

Sur le côté gauche, de bas en haut :

CI . GIST . DEMOISELLE . JEHNE LA TIRELLE FAME . GUILLE . TIREL . FILLE . DE . FEU . JEHNE . LA BONARDE QUI . TRESPASSA LAN . MIL . CCC . LXIII LE . MERCEDY . AUANT . LA FESTE . SAINT .[1] MATHIEU . APOSTRE . Z[2] . EUAGELISTRE . PEZ . P . ELLE .

Dans le haut :

CI . GIST . GUILLE . TIREL . SOENT . DARMES . DU . ROY . NRES . Z . IADIS . QUEU . DU . ROY . PHE . Z . DE

Sur le côté droit, de haut en bas :

[MESS .] LE . ROY . [K]ARLLES . DALPHIN . DE . VIENN . QUI trespassa lan mil. CCC [IIII^xx Z XV] LE IOUR S. ANDRE[3] [p] CI GIST YSABIAU LA TIRELLE . FAME . GUILLE . TIREL . FILLE . DE . FEU . JOU[DOIN] . LE CHAN

---

(1) Le 21 septembre.
(2) Ce Z qui se trouve ainsi dans l'inscription veut dire : Et.
(3) Le 30 septembre.

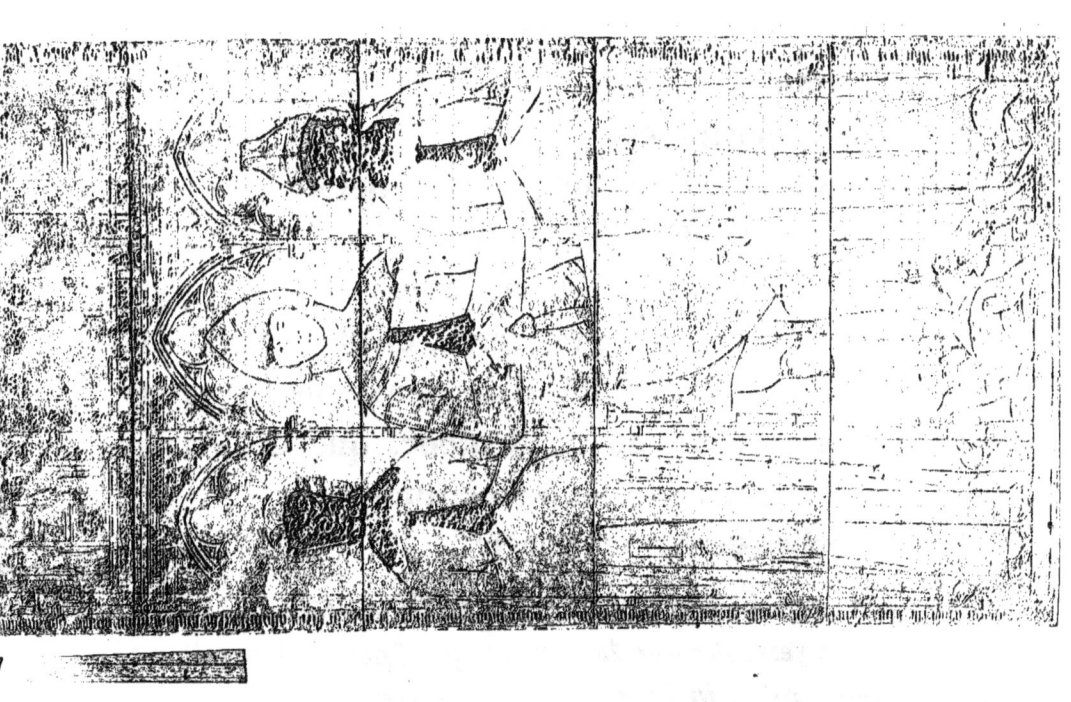

Dans le bas :

DELIER . QUI . TRESPASSA LAN MIL CCC

Nous avons écrit en lettres italiques les mots complètement effacés comme *trespassa lan m* (qui se voyoient encore à l'époque où Gaignières fit faire son dessin) et nous avons placé entre crochets ceux que nous n'avons pu lire assez nettement pour pouvoir affirmer que nous ne nous sommes pas trompés dans notre lecture.

Voici maintenant ce qu'a lu Gaignières qui a vu la tombe alors qu'elle n'étoit pas aussi détériorée qu'elle l'est aujourd'hui. Cependant il ne faudroit pas, en cette circonstance, s'en rapporter aveuglément au document qu'il nous a laissé ; on verra, en effet, en comparant notre planche, exécutée d'après une photographie, avec la reproduction du dessinateur, que ce dernier est loin d'avoir fait preuve d'exactitude [1].

Côté gauche (de bas en haut) :

Cy . gist . demoiselle . Jehanne . la ruelle . fēme . de guille tirel . fille de feu . Jeanne la bonard qui t'passa . lan mil ccc . lxiii . le mēc . aūt . la feste s . Mathieu apostre et euangeliste pr pour elle :

---

[1] M. de Gaignières avoit à sa solde un dessinateur — son domestique prétend-on — qu'il emmenoit avec lui dans les voyages qu'il faisoit à travers la France. Le dessinateur prenoit des croquis et des notes, et ce n'étoit souvent qu'au bout de trois mois, à son retour à Paris, qu'il exécutoit les dessins qui nous ont été heureusement conservés. Cette particularité expliqueroit les quelques erreurs que nous avons relevées dans la transcription des inscriptions gravées sur la tombe de Guillaume Tirel.

Dans le haut :

Ci . gist . guille . tirel . sgent . darmes . du . Roy . nr̄e s. z jadis . queu . du . roy . Phe . z de

Côté droit (de haut en bas) :

mōsr . le . roy. Carle . z . dauphin de vienne qui trespassa . lan mil . ccc lx : et ci y . gist . ysabiau . la tirelle fēme guille tirel z fille de feu Joudoin le chandelier.

Dans le bas :

qui . trespassa . lan Mil ccc.

La date de 1360 que Gaignières donne comme étant celle de la mort de Taillevent est évidemment erronée ; nous en fournirons une preuve irréfutable tout-à-l'heure. Dans un autre recueil, provenant également de sa collection, et conservé à la Bibliothèque nationale, Gaignières a relevé les épitaphes des tombes du prieuré d'Hennemont, et voici comment sont transcrites celles de Taillevent et de ses deux femmes :

Cy gist Guillaume Tirel sergeant d'armes du Roy nostre sire et jadis queu du Roy Philippes et de Mgr le Roy Dauphin de Vienne qui trespassa — l'an 1315 — Cy gist Isabeau la Tuille /sic/, femme de Guillaume Tirel, fille de feu Joudouïn Chandelier /sic/ qui trespassa l'an 1300.

Cy gist Damoyselle Jeanne la Tuille /sic/ femme de Guillaume Tirel, fille de feu Jeanne la Bonarde qui trespassa l'an 1363 le mercredy avant la fête St Mathieu apostre et Evangelistre, priés pour elle.

TOMBE de pierre au milieu de la sacristie de l'église du Prieuré d'Hasnon.

La contradiction entre les deux dates, 1315 et 1360, est flagrante; la vérité est que ni l'une ni l'autre n'est exacte. L'inexactitude est même telle que nous ne pouvons invoquer ce témoignage pour faire remarquer que, dans la date de 1315, les deux derniers chiffres sont les mêmes que dans celle de *Mil ccc iiii^{xx} et xv* que nous croyons lire.

Quant à la date de la mort d'Isabeau Le Chandelier, elle paroît n'avoir jamais été gravée. Taillevent étant mort, les héritiers auront négligé de faire compléter l'inscription.

Nous avons dit que la première femme de Guillaume Tirel étoit morte en 1363; la seconde ne décéda que longtemps après la première. Un arrêt du 30 août 1404, relatif à la succession d'Isabeau Le Chandelier nous en fournit la preuve. Cet arrêt dut évidemment n'être prononcé que peu de temps après sa mort, puisque l'affaire à laquelle il se rapporte n'étoit pas de celles qui, à raison de leur gravité ou de la puissance des parties, duroient plusieurs années. On voit, dans cet arrêt, qu'un certain Colin du Val avoit attaqué religieux homme frère Jehan Lermite, prieur de Sainte-Marie d'Hennemont et Guillaume Le Chandelier, avocat au Parlement, tous deux exécuteurs testamentaires de feu Isabeau la Tirelle *alias* la Taillevande, pour s'être opposés à ce qu'il fût envoyé en possession de tous les biens de la succession et les sommoit de montrer l'inventaire. L'affaire avoit été évoquée devant les maîtres des requêtes de l'hôtel, (sans doute parce que Colin du Val étoit attaché à la maison du roi) et là il avoit été décidé que Colin qui réclamoit 4.000 francs s'étoit plaint à tort : que cependant les exécuteurs testamentaires rendroient leur compte, que Guillaume Le Chandelier paieroit au roi 100 francs d'amende pour ses défauts et malices dans l'exécution du testament et que Colin seroit envoyé en possession de tous les biens d'Isabeau. Le Parlement confirma cette sentence dont toutes les parties avoient appelé et doubla l'amende imposée à Guillaume Le Chandelier[1]. Il n'est pas douteux que cet acte ne s'applique à Isabeau la Tirelle. Mais revenons à Taillevent.

La tombe de Guillaume Tirel nous apprend que lorsqu'elle fut exécutée, Taillevent, jadis queu du roi Philippe (de Valois), étoit devenu sergent d'armes. Nous verrons plus loin à quelle époque il étoit investi de ces fonctions.

Quatre pièces, toutes les quatre datées de 1355, et au bas de trois desquelles est apposé le sceau de Taillevent[2], nous montrent ce personnage au service du Dauphin de Viennois[3]. Dans la première datée du 12 août, où il prend le titre « d'escuyer de l'ostel de mons.

---

(1) *Reg. du Parlement, Jugés*, reg. 50, fol. 387.
(2) *Pièces justificatives*, nos 5, 6, 7 et 8. La pièce relative à la vente d'un cheval par Taillevent nous a été gracieusement communiquée par M. Bernard Prost.
(3) Le duc de Normandie, depuis Charles V.

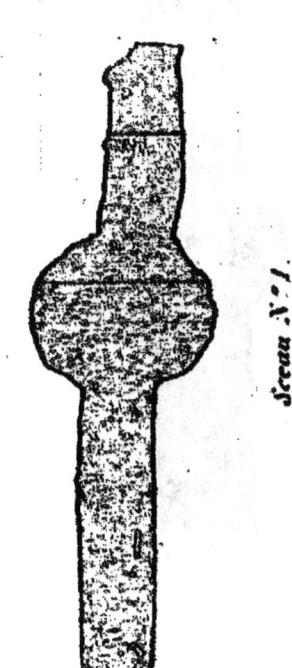

Sceau N.º 1.

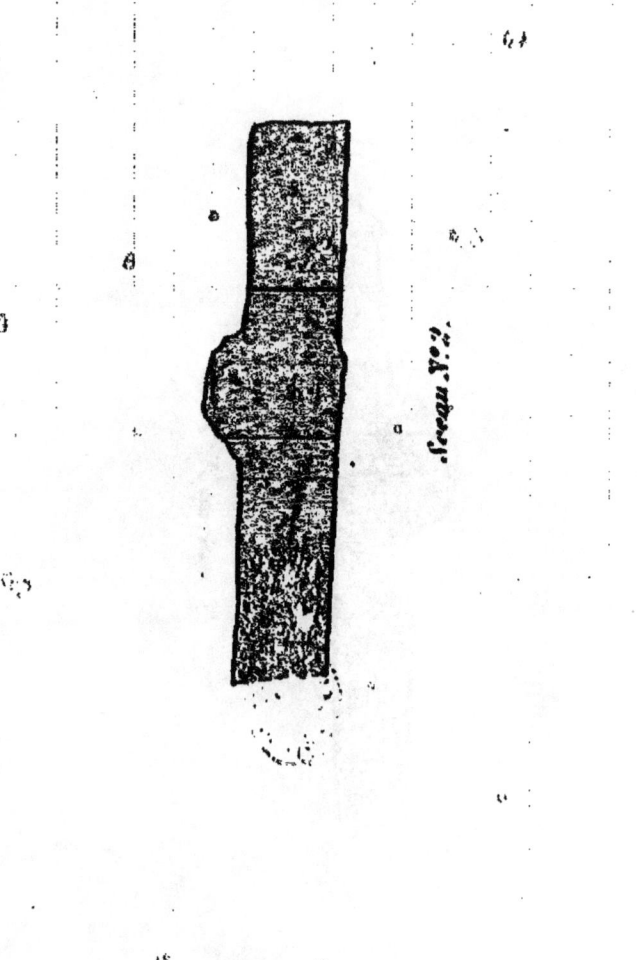

le Dauphin de Viennois » Guillaume Tirel dit Taillevent
« receu à monstre » reconnoit que Gilles Daniel et
Nicole Le Couete, trésoriers généraux du subside des
gens d'armes, lui ont remis une somme de 15 livres
parisis ; dans la seconde, du 19 août, Guillaume Tirel
« *alias* Taillevent », queu de Mons. le Dauphin de
Viennois, donne reçu aux mêmes trésoriers généraux
d'une somme de 90 livres tournois « en escus d'or du
coing de Jehan ». Cette quittance est scellée d'un sceau
en cire rouge sur lequel on voit une tête d'homme
portant sa barbe longue ; autour de l'écu on lit :
Guillaume Taillevent. Nous donnons un *fac-simile* de
ce sceau [1]. La troisième pièce est datée du 19 septembre,
au Val de Ruel [2]. Le dauphin de Viennois y ordonne
au vicomte du Pont-de-l'Arche de payer ou de faire
payer à son amé queu une somme de 50 florins
d'or à l'escu ou la valeur de cette somme pour un
cheval que Taillevent lui a vendu.

Enfin, dans la quatrième pièce datée d'Hesdin le
27 novembre, « Guillaume Taillevant, escuier » se tient
pour bien payé d'une somme de 8 livres 10 sous tournois
que lui a donnée, en prêt sur ses gages, Jehan Chauvel,
trésorier des guerres du roi. Cette quittance est revêtue
d'un sceau rond en cire rouge [3] ; l'écu porte un lièvre

---

(1) Voir Planches, sceau n° 1.
(2) Le Vaudreuil (Eure).
(3) Voir Planches, sceau n° 2.

courant accompagné de trois roses, deux en chef et une en pointe. Voilà donc un troisième sceau de Taillevent, différent des deux premiers. Il est bien surprenant que les armoiries de Guillaume Tirel aient ainsi varié, et nous ne nous rappelons pas d'autres exemples d'un fait semblable. Nous ne parlons ici que des sceaux héraldiques; car celui qui porte une tête barbue est une sorte de sceau de fantaisie tel que celui de Charles V *à une tête d'homme sans barbe* [1].

Dans une ordonnance du 27 janvier 1359 (1360, n. st.) [2] relative aux officiers de la maison du Régent, figure, parmi les quatre queux attachés à ses cuisines, un *Gillevant* qui vient en second sur la liste et Guillaume Tirel dit Taillevent n'est nommé à aucune place. Tout porte à croire que *Gillevant* est mis là à la place de *Taillevant* et comme c'est dans un recueil imprimé que nous avons rencontré le nom de ce Gillevant, il est très probable que ce n'est que le résultat d'une faute typographique. Ce doit bien être de notre Taillevent qu'il s'agit, car quelques mois plus tard, une nouvelle ordonnance de l'hôtel de Mons. Charles, Dauphin de Viennois, donnée à Melun le 23 novembre 1360, est publiée à Paris le 28 du même mois et mentionne un *Tailleventer* (sic) en qualité de queu. Il y est dit qu'il

---

(1) Voir la description de ces sceaux, p. XXIII et p. XXVI.
(2) *Ordonn. des roys de France*, t. III, p. 392.

aura « autel »[1] comme l'écuyer de cuisine lequel est traité comme l'échanson. Dans cette ordonnance ne figurent qu'un écuyer de cuisine, Pierre de Chailliau, et qu'un queu, Taillevent. Chacun de ces officiers avoit « foin et avoine pour deux chevaux, chandelle et vin de couchier[2] ».

En 1361, le duc de Normandie, étant à Conflans près Paris, donne à Guillaume Tirel, son queu, cent francs d'or pour ses bons et agréables services afin qu'il achète une maison en la ville de Paris « laquelle Monseigneur lui avoit commandé à acheter pour estre plus près de lui pour le servir[3] ».

De 1361 à 1368, aucun document relatif à Guillaume Tirel ne nous renseigne sur ses états de services. Entre temps, le roi Jean meurt en captivité, le duc de Normandie est monté sur le trône de France et, selon toute apparence, Taillevent, qui étoit à son service, a continué d'exercer, auprès de ce prince, l'office de queu; car, le 8 janvier 1368 (1369, n. st.) le roi fait payer à son queu Guillaume Tirel dit Taillevent une somme d'argent qui lui étoit due, pour une cause qui n'est pas indiquée, et dont nous ne connoissons pas la valeur[4].

---

(1) *Pareil* (pareils émoluments que).
(2) Bibl. Nat., *Table des ordonnances et estats des maisons des Roys, Reynes, Dauphins, etc.*, fonds franç., 7855, in-fol., p. 507.
(3) *Trés. des Chartes*, reg. 92, n° 75.
(4) *Pièces justificatives*, n° 9.

Une autre quittance de Guillaume Tirel, dit Taillevent, datée du lundi 19 février de la même année nous apprend qu'à cette époque il cumuloit les fonctions de queu et de sergent d'armes. Taillevent y donne reçu à Symon de Baigneux de 54 livres 18 sous tournois pour le reste de ses gages « qu'il prent à vie sur la viconté de Rouen [1] ».

Le 21 novembre 1370, Charles V ordonne à Guillaume Taillevent, par mandement [2] daté de Vincennes, de remettre ou d'envoyer à Jehan Gencien, bourgeois de Paris, commis pour la recevoir, une somme de 67 francs et demi. Cette somme que Taillevent prêtoit au roi, pendant six semaines, pour la paie de trois hommes d'armes, étoit destinée, dit le mandement, « à enforcier nostre connestable [3] afin qu'il puist miex et plus poinssament combatre noz ennemis ». Le 12 juin 1371, Guillaume Taillevent est remboursé de son prêt par Nicolas Tricart « recevèur des aides ordonnez pour la guerre ès terres et païs que tient en douaire en Normendie Madame la Royne Blanche », ainsi que le prouve une quittance revêtue de son sceau [4], celui qui porte les trois chaudières et les six roses [5].

---

(1) *Pièces justificatives*, n° 10.
(2) Léopold Delisle, *Mandemens de Charles V*, p. 372, n° 729. Voir *Pièces justificatives*, n° 11.
(3) Du Guesclin.
(4) *Pièces justificatives*, n° 12.
(5) Ces armoiries sont décrites p. xii. Voir *Planches, sceau* n° 3.

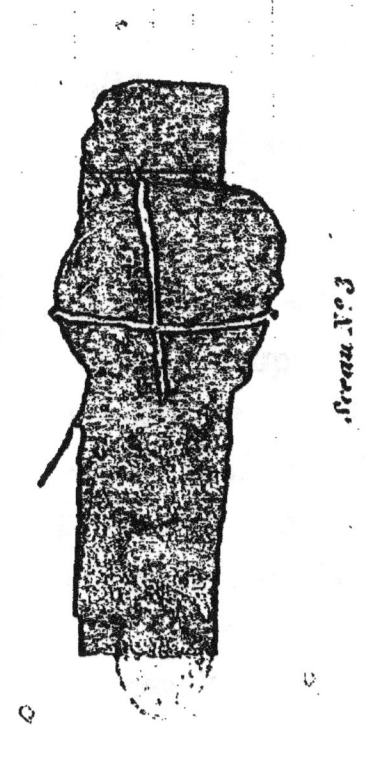

Serau N° 3.

En 1373, nous trouvons Guillaume Tirel premier queu du roi ; le 23 juillet de cette même année, Charles V lui fait un nouveau don de 100 francs d'or[1] ; quatre ans plus tard, il est encore investi des mêmes fonctions ; par une quittance datée du 24 janvier 1377[2] (1378 n. st.) et donnée à Symon de Baigneux, Guillaume Tirel dit Taillevent, premier queu du roi, reconnoît avoir reçu de lui 55 livres 3 sous tournois qui lui étoient dûs pour ses gages du terme de la Saint-Michel passée, à raison de six sous tournois par jour.

Legrand d'Aussy nous apprend, de son côté, que Taillevent étoit écuyer de cuisine du roi en 1381[3] ; nous avons eu sous les yeux une quittance, en date du 12 juillet 1381[4], par laquelle Taillevent reconnoît avoir touché le montant de ses gages de 56 livres 8 sous tournois, pour le terme de la Saint-Michel passée, mais il ne fait suivre son nom d'aucun qualificatif.

On voit dans l'*Ordonnance du Louvre* de janvier 1386 (1387, n. st.)[5] une autre mention de Taillevent en qualité d'écuyer de cuisine : « Taillevent, est-il écrit dans cette

---

(1) Le Père Anselme, *Hist. généalog. et chronol. de la mais. de France, grands maîtres*, etc., t. VIII, p. 840. La date est donnée 1473 ; mais c'est, évidemment, une erreur comme celle qui fait écrire aux auteurs de cet excellent livre *Taillement* au lieu de Taillevent.
(2) *Pièces justificatives*, n° 13.
(3) *Hist. de la vie priv. des Franç.*, t. II, p. 230.
(4) *Pièces justificatives*, n° 14.
(5) D. Godefroy. *Hist. de Charles VI*, p. 708.

ordonnance, gouvernera les garnisons[1] et gardera les vaisseaux de cuisine pour ses gaiges qu'il a : et s'il venoit de dehors à Paris pour les dites garnisons, aura foing et aveine pour deux chevaus ». Dans cette ordonnance, les écuyers de cuisine sont nommés avant les queux et Taillevent figure en tête de la liste. Ces nouvelles fonctions paroissent être de celles qui donnent peu de fatigue et que l'on confie de préférence à d'anciens et sûrs serviteurs.

Dans une pièce originale, datée du 26 novembre 1388[2], Guillaume Tirel dit Taillevent, premier écuyer de cuisine du roi, reconnoît avoir reçu de Jehan Laubigois, maître des garnisons de vins du roi, la somme de 8 francs pour la vente de 11 barils de vin.

En février 1388 (1389 n. st.)[3] une nouvelle ordonnance, calquée en quelque sorte sur la précédente, fut rendue à Vernon, mais Taillevent n'y figure à aucun titre. L'absence de son nom sur l'état des officiers de la maison royale pourroit nous faire supposer que Guillaume Tirel, devenu vieux, avoit résigné ses fonctions pour jouir d'un repos bien gagné; car il est probable que, si Taillevent eût encore exercé une fonction quelconque à cette époque, l'ordonnance de Vernon n'eût pas été muette à son sujet. L'hypothèse de sa

---

(1) *Provisions.*
(2) *Pièces justificatives,* n° 15.
(3) D. Godefroy. *Hist. de Charles VI,* p. 716.

mort étoit également admissible; mais une quittance de Guillaume Tirel, datée du dernier jour de février 1388-9[1], par conséquent postérieure à la publication de l'ordonnance, nous la fait écarter. Cette quittance ne prouveroit pas, du reste, que Taillevent occupât encore son poste, puisqu'il n'y donne reçu à Richart de Cormeilles, vicomte de Rouen, que d'une somme de 54 livres 12 sous tournois qui lui étoit due pour le terme de Pâques passé, et, que, de plus, il ne fait suivre son nom d'aucun titre.

Il auroit donc très bien pu se faire que Tirel se fût retiré avant la publication de l'ordonnance de Vernon, qu'il ait touché ses gages échus, et nous aurions même admis la chose comme telle s'il ne nous étoit pas réapparu, trois ans plus tard, en qualité de « maistre des garnisons de cuisine du roy ». Une pièce fort intéressante datée du 20 juillet 1392, que M. le marquis de Laborde eut jadis l'obligeance de communiquer à l'un de nous, mais dont nous devons à M. Bernard Prost d'avoir pu retrouver l'original, ne laisse subsister aucun doute à cet égard[2]. Elle a trait à une distribution faite aux officiers de la maison du roi, de 61 paires de couteaux livrées par Thomas d'Orgerel, coutelier. Taillevent, dans cet état, est nommé le premier des écuyers de cuisine, et

---

(1) *Pièces justificatives*, n° 16.
(2) A M. le B°° J. Pichon, le 12 février 1851. Voir *Pièces justificatives*, n° 17.

dans le reçu qu'il donne à Thomas d'Orgerel, il s'intitule lui-même « maistre des garnisons de cuisine du roy ».

Mais alors comment expliquer que l'ordonnance de Vernon ne mentionne, à aucune place, Guillaume Taillevent parmi les officiers de la maison du roi ? Peut-être faut-il supposer qu'au moment de la publication de cette ordonnance ce fidèle serviteur étoit atteint par une maladie assez grave pour l'empêcher de continuer à exercer ses fonctions ? Il y a là un point assez obscur et difficile à éclaircir.

Les différentes pièces originales que nous avons retrouvées dans plusieurs de nos dépôts publics, les ordonnances, les états de maisons royales que nous avons feuilletés nous permettent de suivre, à quelques intervalles près, Guillaume Tirel dans sa longue carrière. Ainsi donc, nous le voyons :

Enfant de cuisine au service de la reine Jeanne d'Évreux en 1326 ;

Queu de Philippe de Valois, en 1346 et 1349 ;

Écuyer de l'hôtel de Mgr le Dauphin de Viennois, puis queu du même prince, en 1355 ;

Queu du duc de Normandie, en 1359 (1360, n. st.) et 1361 ;

Queu et sergent d'armes du roi, en 1368 ;

Premier queu du roi, en 1373 et 1377 ;

Écuyer de cuisine de Charles VI, en 1381 ;

Premier écuyer de cuisine du roi, en 1388 ;

Maistre des garnisons de cuisine du roi, en 1392.

A partir du 20 juillet de cette dernière année, nous perdons la trace de Taillevent ; aucune pièce ne vient nous renseigner depuis cette époque jusqu'à celle de sa mort, c'est-à-dire jusqu'en 1395, si la date que nous croyons avoir lue est exacte.

Nous avons dit, quand nous nous sommes occupés de la tombe de Guillaume Tirel, que la date de 1395 concordoit parfaitement avec les documents que nous avions recueillis sur ce personnage ; or, les chiffres XV sont encore relativement visibles ; la partie de l'inscription la plus effacée est celle où se trouveroient, selon nous, les chiffres III^{xx}. Taillevent étant encore en fonctions en 1388, on ne peut le faire mourir en 1375 ; on ne peut pas non plus prolonger son existence jusqu'en 1415, ce qui feroit de lui un centenaire, et, d'ailleurs, si Taillevent eût survécu à Isabeau la Tirelle, dont le décès est certainement antérieur à 1404, comme en fait foi l'arrêt du Parlement mentionné plus haut, nous l'aurions probablement vu intervenir, en sa qualité de mari, dans le procès intenté par Colin du Val.

Il y a, on le voit, une liaison naturelle et une progression continue dans les diverses fonctions qu'a tour à tour occupées Guillaume Tirel. Si, comme nous l'avons supposé, Taillevent étoit âgé de 11 à 12 ans lorsque nous le trouvons enfant de cuisine au service de la reine Jeanne d'Évreux, en 1326, il seroit donc né en 1314 ou en 1315 ; s'il est mort en 1395, ce qui nous paroît probable, il auroit, par conséquent, atteint l'âge de 79 ou de 80 ans. Admettons même qu'il soit né quelques années plus tôt, sans que la date de sa naissance puisse toutefois remonter plus loin que 1310, Taillevent auroit eu 16 ans en 1326 et seroit mort, dans cette hypothèse, à 85 ans, ce qui n'a rien d'impossible. Mais, à défaut de documents, nous devons nous borner ici à des conjectures.

Quant à l'époque à laquelle Guillaume Tirel a fait exécuter sa tombe, il nous est permis d'avancer que ce doit être entre 1364 et 1368, alors qu'âgé de 50 à 60 ans, il joignoit à son titre de queu celui de sergent d'armes du roi. On nous objectera peut-être que Taillevent est représenté sur la pierre comme un homme beaucoup plus jeune, mais est-il raisonnable de s'arrêter à cette considération ? Le dessin est, en somme, assez primitif et les artistes du temps ne garantissoient peut-être pas la ressemblance. A part les traits absolument nécessaires pour former les yeux, le nez et la bouche, il n'en existe aucun autre qui soit de nature à accentuer la physionomie. Lorsque Taillevent s'intitule *sergent d'armes du roi*, c'est évidemment du roi Charles V ; car ses états de services antérieurs à 1364 nous prouvent qu'il n'a jamais cessé de servir le duc de Normandie jusqu'à son avènement au trône ; aucune ordonnance ne le cite, du reste, parmi les officiers de la maison du roi Jean. Nous savons d'une façon certaine, une quittance en témoigne, que Guillaume Tirel étoit sergent d'armes en 1368, mais qui nous dit qu'il n'a pas été investi de ces fonctions dès 1364 par Charles V ? Il seroit même beaucoup plus plausible d'admettre que le tombeau a été confectionné en 1364, c'est-à-dire peu de temps après la mort de Jeanne la Tirelle, la première femme de Taillevent, décédée en 1363.

On a vu que Charles V avoit fait plusieurs libéralités à son amé queu Guillaume Tirel ; ces dons répétés tendroient à faire croire que Charles V s'intéressoit particulièrement à lui et nous nous sommes demandé si ce ne seroit pas notre Taillevent que ce grand roi auroit envoyé, en 1369, défier le roi d'Angleterre. Froissart nous apprend, en effet, que Charles V confia cette belle et dangereuse mission à un de ses varlets de cuisine qui étoit breton [1]. Cet historien auroit bien pu se tromper sur la qualité de l'envoyé du roi ; quant à la qualité de breton, nous ne savons pas si elle convient à Taillevent. Le lieu de sa sépulture et les

---

(1) M. Siméon Luce, *Comment. critique sur quatre années des Chron. de J. Froissart*, p. XLIV, met en doute cette assertion qui lui paroît dépourvue de vraisemblance et tout à fait contraire à ce que l'on sait du caractère de Charles V. Rymer (t. III, p. 864), rapportant que le 26 avril 1369, Edouard III fit renvoyer cinquante pipes de vin que Charles V lui avoit fait présenter par un des officiers de son échansonnerie nommé Jean Eustache, M. Luce se demande si cet envoi n'auroit pas donné lieu à la légende du défi et si le « Johannes Eustachii, pincerna regis Franciæ » ne seroit pas le valet de cuisine breton dont parle Froissart ?

noms de ses femmes qui paroissent parisiens, pourroient au contraire faire penser qu'il étoit originaire de Paris ou de ses environs. Nous ne pouvons donc pas revendiquer sûrement, pour Guillaume Tirel, la gloire d'avoir été défier le roi d'Angleterre, mais nous devons croire qu'il figura certainement parmi ces écuyers de cuisine et queux du roi « vestus de houpelandes de soie et aumusses fourrées, à boutons de perles par dessus », qui allèrent avec la maison du roi, le 4 janvier 1377 (1378 n. st.), au-devant de l'Empereur, lorsqu'il vint à Paris.

Nous avons, au cours de ce travail, désigné Guillaume Tirel, tantôt sous ce nom, tantôt sous celui de Taillevent, parce que lui-même, dans les diverses pièces originales que nous avons citées, s'appelle tantôt Tirel, tantôt Taillevent. En réalité, Tirel est son vrai nom et Taillevent un sobriquet comme les sobriquets facétieux de Riflandouille et de Tailleboudin, employés par Rabelais : comme ceux aussi de Bellebouche et de Guillot le Goulu que l'on rencontre dans plusieurs états de la maison royale. Taillevent, c'est le surnom donné à l'enfant de cuisine et qui est resté, dans la suite, à Guillaume Tirel. Nous ne suivrons pas Lacroix du Maine qui rapporte que l'on appeloit Taillevent TALLŒIETUS, non plus que M. de la Monnoye qui, voulant donner l'étymologie de ce mot, le fait dériver du grec Θαλιηθής (Θαλιαι, convive et ηθος, ingénieux), c'est-à-dire ayant du talent pour la bonne chère ; car, à l'époque où le futur auteur du *Viandier* fut surnommé Taillevent, ses talents culinaires n'avoient pas encore eu le temps ni l'occasion de se révéler, et nous aimons mieux croire que ce surnom ne lui avoit été donné qu'en raison de son agilité ou pour tout autre motif.

Guillaume Tirel a-t-il laissé des enfants ? Voilà un chapitre de son histoire qui nous est inconnu, et nous ne pouvons, tout au moins, à cet égard, que nous livrer à des conjectures. Au Cabinet des titres, nous avons vu une pièce originale [1] qui concerne un Richard Tirel, écuyer, lequel avoit 70 ans en 1490 et dont le père, Guillaume Tirel, décéda au service du roi contre les Anglois qui occupoient alors la Normandie. N'est-il pas permis de faire ici un rapprochement entre l'auteur du *Viandier* et ce Guillaume Tirel, seigneur de la Bahonnière, de la métairie et du fief Tirel, dans la vicomté de Mortain, dont l'épouse Colette Le Moyne, qui possédoit le fief de la Motte, à Tallevende, dans la vicomté de Vire, fut bannie de cette ville par les Anglois ? N'avons-nous pas le droit de nous demander si ce Guillaume Tirel, dont le prénom est le même que celui de notre Tirel, sans toutefois en avoir le surnom, ne seroit pas le fils et Richard, le petit-fils de Taillevent ?

---

(1) Biblioth. Nat., cab. des titres, *Pièces originales*, recueil 2829, au mot *Thirel*.

Reconstituer la vie de Guillaume Tirel, telle a été jusqu'à présent notre principale préoccupation et nous pouvons dire que nous en avons tracé une esquisse aussi fidèle que possible. Nous avons bien dit qu'il étoit l'auteur d'un des premiers traités de cuisine écrits en françois, le *Viandier,* mais sans nous étendre sur ce curieux ouvrage. Il nous faut donc rechercher maintenant ce qui a pu donner à son auteur l'idée de l'écrire et l'époque de sa composition. La précieuse note de Pierre Buffaut nous est d'un grand secours, car elle atteste que le *Viandier* est certainement antérieur à 1392[1]. Et si nous ne pouvons lui assigner une date précise, en l'absence de preuves certaines, il nous est assurément permis de noter plusieurs particularités et d'en tirer une déduction plus ou moins logique.

On sait que Charles V favorisa tout particulièrement les lettres et les sciences; ce prince avoit une tendance à faire écrire sur toutes les matières par ceux de ses sujets qui les possédoient à fond. Ne donna-t-il pas l'ordre à Jean de Brie, berger de Jean de Hestomesnil, maître des requêtes, de composer le traité si curieux qu'il nous a laissé sur l'art d'élever et de soigner les moutons? Seroit-il donc plus surprenant qu'il ait engagé son maître-queux à écrire un traité de cuisine? et ne devons-nous

---

(1) Il n'est guère probable que Pierre Buffaut ait acheté ce ms. l'année même de son apparition; c'eût été, en tout cas, un hasard bien singulier.

pas supposer que ce traité a été composé par Taillevent, sur un ordre du roi? Si notre supposition, qui paroît des plus vraisemblables, est fondée, nous pourrions donc déjà dire que la composition du *Viandier* est antérieure à 1380, c'est-à-dire au règne de Charles VI. Mais ce n'est pas le seul argument que nous ayons à faire valoir.

L'intitulé ou plutôt le sommaire du manuscrit de la Bibliothèque Nationale donne à Taillevent la qualité de « maistre queux du roi nostre sire. » Il est évident que le mot *maistre* n'a pas été mis ici au hasard; ce n'est pas un mot banal; ce titre a certainement une signification et Taillevent, en le prenant, a, selon toute probabilité, voulu montrer qu'il étoit quelque chose de plus qu'un cuisinier ordinaire. Dans une ordonnance de Louis X le Hutin, donnée vers Noël de l'an 1315, les *Mestres de la cuisine* sont nommés avant les queux [1].

---

(1) Bibl. Nat., *Table des ordonnances et estats des maisons des Roys, Reynes,* etc., fonds franç., 7855, in-fol. p. 128. Voici ce que dit cette ordonnance: « En nostre cuisine seront les personnes qui s'ensuivent: Renaud de Signy, Fagot, Mestres de la cuisine, qui seront presens quant len despecera la char et saront quantes pieces len fera du buef, du porc et du mouton et saron par l'estimation des gens qui seront à court quantes pieces len en mettra cuire et autant en recevront au drecoer en salle de cuite comme il en aront bailliee creüe. Et de la poulle commenderont ce que mestier sera pour les gens qui en doivent estre servis, a cuire, et autant en recevront en salle, de cuite, comme il aront bailliee de cruë. Et sera tousjours l'un a court et ne se partira sans congé de mestre d'ostel.

. . . .

Les II mestres de la cuisine ou celuy qui sera a court, ou celuy des queus qui y sera achateront ou achatera ce que faudra pour nostre despense devers la

Or, nous voyons Taillevent queu du roi en 1368 jusqu'en 1371 ; en 1373, il nous apparoît avec le titre de *premier queu* du roi, ce qui indique nettement qu'à cette époque il étoit le chef des officiers de la Cuisine royale, le maître des queux. En 1381, Guillaume Tirel a monté en grade ; il est écuyer de cuisine [1], exerçant en cette qualité, des fonctions spéciales ; il ne prend

cuisine, ne ne polera rien, ne contera sus nul autre que sus celuy dont les denrées seront prises et seront poyez par nostre chambre a deniers.

Les Mestres de la cuisine et les queus aront allant et venant en leurs osliex III s. parisis par jour et XII L. parisis pour restor de leurs chevaus s'ils sont saigniez, et s'ils ne sont saigniez, ils n'en aront riens.

Les Mestres de la cuisine et les queus ne pourront rien donner de leur office sans le congié des Mestres de l'ostel lequel congié ne durera qu'un jour se il n'est renovelé.

Les Mestres de la cuisine conteront par leur serement tous les sers des despens du jour. »

(1) *Hist. de la vie priv. des Franç.*, éd. 1815, t. III, p. 353. « Le Maître queux, écrit Legrand d'Aussy d'après un état de la maison de Philippe Le Hardi, duc de Bourgogne, fils du roi Jean, avoit le privilège d'apporter à la table du duc un plat, d'avoir un siège dans la cheminée de la cuisine et de s'y asseoir quand il vouloit. La garde des épices lui étoit confiée. Il commandoit à tous les gens de la cuisine ; et, à ce titre, il portoit quand il étoit en fonction une grande cuillière de bois qui lui servoit tant à goûter les potages qu'à corriger ses sous-ordres quand ils manquoient en quelque chose. » C'étoit aussi le maître queux qui se rendoit dans la salle du repas suivi du saucier auquel il faisoit couvrir la table d'une double nappe. Toujours, d'après Legrand d'Aussy, « le maître queux vêtu plus décemment que quand il étoit allé dans la salle faire mettre la nappe, une serviette aussi sur l'épaule, ordonnoit alors à ses subalternes d'apporter les plats apprêtés. Il les présentoit au maître d'hôtel qui en faisoit l'essai, qui les couvroit et les livroit, ainsi couverts, au Pannetier. Celui-ci faisoit signe aux gentilshommes servant de les prendre pour les porter dans la salle... La marche étoit présidée à l'ordinaire par l'Huissier de salle et fermée par l'Ecuyer de cuisine dont l'office principal étoit de suivre les plats qui en sortoient. »

plus une part effective à la préparation des viandes, il ne met plus, comme on dit vulgairement, la main à la pâte. Pour avoir inscrit ce titre de *maistre queux* en tête de son ouvrage, il falloit bien qu'il y fût autorisé; et il l'étoit, en réalité, puisque nous le voyons diriger les cuisines du roi pendant une période de huit années. N'est-il pas, dès lors, absolument légitime de croire que c'est pendant l'une ou l'autre de ces huit années, entre 1373 et 1381, que Guillaume Tirel composa son *Viandier* et probablement même avant 1380, si, comme nous en avons la persuasion, il ne fit que se conformer à un désir, sinon obéir à un ordre de Charles V.

Quoiqu'il en soit, le *Viandier* dont les copies circuloient entre les mains des châtelaines et des ménagères, ne tarda pas à jouir d'une grande vogue, avant même que l'imprimerie l'eût répandu et propagé. L'auteur du *Ménagier de Paris* qui écrivoit vers 1392[1] fait à l'ouvrage de Taillevent de notables emprunts; la réputation culinaire du maître queux grandit de jour en jour; vers le milieu du xv° siècle, il fait autorité en la matière. Une citation de François Villon, pour plaisante qu'elle soit, nous l'atteste[2].

> Si aille veoir en Taillevent
> Ou chapitre de fricassure.

---

(1) Voyez Introduction du *Ménagier*, t. I, pp. xix et suivantes.
(2) *Grand Testament*, huitain cxxxi.

Puis, l'art de l'imprimerie fait son apparition; il est encore près de son début en France, lorsque, vers 1490, le manuscrit du *Viandier* tombe entre les mains d'un imprimeur qui le met aussitôt sous la presse et l'imprime avec de superbes caractères, mais aussi avec un luxe de fautes véritablement remarquable. Le succès de l'ouvrage fut sans doute considérable, à en juger par les nombreuses éditions du *Viandier* qui furent mises en vente par différents libraires, jusque dans les trois ou quatre premières années du XVIIe siècle. Aucune des éditions de Taillevent n'est exempte de fautes ; elles paroissent, du reste, avoir été copiées les unes sur les autres ; l'ordre des recettes est le même dans toutes ; l'orthographe seule des mots varie fréquemment, la construction des phrases se modernise dans les éditions les plus récentes.

Au nombre de ces imprimés, il nous faut accorder une mention spéciale à l'édition donnée par Pierre Gaudoul, car c'est la seule de toutes celles que nous avons eues sous les yeux qui contienne des additions assez importantes, puisque le texte de ces additions n'occupe pas moins de neuf pages pleines [1].

La plupart des imprimés donnent à Taillevent la qualité de cuisinier de Charles VII ; les documents que nous avons produits au cours de ce travail suffisent

---

(1) On trouvera le texte de ces additions à la suite de la réimpression de la plus ancienne édition connue du *Viandier* que nous donnons plus loin.

amplement à prouver le mal fondé de cette assertion ; il seroit donc inutile d'insister davantage sur ce point.

Il nous reste maintenant à signaler un fait des plus singuliers et qui résulte de la comparaison du Taillevent manuscrit avec le Taillevent imprimé. Les deux textes offrent, entre eux, de telles dissemblances qu'il est permis de mettre en doute l'authenticité de la plus grande partie des recettes que donnent, sous le nom de Taillevent, les imprimés. Prenons pour exemple l'édition la plus ancienne connue, celle qui a été imprimée avec l'un des caractères de Pierre Alain et d'André Chauvin, d'Angoulême. Nous sommes frappés, à première vue, de l'étendue qu'ont les imprimés relativement au manuscrit. Précisons : sur 38 feuillets dont se compose le Taillevent imprimé, les 26 premiers contiennent des recettes qui n'ont aucun rapport avec celles du manuscrit de la Bibliothèque Nationale. Ce n'est qu'au recto du 27e feuillet, après la 5e ligne, que nous voyons commencer, dans un ordre presque identique, le texte du manuscrit. Ce texte, un peu plus concis peut-être que dans le manuscrit, prend fin au recto du 35e feuillet, les trois derniers feuillets étant occupés par différentes autres recettes, telle que celle du *Claré* et de l'*Ypocras* et la description des banquets du comte du Maine et de Mademoiselle de Châteaubrun, des comtes de Foix et de la Marche.

En réalité, l'ouvrage de Taillevent paroît avoir été imprimé à la suite d'un autre traité qui ne présente aucune analogie avec le manuscrit de la Bibliothèque Nationale et dont nous ne trouvons pas non plus les éléments dans les manuscrits de la Mazarine et de la Haye-du-Puits. Ce qui sembleroit, du reste, prouver que les imprimés ne sont qu'un amalgame de plusieurs ouvrages, c'est que nous avons constaté qu'un certain nombre de recettes faisoient double emploi. C'est ainsi que l'on rencontrera répétées à deux endroits du livre, les recettes du *Bousac de lièvre*, du *Héricoq de mouton*, de la *Cretonée de pois nouveaux*, pour ne citer que celles-là. Par contre, il en est d'autres, dans la première partie du Taillevent imprimé, dont on ne trouve aucune trace dans les manuscrits, tels les chapitres des *tartes* et des *pastez* qui y sont très développés. Enfin, le chapitre des poissons, poissons de mer et d'eau douce, assez étendu dans les manuscrits, n'existe pas, ou pour ainsi dire pas, dans la première partie des imprimés. A part les répétitions que nous venons de signaler, le traité qui est sûrement l'œuvre de Taillevent complète assez bien celui dont nous ignorons l'origine.

Faut-il conclure de ces observations que nous sommes en présence de deux traités distincts imprimés l'un à la suite de l'autre, dont le second seul seroit dû à Guillaume Tirel, ou devons-nous croire, au contraire, que tous les deux sont l'œuvre du même auteur ? Il faudroit alors, pour rendre cette hypothèse admissible, supposer que les premiers imprimeurs se sont servis de manuscrits de Taillevent plus développés qui se seroient perdus et ne seroient pas parvenus jusqu'à nous ? C'est là un problème bien difficile, pour ne pas dire impossible à résoudre. Toutefois, on ne peut contester que le manuscrit acheté par Pierre Buffaut, en 1392, ne soit bien l'œuvre de Taillevent, son œuvre certaine et indéniable, la base indiquée et nécessaire de cette publication.

Ce qui, par exemple, ne fait aucun doute, c'est que les menus des banquets imprimés à la fin du *Viandier* ne sont pas et ne peuvent pas avoir été reproduits d'après les manuscrits de Taillevent ; car il y avoit longtemps, en 1455, que Guillaume Tirel ne présidoit plus — et pour cause — aux préparations culinaires de la table royale.

Nous avons donc pensé que le meilleur moyen de prouver ce que nous avançons étoit de publier ici le texte du plus ancien manuscrit connu et de réimprimer, à sa suite, le texte de l'édition qui paroît bien être la première. Pour cette réimpression, nous avons scrupuleusement respecté l'orthographe des mots, sans y changer quoi que ce soit, alors même que les fautes les plus grossières éclatoient visiblement. Toutefois, nous avons cru devoir, pour en rendre la lecture plus facile, ponctuer le texte, rétablir les accents et traduire les mots imprimés en abréviation. Nous avons agi de même pour les curieuses additions à l'œuvre de

Taillevent données par Pierre Gaudoul et dont nous publions plus loin le texte. Le lecteur, ayant les pièces sous les yeux, pourra comparer avec fruit les deux ouvrages et juger par lui-même des anomalies que nous lui signalons.

Quant aux manuscrits de la Bibliothèque Mazarine et de la Haye-du-Puits, qui sont tous deux très postérieurs à celui de la Bibliothèque Nationale, nous nous sommes bornés à en indiquer les variantes chaque fois qu'elles pouvaient offrir quelque intérêt.

Il nous a paru curieux de donner également une réimpression de ce petit traité de cuisine écrit dans les cinq ou six premières années du xive siècle dont nous avons déjà parlé. Taillevent ne semble pas l'avoir connu ou, s'il en a eu une copie entre les mains, il n'existe entre ce traité et le *Viandier* aucun point de ressemblance qui puisse nous faire supposer qu'il lui ait fait des emprunts. Nous avons, en outre, soigneusement comparé les recettes du Taillevent manuscrit avec celles du *Ménagier de Paris* et d'un autre livre de cuisine intitulé *Le Grand Cuisinier de toute cuisine*[1] et nous avons consigné, dans des notes, les observations résultant de cette intéressante comparaison.

Enfin, pour faciliter les recherches, nous avons, à la suite des *Pièces justificatives*, insérées à la fin de notre

---

(1) Paris, Jean Bonfons, s. d., pet. in-8° goth. de 91 ff.

ouvrage, établi une table des matières aussi copieuse que possible ; et nous nous trouverons largement payés de notre peine si nous avons pu, en publiant cette édition du *Flandler*, rendre service aux historiens qui font de la vie de nos ancêtres le sujet de leurs études comme aux philologues qui recherchent partout les origines étymologiques de notre belle et vieille langue françoise.

BIBLIOGRAPHIE

BIBLIOGRAPHIE

MANUSCRITS[1]

I

Cy comence le viandier tailleuant ma||istre queux du Roy nostres [ire][2]. — In-4º de 18 feuillets non chiffrés, sur vélin, couverture en parchemin.

Ce manuscrit, le plus ancien connu de l'œuvre du maître queux de Charles V, est conservé à la Bibliothèque Nationale. Catalogué dans l'*Inventaire et sommaire des manuscrits français. Fonds Français. Fonds Saint-Germain*, tome 18, nº 19,791, il est

---

(1) Nous avons fait des recherches dans plusieurs bibliothèques de l'étranger, en Italie, en Angleterre, en Belgique et en Hollande. Ni la Bibliothèque Vaticane, ni la Bibliothèque Saint-Marc à Venise, ni le *British Museum* de Londres, ni les bibliothèques de Bruxelles, d'Anvers, La Haye, Leyde et Amsterdam ne possédent de manuscrits ou d'éditions du *Viandier* de Taillevent. Mais si nos recherches sont restées infructueuses, nous nous faisons néanmoins un devoir de reconnoître ici l'empressement et l'obligeance que les conservateurs et bibliothécaires de ces différents dépôts ont bien voulu mettre à nous les faciliter.

(2) Nostre sire.

inscrit, par erreur, comme datant du xvᵉ siècle. Il suffit de lire la note écrite au bas du dernier feuillet (verso) pour se convaincre que ce manuscrit date du xivᵉ siècle et non du xvᵉ, puisque l'un de ses possesseurs, Pierre Buffaut, relate qu'il en a fait l'acquisition en 1392.

Voici la description de ce manuscrit :

Au recto du 1ᵉʳ feuillet, tout à fait dans le haut, on lit cette note ajoutée :

> *Joann. Du Puy. M. S. cat. inscript.*
> *S. Germani a pratis nº 2333*
> *2517 · 2 ··*

Au-dessous :

> *Cy. comence le viandier tailleuant ma*
> *istre queux du Roy nostre s.*

Le texte du traité commence aussitôt après ces deux lignes ; au bas du 1ᵉʳ feuillet (recto) a été écrit le nom suivant: *A. Delpriey*, probablement le nom d'un autre propriétaire du ms. L'ouvrage prend fin au verso du 18ᵉ et dernier feuillet par le mot : *Explicit*. Enfin, dans le bas de ce dernier feuillet, on peut lire, bien que l'écriture en soit assez effacée, la mention qui permet d'affirmer que le manuscrit est antérieur au xvᵉ siècle :

> *Cest viandier fu achete a paris p moy pro buffaut*
> *lan m. ccc. iiij×× xij ou pris de vj s. par.*

L'écriture du manuscrit est belle ; les majuscules dont la place avoit été réservée par le copiste n'ont pas été exécutées par le rubriqueur ; la partie inférieure du volume est traversée, du premier au dernier feuillet, par un large trou, mais il n'y a fort heureusement, que quelques lettres à peine qui aient été endommagées.

II

Taillevant maistre queux du roy de france, icy enseigne || a toutes gens pour apparoillier a maingier en cusine de roy, || duc conte marquis barōs prelas ʇ de tous aultres seigneurs || bourgois merchans ʇ gens donneur. — In-folio, sur papier.

Manuscrit du xv° siècle conservé à la Bibliothèque Mazarine; il fait partie d'un *Recueil d'extraits, de notes de médecine, de tableaux de mathématiques et d'astrologie, etc.,* inscrit sous le n° 3636 (1253) du *Cat. gén. des mss. des bibliothèques publiques de France. Paris, Biblioth. Mazarine,* tome 3. Au recto du 1ᵉʳ f. de ce recueil on lit : *Cy est à moi Tabourot*.

Le *Viandier* occupe les feuillets chiffrés 219 à 228 de ce recueil qui est d'une mauvaise écriture. Les majuscules sont écrites en rouge. Le texte de l'ouvrage de Taillevent commence en haut du recto du feuillet 219 par l'intitulé que nous venons de donner plus haut et finit au recto et en haut du feuillet 228.

III

Le Journal de la Recepte || de la terre ʇ baronnie de la haie-Dupuis pour ung an cōmench̄ || aut'me saint michiel lan mil iiij° chinq̄te ʇ quatre et finissant || lan revolu ʇ acomply tant en argent grains fōmens et || advoinne sail poyure cōmin poullailles oefz y autres choses... — Petit in-folio, sur papier.

Ce ms. est conservé aux Archives de la Manche, à Saint-Lô. Les feuillets, non numérotés à l'époque où il a été écrit, l'ont été plus récemment de 1 à 46. Toutefois, une note dit que les ff. 24, 42, 43, 44 et 45 manquent. Le *Viandier* qui se trouve à la suite de ce *Journal* occupe les ff. 39 (verso) à 46 (recto) ; c'est une copie, légèrement modifiée du traité de Taillevent ; et l'on peut se demander si les ff. 42, 43, 44 et 45, annoncés comme faisant défaut, manquent réellement. Dans le cas où ils auroient existé, il faudroit donc admettre que le traité de cuisine dont il s'agit étoit, dans ce ms., plus étendu que dans celui de la Bibliothèque Nationale. Or, tel qu'il est actuellement, il paroît, à quelques recettes près, assez conforme au ms. conservé rue de Richelieu ; en tout cas, le nombre des recettes absentes dans le ms. de Saint-Lô et qui figurent dans le premier, n'est pas assez considérable pour qu'elles puissent occuper quatre feuillets. On aperçoit bien la trace de deux feuillets arrachés, mais non de quatre, ce qui autoriseroit, en une certaine façon, à supposer qu'il y a eu erreur dans le foliotage.

IMPRIMÉS[1]

I

Cj apres sensuyt le viandier pour ap-|| pareiller toutes manieres de viãdes || que tailleuent queulx du roy nr̄e sire || fist tant pour abiller τ appeiller boul || ly rousty poissons de mer et deaue doulce : saulces || espices et aultres choses a ce conuenables et neces || saires comme

---

[1] Dans cette énumération des éditions de Taillevent, nous avons tâché de les classer suivant leurs différents degrés d'ancienneté ; mais on concevra que, devant assigner un rang à plusieurs éditions sans date, données à des époques très rapprochées, nous avons pu quelquefois nous tromper et intervertir l'ordre de leur publication.

Cy apres senfuyt le Viandier pour appareiller toutes manieres de Viandes que taillevent queulx du roy nr̃e sire fist tant pour abiller et appeiller boully rousty poissons de mer et d'eaue doulce: saulces espices et aultres choses a ce conuenables et necessaires comme cy apres sera dit. Et premierement du premier chapitre.

Brouet blanc de chapons. Blanc manger a poisson. Blãc brouet dalemaigne. Salamine. Brouet georget Graue de poisson Brouet de canelle a chair. Autre brouet a chair Cretõnee a poix nouueaulx ou a feues maigre potaige. Cretõnee despaigne. Cretõnee a poisson. Brouet vert a eau ou a poulaille. gral de brouet vert a poissõ. Brouet houssé a eau et poulaille. Cyue de lieure. Graue dalouetes et des creuisses. Chaudume a anguille et brochet. Souppe a moustarde Crimolete de perdris. Semee a cõnins. Gibeletz doiseaulx de riuiere Boully larde a cõnins et poulaille Brouet rappe a eau poulaille Venoison aux souppes. Venoison cheureul aux souppes. Venoison sanglier aux souppes. Soruige danguilles. Hault grenon froide sauce rousse a poussins ou a eau

a.ii.

Édition la plus ancienne connue. Exemplaire de M. de Lignerolles.

cy apres sera dit.... — *Sans lieu, ni date*, in-4° de 38 ff. non chiffrés, de 25 lignes à la page, signés *a-e*, caractères gothiques.

Le premier feuillet est blanc ; le texte de l'ouvrage commence au recto du 2° feuillet par le titre de départ transcrit plus haut et finit au recto du 38° feuillet (verso blanc), après la troisième ligne, par ces mots : *Cy finist le liure de cuysine* || *nomme Taylleuant lequel* || *traicte de plusieurs choses* || *appartenantes a cuysine*.

Les cahiers *a, b, c, d* sont de huit feuillets ; le cahier *e*, de six. Sur le recto du feuillet blanc, on lit, dans le haut, écrit à la main : *Le Cuisinier*, et, dans le bas : *In commune.... periculum est omnibus laborandum est*.

Cette édition, dont nous donnons, à la page précédente, un *fac-simile* d'après l'exemplaire de M. de Lignerolles qui nous a été gracieusement communiqué par cet éminent bibliophile, est manifestement du XV° siècle.

Elle est imprimée avec des caractères qui ressemblent à ceux employés par Jehan Dupré, à Paris, et Pierre Gérard, à Abbeville, mais qui sont identiques à ceux de la *Doctrine des Princes et des servans en court* dont un fac-simile est donné dans le catalogue Rothschild, t. I, p. 373. Ces caractères sont les mêmes que l'un de ceux employés par Pierre Alain et André Chauvin, à Angoulême, de 1491 à 1493. Il ne faudroit cependant pas en conclure que ce volume et tous ceux qui présentent ce même caractère ont été imprimés aussi à Angoulême par ces mêmes imprimeurs. Nous croyons que ce caractère, comme d'autres de la même époque, a pu être employé par plusieurs imprimeurs qui ont exercé leur art dans diverses localités, sans s'y établir toutefois d'une manière fixe et arrêtée. Le papier ne porte aucune marque de filigrane.

Un exemplaire de cette même édition rarissime, qui est très probablement la première du *Viandier* de Taillevent, a figuré à la vente de M. le baron Pichon, en 1869, (n° 271 du catal.) et s'est vendu, en maroquin doublé, de Trautz-Bauzonnet, 1950 fr. plus les frais. Il provenoit des bibliothèques Baron (16 fr.) et Huzard

(81 fr.); il fait aujourd'hui partie de la collection de M. Daubrée, à Nantes.

Il y a, entre l'exemplaire de M. de Lignerolles et celui de M. Daubrée, auquel manquoit le feuillet blanc, une variante singulière à signaler. Le premier mot de la dernière ligne de l'*Explicit* est écrit dans le premier *appartenantes* au lieu d'*appartenant* qui se trouve dans le second. C'est, sans doute, une correction faite pendant le tirage.

L'existence d'une édition presque semblable à celle-ci et, assurément, de la même époque, nous paroît démontrée par des fragments, imprimés d'un seul côté, conservés à la Bibliothèque Nationale (V. 1669. *Inv. Réserve*).

Ces fragments se composent : 1º d'un morceau de feuillet; 2º de deux feuillets complets; le tout imprimé d'un seul côté, avec le même caractère courant que notre première édition, mais avec des capitales différentes. Elle a, comme celle-ci, 25 lignes à la page et paroît avoir été faite, page par page et ligne pour ligne, sur cette édition. Ainsi le fragment de six lignes et deux lettres :

Pastes de guornalt (gournault) ny soit mys q̃ gingēbre blanc

est le recto du f. 21 de l'édition Lignerolles. La page qui vient après et dont la première ligne est :

peu de percil ysope et de toutes aultres bōnes her

est le recto du feuillet 25 de cette même édition. Le troisième et dernier feuillet qui commence ainsi :

chescune tartre huit ou dix tronsons sur bout et

est le verso du f. 22.

Nous ne mettrons pas l'édition représentée par les placards de la Bibliothèque Nationale avant l'édition Lignerolles, parce que dans celle-ci le caractère courant est accompagné des capitales qui se trouvent ordinairement jointes à ce caractère, lequel, comme nous l'avons dit, a été employé par plusieurs imprimeurs du xvᵉ siècle et dans diverses localités. Il paroît plus naturel de croire que les capitales (avec un point dans la panse) qu'on rencontre ordinairement avec ce caractère doivent avoir marché avec lui dès son origine et que celles de ces placards lui ont été adjointes postérieurement pour remplacer les anciennes. Mais comme nous ne connoissons que des livres du xv⁰ siècle, imprimés avec ce caractère, qu'on ne voit plus au xvi⁰, nous devons placer l'édition révélée par les placards vers 1490 comme celles de MM. de Lignerolles et Daubrée.

Maintenant, pourquoi ces fragments (probablement retrouvés dans les cartons ou les gardes d'une reliure) sont-ils imprimés d'un seul côté? C'est, sans doute, parce que nous avons sous les yeux des placards comme les imprimeurs en donnent encore aujourd'hui aux auteurs et correcteurs pour être revus et corrigés par eux.

II

Cj apres sen suyt le viādier pour appareiller toutes manieres de viandes que tailleuent queulx du roy nostre syre fist tant pour abiller ɛ appareiller boully rousty poissons de mer et deaue doulce : saulces espices et aultres choses a ce conuenables et necessaires comme cy apres sera dit...
— *Sans lieu, ni date*, in-4⁰ de 26 feuillets non chiffrés, de 31 lignes à la page, signés *aiii - diiii*.

Édition que nous ne connoissons pas, mais citée par Brunet, *Manuel*, t. v, col. 647 ; elle auroit, d'après lui, été imprimée vers 1490, avec les caractères de Pierre Schenck qui exerçoit à Vienne en Dauphiné. La souscription est la même que celle qui se trouve dans l'exemplaire précédemment décrit.

III

Cy apres sensuyt le viãdier pour appareiller || toutes manieres de viandes que tailleuent || queulx du roy nostre sire fist tant pour abil || ler et appareiller bouilly rousty poissons de || mer et deauc doulce, saulces espices et autres choses || a ce conuenables τ necessaires cõme cy apres sera dit...
— *Sans lieu, ni date*, in-4º de 28 feuillets non chiffrés, de 31 lignes à la page, signés *a-d*, caractères gothiques.

Les cahiers *a* et *b* se composent de huit feuillets; les cahiers *c* et *d*, de six. Nous ne connoissons qu'un exemplaire de cette rarissime édition qui se trouve à la bibliothèque de Grenoble (U 1127 du catalogue) et que nous a obligeamment communiqué le conservateur de cette bibliothèque, M. Maignien.

L'exemplaire est, malheureusement, incomplet; mais comme son texte paroît avoir été copié sur celui de l'édition que possède M. de Lignerolles, les recettes étant imprimées dans le même ordre, exactement, et offrant, presque toujours, les mêmes fautes, il n'est pas impossible de déterminer le nombre des feuillets qui manquent. Dans le cahier *a*, il ne manque que le feuillet *a i* qui peut très bien être un feuillet blanc; le feuillet *a viii* est transposé et se trouve parmi les feuillets du cahier *c*. C'est celui qui, dans un numérotage au crayon, porte le nº 16.

Dans le cahier *b*, manquent 4 feuillets (*b iii*, *b iiii*, *b v* et *b vi*). Les ff. *b vii* et *b viii*, également transposés, portent les nºˢ *11* et *12* (toujours dans le numérotage au crayon dont nous venons de parler).

Dans le cahier *c*, le f. *cii* n'est pas chiffré; c'est le feuillet numéroté au crayon *9*; il commence par ces mots : *Pour faire iance*; le f. *c v* est numéroté *10* (numérotage au crayon).

Les ff. du cahier *d* sont dans leur ordre normal. Il manque donc, en somme, 5 feuillets y compris le f. *a i* que nous pouvons supposer blanc.

Le texte du *Viandier* finit au recto du dernier feuillet, dont le verso est blanc, par cet *Explicit* : *Cy finist le liure de cuysine nōme tailleuant lequel* || *traicte de plusieurs choses appartenant a cuysine*.

Plusieurs bibliographes ont cru voir dans le *Viandier* de la Bibliothèque de Grenoble une impression de Pierre Schenck qui exerça son industrie à Vienne, en Dauphiné. Mais il ne sauroit exister aucun doute à cet égard. Un bibliophile grenoblois, M. Chaper a comparé cette édition du *Viandier* avec le *Clamades* imprimé par Schenck, et il a consigné, dans une note adressée à M. Claudin qui a bien voulu nous la communiquer, la différence existant entre les caractères employés pour ces deux ouvrages. Nous savons donc déjà que ce n'est pas une impression de Pierre Schenck ; il nous restoit à trouver par qui avoit été imprimée cette édition. Or, il résulte de l'examen attentif auquel nous nous sommes livrés que nous nous trouvons en présence d'une impression lyonnoise de la fin du xve siècle. Il nous paroît même certain que le *Viandier* de la bibliothèque de Grenoble a été imprimé avec les caractères de Jean du Pré qui a exercé, à Lyon, de 1486 à 1495 et qui, selon M. Thierry-Poux « ne serait pas le même que le grand typographe du même nom qui a imprimé à Paris et, momentanément, à Chartres et à Abbeville, tant de beaux livres pendant les vingt dernières années du xve siècle ».

Nous avons minutieusement comparé les caractères du *Viandier* avec ceux du *Boetius*, imprimé à Lyon, en février 1487 (1488, n. st.) et qui porte le nom de Jean du Pré. Les caractères sont identiques, à part toutefois une légère différence dans le T majuscule. Nous avons également, pour plus de garantie, mesuré au typomètre plusieurs lettres, majuscules et minuscules, et nous avons constaté que, dans l'un et l'autre ouvrage, elles étoient du même corps, identiquement.

Ajoutons que les caractères du *Viandier* sont très usés, ce qui peut faire supposer, avec quelque raison, que son impression doit être postérieure à celle du *Boetius* dont les caractères sont très nets, et qu'elle date probablement de la fin de l'exercice de Jean du Pré.

Nous donnons, à la page ci-contre, un *fac-simile* des caractères employés pour cette édition.

Cy apres senfuyt le viādier pour appareiller toutes manieres de viandes que taillevent queulx du roy nostre sire fist tant pour abiller et appareiller bouilly rousty poissons de mer et deaue doulce, saulces espices et autres choses a ce convenables τ necessaires cōme cy apres sera dit. Et premierement ou premier chapitre

Brouet blanc de chappōs. Blanc mengier a poisson Blanc brouet dalemaigne Salamine Brouet georget Graue de poisson Brouet de canelle a chair Aultre brouet a chair Cretonnee a poix nouueaulx ou a feues maigre potaige Cretonnee despaigne Cretonnee a poisson Brouet vert a veau ou a poulaille. grāt de brouet vert a poisson Brouet housse a veau τ poulaille Ciue de lieure Graue daloucses et descreuisses Chaudume a anguille et brochet Souppe a moustarde Trimolete de perdris Semee a connins Gibelet doiseaulx de riuiere Bouilly larde a connins et poulaille Brouet rappe a veau poulaille venoisō aux souppes Venoison cheureul aux souppes Venoison sanglier aux souppes Soringe danguilles Fraulx grenon froide sauce rousse a poissons ou a veau viole A pousfins et veau gelee A chair vinaigrete Bousac de lieure Oyes a la traison τ ris arbaleste de poisson Brochetz anguilles a la galentine Lait larde mortrel Sabourōs de petis poussins Brouet de cailles cresme, frice baricob brun Fromaige de reste de sanglier Espaule farcye de mouton mouleaux poussins farcis Esturgon a poisson et a chair Faisans et pans armes fayēnez telle porée de. Juce de beuf et brune de vache frā

a ij

IV

Si sensuit le viandier pour appareiller toutes || manieres de viãdes que tailleuant queux du || roy nostre sire fist pour appareiller Boully, || Rousty Poisson de mer et deaue doulce, saul || ces, espices, τ autres choses a ce cõuenables et necessaires || comme cy apres sera dit... — *Sans lieu, ni date*, in-4° de 26 feuillets non chiffrés, de 32 lignes à la page pleine, signés *a-d*, caractères gothiques.

Les cahiers *a*, *b*, *c* sont composés de six feuillets ; le cahier *d*, de huit. Le f. *a i* qui manque dans l'exemplaire que nous décrivons *(Bibl. de l'Arsenal*, S. et A, n° 6128) pouvoit être blanc ; le texte de l'ouvrage commence au recto du f. *a ii* par le titre de départ transcrit plus haut et finit au recto du dernier feuillet (verso blanc) par ces mots : ℂ *Cy finist le liure de cuysine nomme Taillenant* (sic) *lequel* || *traicte de plusieurs choses appartenantes a cuysine*. Le dernier feuillet est, en partie, coupé horizontalement. Le filigrane que l'on trouve dans la pâte du papier au f. 5 du cahier *a* est la *roue dentée* ; ce filigrane se rencontre spécialement à Lyon ; un autre filigrane que l'on voit au f. 6 du cahier *d* est une *paire de cisailles*. Au verso du dernier feuillet, sous le papier qui a servi à renforcer la page, on aperçoit encore une espèce de table manuscrite d'opuscules qui se trouvoient, selon toute vraisemblance, primitivement reliés avec le *Viandier*. On y lit : *Macer de virtutibus herbarum, Lucydayre, Remedium contra pestem*, etc., opuscules publiés à Lyon ou dans la région. Comme les filigranes dont nous avons parlé plus haut ne se trouvent point dans les impressions de Paris, on doit en conclure que le livre est sorti des presses lyonnaises, sans pouvoir cependant en déterminer l'imprimeur. L'impression de ce *Viandier* paroît pouvoir être fixée de 1500 à 1520.

V

Cj sensuit le viander *(sic)* pour appaieiller toutes || manieres de viandes que tailleuãt queux du || roy nostre sire fist tãt por abiller et appareiller || bouilly rousty poisson de mer z deaue doulce || saulces espices et autres choses a ce conue || nables et necessaires cõe cy apres sera dit....
— In-4º de 24 feuillets non chiffrés, de 33 lignes à la page, signés A-C, caractères gothiques.

Les cahiers se composent de huit feuillets. Le feuillet *A i* manque dans l'exemplaire que nous décrivons (Bibl. Nat., *Inv. Réserve*, V 1668), de même que le 8º feuillet du cahier *C*. Une note inscrite sur cet exemplaire dit que, sur le feuillet *A i* se trouvoit le titre suivant : *Le liure de Cuysine nomme tailleuant*. Nous ignorons si l'auteur de la note avoit vu un autre exemplaire avec ce titre ou si c'est une conjecture qu'il a faite. Dans ce dernier cas, il se pourroit que le feuillet *A i* soit un feuillet blanc et que le titre de départ placé au recto et en tête du feuillet *A ii* tienne lieu de titre.

Le dernier feuillet manquant, nous ne pouvons affirmer que cette édition soit sans lieu ni date; car l'un et l'autre pourroient s'y trouver. Cependant, le filigrane du papier où se voit la *roue dentée* nous autorise à dire que c'est une impression lyonnoise, sans que nous puissions l'attribuer à tel ou tel imprimeur. Quant aux caractères, ils ressemblent beaucoup à ceux employés, de 1493 à 1503, par Guillaume Balsarin, libraire et imprimeur à Lyon, notamment à ceux qui ont servi pour la *Grande nef des folz du monde* (1498), mais il se présente aussi de trop grandes dissemblances pour que nous puissions attribuer cette édition du *Viandier* à cet imprimeur.

VI

Tailleuāt || Grant cuysinier du Roy de france || — *Sans date*, in-8° de 32 feuillets non chiffrés, de 28 lignes à la page, signés *A-D*, caractères gothiques.

Au titre, figure sur bois, représentant trois personnages, deux hommes debout dont l'un, bossu, porte deux volatiles qu'il tient de la main gauche et un panier, de la main droite. A gauche, on voit, à travers une lucarne, une tête de femme. Au-dessous de ce bois, un autre bois assez étroit représentant des gens attablés. Les cahiers sont composés de huit feuillets. Le texte commence au verso du titre et finit au bas du recto de l'avant-dernier feuillet par ces mots : ℭ *Cy fine le liure de cuysine nōmē Tail* || *leuent Nouuellement imprîme a Paris* || *par Guillaume Niuerd. Imprimeur de* || *mourāt en la rue de la iuyfrie a lēseigne* || *Saint. Pierre, ou a la premiere. Porte* || *du Palais*. Au verso de cet avant-dernier feuillet, la marque de Guillaume Niverd ; au recto du dernier, une figure sur bois : un ange dans un entourage gothique ; et au verso, répétition de la marque de Niverd. Cette marque, tirée sur deux feuillets consécutifs, est une circonstance très rare en bibliographie.

Cette édition a dû être imprimée entre 1516 et 1521, probablement en 1520 ; suivant M. Harrisse *(Excerpta Colombiniana)* et contrairement à ce que dit Lottin, Niverd auroit pris sa marque en 1511.

Décrit d'après l'exemplaire de Beckford et de Duquesnoy, maire du 11e arrondissement de Paris, (vente du 7 mars 1803, n° 245, vendu 2 fr.), aujourd'hui faisant partie de la collection de M. le baron Pichon.

VII

Tailleuēt || Grant cuisinyer du || Roy de France. || — *Sans date* (vers 1520); in-8º de 32 feuillets non chiffrés, de 28 lignes à la page, signés *A-D*, caractères gothiques.

Au titre, même figure sur bois que dans l'édition précédente, moins le petit bois qui se trouve au-dessous. Au recto du 31e feuillet : ℂ *Cy fine le liure de cuysine nōme Taille* || *nent nouuellement imprime a Paris par* || *Guillaume Nyuerd Imprimeur demou* || *rant en la rue de la iuyfrie a lymage sainct* || *Pierre ou a la premiere porte du Pallays.* Le verso du 31e feuillet et le recto du 32e sont blancs. Au verso de ce dernier, marque de Guillaume Niverd.

A remarquer que le nom du cuisinier de Charles V est écrit sur le titre : *Tailleuēt* et non *Tailleuāt*, comme dans la précédente édition.

Un exemplaire de cette édition, relié par Mouillié, en maroquin vert, ayant appartenu à M. Bourdillon (nº 46 du cat. de 1830), puis à M. le Bᵒⁿ J. Pichon a été adjugé, (nº 272 du cat. de 1869) 550 fr., plus les frais; le même, avec la même reliure, s'est vendu 1.600 fr. (nº 107 du cat. de 1888, La Roche-Lacarelle), puis en 1890 (nº 189 du cat. Marquis), 1.580 fr. Il fait aujourd'hui partie de la collection de M. Théodore Drexel, à Francfort-sur-le-Mein.

VIII

Le liure de tail || leuent grant cuy || sinier du Roy de || France. — *Sans date*, (vers 1520), petit in-8º de 32 feuillets non chiffrés, de 27 lignes à la page, signés *A-D*, caractères gothiques.

Au titre, même figure sur bois que dans les éditions données par Guillaume Niverd. Le texte commence au verso du titre et finit au recto du 32e feuillet, dont le verso est blanc, par ces mots : ℭ *Cy fine le liure de cuysine nomme Tail* || *leuant nouuellement imprimee a paris en* || *la rue neufue nostre dame a lenseigne de les* || *cu de France.*

L'exemplaire de cette édition que possède la Bibliothèque Nationale *(Inv. Réserve.* V. 2613) et qui provient de la vente Mac-Carty est incomplet des ff. 6, 7 et 8 du cahier A.

Nous l'attribuons à Jehan II Trepperel.

IX

Le liure du grant ℞ tresexellent || cuysinier Tailleuent. Lequel || est vtille ℞ proffitable a toutes manie || res de gens Lesquelx ce veullent mes || lez dabillez toutes sortes de viandes || tant fresches q̃ sallees Aussi de poys || sons de mer q̃ deaue doulce. Pour le || seruice de Roys, Prĩces, q̃ en aultres || grosses maisous (sic). — *Sans lieu, ni date* ; pet. in-8º de 56 feuillets non chiffrés, de 22 lignes à la page, signés A-G, caractères gothiques.

Au-dessous du titre, l'une des marques de Pierre Gaudoul qui fut libraire à Paris de 1514 à 1534. (Silvestre, *Marq. typ.*, t. I nᵒˢ 22, 476, et 689). La devise: *Sic. Luceat. lux. vestra. Mat. 5.*, qui se lit ordinairement au bas de cette marque a été remplacée ici par le mot *Tailleuent.*

Le texte commence au verso du titre et finit au verso du dernier feuillet.

Cette édition (Biblioth. Nat., *Inv. Réserve*, V 2612) contient de curieuses additions à l'œuvre de Taillevent que nous reproduisons plus loin.

X

Le liure de tailleuant grant cuisinier du Roy de France. *On les vent a Parys en la rue neufue nostre Dame a lenseigne de lescu de France.* — *Sans date*, pet. in-8°, caract. goth.

Edition donnée vers 1532.
A la fin : *Cy fine le liure de cuisine nomme Tailleuãt nouuellement imprime a Paris par Alain Lotrian et Denis iannot demourans en la rue neufue nostre Dame a lenseigne de lescu de France.*

XI

L<small>E</small> **Cuisinier Tailleuent.**

Sans lieu ni date, petit in-8° de 28 feuillets non chiffrés, de 32 lignes à la page, signés *A-D*, caractères gothiques.

Les cahiers *A, B, C* sont composés de huit feuillets, le cahier *D* de quatre.

Brunet, *Manuel*, t. v, col. 647, cite cette édition, mais il ne compte que 24 feuillets. Il est à présumer que l'auteur du *Manuel* n'aura vu que l'exemplaire incomplet de la Bibliothèque Nationale (*Réserve*, Z 2122 F. 7) qui n'a, en effet, que 24 feuillets. Le dernier cahier manque. De combien de feuillets se compose ce cahier? C'est, sans doute, de quatre, car le texte qui manque, dans cette édition, ne sauroit tenir dans deux feuillets et il n'en manque toutefois pas assez pour en occuper plus de quatre. Il se peut que le dernier feuillet soit blanc comme il se peut aussi qu'à ce dernier feuillet se trouve le nom de l'imprimeur, son adresse, la date de l'impression.

XII

☾ Le liure de || tailleuent grant cuy || sinier du Roy de || France. || — ☾ *On les vend a Lyon, en la maison* || *de feu Barnabe Chaussard, pres* || *nostre dame de Confort.* (1545). — Petit in-8º de 44 feuillets non chiffrés, de 22 lignes à la page, signés *A-F*, caractères gothiques.

Les cahiers *A, B, C, D, E* se composent de huit feuillets, le cahier *F*, de quatre. Au titre, figure sur bois représentant quatre personnages à table ; dans le coin gauche, un écuyer servant.

Le texte commence au verso du titre et finit au verso du dernier feuillet par ces mots :

☾ *Cy finist le liure de Tailleuẽt grant* || *cuysinier. Imprime nouuellement : a la* || *maison de feu Barnabe chaussard, pres* || *nostre dame de Confort.* M. D. X. L. V.

La Bibliothèque Nationale (*Inv. Réserve* V 2615) possède l'exemplaire de MM. Coste et Yemeñiz qui, à la vente du dernier de ces deux bibliophiles, a été adjugé, en maroquin vert, doublé de maroquin citron (Bauzonnet), 850 francs. Cette édition est portée au cat. Yemeniz (nº 903) comme ayant été publiée en 1515, et au catal. Coste, (nº 539) en 1510. Il y a là une erreur évidente, puisque le titre porte *en la maison de feu Barnabé Chaussard* et que Barnabé Chaussard a exercé jusqu'en 1515. Ce qui a pu causer cette erreur, c'est que la lettre placée entre l'*x* et le *v*, de la date, est très peu visible dans l'exemplaire Yemeniz. En la regardant attentivement, on reconnoît que c'est une *l* qui, selon toute vraisemblance, se sera cassée au tirage. A supposer que ce soit un *i*, nous aurions 1514 et non 1515. Or, en 1514, Barnabé Chaussard étoit encore vivant.

Un exemplaire de cette édition, provenant de la bibliothèque de M. Rouard, figure au cat. du Bᵒⁿ James de Rothschild (nº 283) Ajoutons qu'à la vente du duc de la Vallière, (nº 1710 du cat. de Bure) un exemplaire de l'édition donnée par Barnabé Chaussard s'étoit vendu 3 livres !

XIII

Le || Livre de || Tailleuët grant || Cuysinier du Roy de || France. || Contenant l'art : & science d'appa || reiller viandes : à sçauoir boul- || ly, rousty : poisson de mer & || d'eau douce : sauces, espices & || autres choses a ce conuenables || comme cy apres sera dit. || *A Lyon,* || *Par Benoist Rigaud.* || 1580 — In-16 de 96 pages chiffrées.

XIV

Le Livre de Taillevent Grand cuysinier du Roy de France. Contenant l'art et science d'appareiller viandes : à sçavoir boully, rousty : poisson de mer et d'eau douce : sauces, espices et aultres choses à ce conuenables. *A Lyon, chez Pierre Rigaud,* M. DC III, in-16.

Édition qui figure au catal. Yemeniz (n° 904) mais que nous n'avons pas vue.

Brunet, *Manuel*, t. V, col. 648, cite une édition de 1602, in-16, portant également le nom de Pierre Rigaud (1).

---

(1) M. Quérard, *Superch. littér.*, tome III, col. 756, cite l'édition suivante :
— Taillevent, grand cuysinier du Roy de France. — *Paris, s. d.,* pet. in-8° goth.

Et il ajoute : réimprimé sous ce titre :

Livre de cuysine tres utile et proffitable... par le grand escuyer de cuysine. *Paris, s. d.,* (marque de Pierre Sergent), pet. in-8° goth., fig. s. bois.

M. Quérard s'est trompé et bien d'autres avec lui. Le *Livre de cuysine* n'est pas une réimpression du *Taillevent*; les deux ouvrages, bien que datant tous deux du XIV° siècle, sont néanmoins absolument distincts, et le texte du premier diffère essentiellement de celui du second. Le *Livre de Cuysine très utile* est le même ouvrage que le *Grand Cuisinier de toute cuisine*, que le *Livre fort excellent de Cuisine* et que le *Livre de honneste volupté*. (Voyez *Bibliographie gastronomique*, col. 227, 367, 526, 527 et 529.)

XV

Le || Livre de || Taillevent || Grand Cuysinier de || France. || Contenant l'art : & science d'appareiller || viandes : à sçauoir boully, rousty : pois- || son de mer & deau douce : sauces, es || pices & autres choses à ce cōuenables : || comme cy apres sera dit. || *A Lyon,* || *Chez Pierre Rigaud en ruë Mercière au* || *coing de rue Ferrandière.* || M. DC IIII. — In-16 de 96 pages chiffrées.

Fig. sur bois de l'édition de 1545.

MANUSCRIT

DE LA

BIBLIOTHÈQUE NATIONALE

Cy comence le Viandier de Taillevant Maistre queux du Roy nostre sire.

Pour ordenner les viandes[1] qui cy après s'ensuivent

Premièrement.

Pour dessaller tous potages sans y metre ne oster[2], prennés une nappe blanche et mettés sus vostre pot, et la tournés souvent, et tirés arrière le pot du feu.

Pour oster l'arsseure[3] de tous potages, prenés un pou[4] de levain et le liés en un drapel[5], et metés ou pot, et ne li lessiés gueires.

Bouture[6] de grosse char, c'est porc, buef, mouton. Cuit en eaue et sel, et mengier aux aulx blans ou vers, ou au verjus, se elle est freiche, et, sallée, à la moustarde.

---

(1) Le mot *viandes* ne s'applique pas seulement ici à la chair des animaux; il faut entendre par ce mot toute espèce de nourriture solide telle que pain, poisson, volaille, légumes. — (2) Le ms. de la Biblioth. Mazarine écrit : *Sans y mectre aigue, ne vin, ne aultre liqueur*. — (3) Le goût de brûlé. — (4) Un peu. — (5) Linge. — (6) *Boulitures*, dans le ms. de la Bibl. Mazarine, signifie *bouilli*.

Hericoq[1] de mouton tout cru, et le metés frire ou sain de lart, depecié par menus pecies[2], avecques oignons mincés[3], et desfaites[4] du bouillon de buef, du vergus[5], percil, ysope et sauge, et bouillés tout ensemble, et fine poudre d'espices.

Bouli lardé. Prennés vostre grain[6] et le lardés et cuisés en eaue, vin et percil metés seulement, et du saffren qui y veult.

Chevriaux[7] sauvages, comme serf. *Item* en pasté, parbouillie et lardée; mengier comme dit est.

Senglier frais. Cuit en vin et en eaue, à la cameline ou au poivre egret; la salée, à la moustarde.

Chappons aux herbes ou veel. Cuisés en eaue, et du lart, percil, sauge, ysope, vin, verjus, saffren et gingembre.

Potaiges[8] lians.

Chaudun de porc[9]. Cuisés en eaue, puis la metés par pièces, et frisiés[10] en sain de lart, du gingembre, poivre lonc

---

(1) *Haricotus*, ms. Bibl. Maz.; *Heriquot*, ms. de La Haye-du-Puits; *Hericot*, Ménagier, t. ii, p. 148. C'est notre haricot de mouton actuel. — (2) Par *pièces*, par morceaux. Du bas latin *pecia*. — (3) Coupés en petites rondelles. — (4) Delayez, mouillez. — (5) *Verjus*. Ce mot est tantôt écrit *verjus*, tantôt *vergus*. — (6) Partie solide d'un mets composé de solide et de liquide. — (7) Chevreuils. — (8) Le mot *potage* n'a pas ici la signification que nous lui donnons aujourd'hui; on appeloit ainsi certains mets de résistance composés de viande, de volaille ou de poisson. — (9) « Le chaudun, ce sont les boyaulx que l'en dit l'entrecerele des boyaulx et aussi sont-ce les boyaulx menus dont l'en fait boudins et saucisses, et aussi en est la pance. » Ménagier, t. ii, p. 123. — (10) Faites frire. L'auteur du *Ménagier* explique, t. ii, p. 151 la différence qu'il y a entre *frire* et *seurfrire* ou *suffrire*, expression que l'on rencontre fréquemment dans le manuscrit de Taillevent. « L'en dit *seurfrire* pour ce que c'est en un pot et se c'estoit en une paelle de fer, l'en diroit frire. »

et du safren, pain hallé [1], et trempés en eaue de buef (car son bouillon sont le flans) [2], ou en lait de vache qui veult, et passés parmi l'estamine; puis prennés [verjus] esgrené [3] cuit en eaue et metés les grains en vostre potage sur le point de servir, et fillés moieux d'uefs [4] dedans, et faites boulir.

CRETONNÉE [5] DE POIS NOVIAUX. Cuisés les jusques au purer [6], et frisiés en sain de lart; puis prennés lait de vache ou d'almendes, et le bouillés [7] une onde [8], et metés vostre pain dedans vostre lait; prennés gingembre et saffren brolé, et deffaites de vostre bouillon, et faites boulir; prenés poulles cuites en eaue, et les metez dedans par quartiers, et frisiés; puis metés boullir avecques; puis traiés [9] arrière du feu, et fillés [10] moieux d'oeufs grant foison.

CRETONNÉE DE FEUVES NOUVELLES. Auxi comme dit est des poes nouviaux [11].

COMMINÉE [12] DE POULAILLE. Cuisés la en vin et en eaue, puis la despeciés par quartiers, et la frisiés en sain de lart;

---

(1) Roti. — (2) C'est du bouillon de porc qu'il s'agit. — (3) Le mot *verjus* a été oublié; il figure dans la recette correspondante du ms. de la Bibliothèque Mazarine. — (4) Jaunes d'œufs. On trouvera également le mot œufs écrit *ouefs*. — (5) Cette recette, à quelques mots près, est la même dans le ms. de La Haye-du-Puits. — (6) Jusqu'à ce qu'ils se soient mis en purée. — (7) Ecrit *bouillés* dans le ms. — (8) Comme on dit aujourd'hui communément, *un bouillon*, dans le sens de laisser bouillir un instant. — (9) Retirez du feu. — (10) Ajoutez en laissant tomber doucement et de haut. — (11) Pois. Cette recette, ainsi que la précédente, est plus étendue dans le *Ménagier*, t. II, p, 159; elle se trouve également dans le *Grand Cuisinier*, ff. 7 et 81. — (12) Le nom de *comminée* ou *cominé* semble dériver de celui d'une des épices qui entroient dans la composition de ce mets, le *comin* ou cumin. Nous ne le voyons, en effet, figurer que rarement parmi les nombreuses graines indiquées dans les recettes du Viandier, et tous les mets dans lesquels entre le cumin portent le nom de *comminée*.

prennés un pou de pain trempé en vostre boullon, et le coullés ; et metés boullir aveques vostre grain ; prennés un pou de gingembre et un pou de comin, deffaites de verjus et de vin ; puis prenez moyeux d'oeufs grant foison, et batés lez bien, et fillés avecquez vostre potage arrière du feu.

BROUET DE CANELLE. Cuisés vostre poulaille en eaue et vin, ou autre grain, et despeciés par quartiers, et friolés¹ ; prennés almendez toutes seiches, et cuisés sans peller, et de canelle grant foison ; broiés, coullés², et deffaites de vostre boullon de buef, et boulliés³ bien aveques vostre grain, et du vergus ; et prennés gingembre, girofle, graine de paradis⁴, et soit liant⁵.

COMINÉ D'ALMENDES⁶. Cuisiés vostre poulaille en eaue, et la descoupés par quartiers, et frisiés en sain de lart ; prennés almendes pellées, deffaites de vostre boullon, et metés boullir sur vostre grain, et gingembre, et comin deffait de verjus et de vin ; et tousiours se lie⁷ d'elle mesmes.

BROUET GORGIÉ⁸. Prennés vostre grain et le despeciés, et prennés percil effueillis et oingnons menus minciés, et metés surfrire⁹ en sain de lart ; puis prennés des foies¹⁰, pain halé, et vin, et boullon de buef, et faites bien boullir ensemble ;

---

(1) Faites revenir. — (2) Passez dans un tamis. — (3) Écrit *bulliés* dans le ms. — (4) Plus connue aujourd'hui sous le nom de *maniguette*. On l'emploie pour donner du montant aux eaux-de-vie et aux vinaigres, et surtout pour falsifier le poivre. — (5) Recette analogue dans le *Grand Cuisinier*, f. 1, et dans le *Ménagier*, t. II, p. 163. — (6) Voir note 12, p. 5 — (7) Écrit *lielle* dans le ms. — (8) Écrit *georget* dans le *Grand Cuisinier*, f. 2 ; *georgié, georgé, gorgié* dans le *Ménagier*, t. II, pp. 97, 98, 163, 164. — (9) Écrit *sus frire* dans le ms. — (10) Écrit *deffoies* dans le ms.

puis affinés[1] gingembre, girofle, saffran, et deffaites de vergus, et que vostre bouillon soit liant.

BROUET ROUSSET[2]. Prennés vostre grain et oingnons mincés par rouelles, et percil effueillié, et metés surfrire[3] en sain de lart; puis prennés pain et foies, et coullés ou bouillon de buef et en vin, et metés boullir aveques vostre grain; puis prennés fines espices, gingembre, canelle, girofle, graine de paradis, fleur de canelle, destrempés de vergus; et soit rous.

UNE VINAIGRETE. Prennés menue hate[4] de porc, et ne la rosticiés pas trop; puis la descoupés, et oingnons par rouelles, et frisiés en sain de lart dedans un pot sur le charbon, et ostés souvent le pot, et quant il sera cuit, si y metés bouillon de buef plain, et metés boullir sur vostre grain; puis affinés gingembre, graine de paradis et un pou de saffran, deffaites de vin aigre, et metés tout boullir ensemble; et se doit lier de soi mesmes, et est brune.

CIVÉ DE MENUS OISIAUX[5]. Prennés vostre grain et metés frire en sain de lart très bien; puis, prennés pain hallé, et deffaites de boullon de buef, et coullés, et metés aveques vostre grain; affinés gingembre, canelle, un pou de vergus, et faut boullir ensemble; et doit estre tendre et non pas trop liant.

BLANC BROUET DE CHAPPONS. Cuisiés en vin et en eaue, puis despeciés par membres, et frisiés en sain de lart; puis

---

(1) Epluchez. — (2) Même recette, *Gr. Cuis.*, f. 2; *Ménag.*, t. II, p. 164. — (3) Écrit *sus frire* dans le ms. — (4) La rate. Dans le ms. de la Bibl. Mazar., cette recette s'appelle : *Menue haste de porc; Gr. Cuis.* ff. 24 et 29; *Ménag.*, t. II, p. 161. — (5) Même recette que la *Grainne de menus oysiaulx* dans le ms. de la Bibl. Mazar.

boullés d'almendes [1], et des brans [2] de chappons, et foiez, et deffaites de vostre bouillon, et metés boulir sus vostre grain ; puis prenés gingembre, canelle, girofle, poivre lonc, caringal [3], graine de paradis, et faites tout bouillir ensemble ; et y fillés moieux d'œufs bien batus.

BOUSAC [4] DE LIÈVRE OU DE CONIS [5]. Hallés [6] en broche et suffrisiés en sain de lart ; prenés pain brullé [7], et vin, et bouillon de buef ; coulés, boullés ensemble ; puis prenés finez espices, sans saffren, destrempé de verjus ; et soit brun noir, et non pas trop liant.

HOUDONS [8] DE CHAPPONS. Cuisiés les en vin et en eaue, puis les metés par quartiers, et friolés en sain de lart ; puis prenez un pou de pain brullé deffait de vostre boullon, et boulliés avecques vostre grain ; puis affinés fines espices sans saffren, deffaites de vergus ; et ne soit pas trop liant.

BROUET D'AILMENGNE, DE CHAR, OU DE CONIS, OU DE POULAILLE [9]. Prenés vostre char, et la despeciés, et suffrisiés en

---

(1) Boullés des almendes ? — (2) Le mot *brans* semble avoir été mis ici à la place de *blancs*. Le *Gr. Cuis.*, f. 9, n'indique pas les *brans*, mais seulement les foies ; le *Ménag.*, t. II, p. 149, mentionne les deux, le ms. de La Haye-du-Puits ne parle que des foies. Le mot *blancs* auroit sa raison d'être et, au lieu de *boullés*, il faudroit lire *brotés* ainsi que cela est écrit dans les recettes des ouvrages que nous venons de citer. Le *Thrésor de santé*, éd. de 1607, p. 193, donne la recette du *Blanc manger* de chapon (ou blanc brouet) et il y est dit : « On broye bien menu le blanc du chapon bouilly avec amandes, etc., etc. » — (3) Pour *Garingal*. C'est la racine du Galanga, plante des Indes orientales. — (4) *Boussac*, ms. de la Bibl. Mazar.; *Boussaac*, ms. de La Haye-du-Puits; *Boussac*, *Gr. Cuis.*, f. 17, et *Ménag.*, t. II, p. 153. — (5) Lapins. — (6) *Harler*, dans le *Ménag.*; mettez le d'abord à la broche. — (7) Grillé. — (8) *Hardouil*, *Hourdouil*, mss. du *Ménag.*; *Hardoil*, *Gr. Cuis.*, f. 29; *Hondel* ou *Houdel*, ms. de la Bibl. Mazar.; *Houdet*, Taillev. imprimé. — (9) *Ménag.*, t. II, pp. 165, 276.

sain de lart, et oingnons menus minciés; puis affinés almendes grant foisson, deffaites de vin ou de bouillon de buef; puis faictes boullir aveques vostre grain; puis affinés gingembre, canelle, girofle, graine de paradis, noix mugaites[1], bien pou de saffran; et soit sur le jaune defait de verjus.

Hochepot[2] de poullaille. Metés par membres suffrire en sain de lart, broiés pain brullé et vos foies, deffaites de bouillon de buef, et metés bouillir aveques vostre grain; puis affinez fines espices deffaites de verjus; soit noir cler, et non pas trop.

Sutil.[3] Brouet d'engleterre. Des chataingnes pellées cuites, et moyeux d'œufs cuis, et un pou de foye de porc tout broié ensemble, destrempé d'un pou d'eaue tiède ensemble, coullés, affinés polvre lonc, de saffren, et faites boullir tout ensemble.

Brouet de vergus[4]. Prenez vostre poullaille ou autre grain, cuisés en vin et en eaue, et verjus, et que le goust de verjus passe tout[5]; broiés gingembre, un pou de pain deffait de vostre bouillon, et moyeux d'œufs grant foison, coullés tout ensemble, puis metés sur vostre grain, quant il sera friolé, du lart à cuire.

Brouet vergay. Prennés vostre grain cuit en eaue et bouillon de buef, et du lart, si le friolés; puis prennés gingembre, saffren, percil, et un pou de sauge qui veult, et moyeux d'uefs tous crus, du pain, passés par l'estamine, et du vergus, et du fromage qui veult.

---

(1) Muscade. — (2) *Horchepoult*, ms. de la Bibl. Maz. — (3) *Soubtifz*, ms. de la Bibl. Maz.; *soutil, soubtil*, Ménag., t. II, pp. 157, 166. — (4) *Gr. Cuis.* f. 3, Ménag., t. II, p. 167. — (5) Domine.

Rappé. Metés vostre grain frire en sain de lart sur le charbon, trempés du pain en bouillon de buef, et le coullés, et metés sur vostre grain ; puis affinés gingembre deffait de verjus et de vin mis en vostre bouillon ; prennés des grosselles ou du verjus esgrené, et metés dedans [1].

Civé de lièvres [2]. Rosticés tout cru en broche ou sus le gril, sans trop lessier cuire ; descouppés par pièces, et frisiés en sain de lart, et oingnons menus minciés [3] ; prennés pain hallé deffait de vin et de bouillon de buef, ou de purée de pois, et boullés avecques [vostre] grain ; affinés gingembre, canelle et saffran, deffaites de verjus et de vin aigre ; et soit fort espicé.

Civé de conis. Doit estre ainsi fait comme civé de lièvres [4] ou bousac, comme dessus est dit.

Chapitres de ros

Porc au verjus. Aucuns y metent des oingnons, vin et verjus.

Item veel [5]. Soit parboulli et lardé ; à la cameline.

Item veel en pasté. Prennés poudre d'espices, saffran et vergus.

Pour faire fraise de veel. Prennés vostre grain, et descouppés bien menu ; puis le frisiés en sain, et broiés

---

(1) Même recette, mais moins détaillée, que celle intitulée *Brouet rappé* dans le *Gr. Cuis.*, f. 1, et que celle du *Ménag.*, t. ii, p. 168. — (2) Même recette dans le ms. de la Haye-du-Puits ; plus détaillée dans le *Gr. Cuis.*, f. 4, et dans le *Ménag.*, t. ii, p. 169. — (3) Écrit *muciés* dans le ms., c'est-à-dire coupés en petites rondelles. — (4) Écrit *livres* dans le ms. — (5) Veau.

gingembre, saffron ; prennés ceux tous crus, fillés sur vostre friture. Mengiés au verjus vert.

Mouton en rost. Au sel menu, ou à la cameline, ou au verjus.

Chevriaux, aingniaux. Boutés en eaue boullant et traiés tantost [1], lardés et metés en broche, à la cameline.

[O]ues [2] en rost. Aux aulx blans ou vers ou au poivre jaunet ou noir.

Poulés. A la froide sauge, ou verjus en rost, ou en pasté, aux espices et du lart, à cuire, et vergus de grain.

Chappons, hétoudiaux [3], gelines. Au moust [4], ou à la poetivine, ou à la jance.

Conis en rost. Parboulis et lardés, à la canelle, et, en pasté, en poudre d'espices.

Lièvres en rost. Lardés, sans laver, à la cameline, et le bassinent [5] aucuns de telle saulce comme bourbier de sanglier.

Item lièvres en pasté. Parboulli et lardé à la cameline ou à la [6] poudre d'espices.

Bourbier de sanglier. Metés en eaue boullant, et tirés tantost, et rosticés en broche, et le bacinés de saulce d'espices, c'est assavoir gingembre, canelle, girofle, graine de

---

(1) Retirez promptement. — (2) Oies. Cette recette est beaucoup plus détaillée dans le ms. de la Bibl. Maz. où elle est réunie à celle du menu d'oies. — (3) Poulet que l'on destine à devenir chapon, le *pullaster* des Romains. Ecrit *Estoudeaulx*, ms. Bibl. Maz.; *Hestoudeaux*, dans le *Gr. Cuis.*, f. 18; *Huteaudaux*, dans Rabelais; *Hétoudeaux* dans le *Ménag.*, t. II, p. 180, et *Estaudeaux* dans le *Thrés. de sant.* où il est dit « On chastre les estaudeaux & poulets a deux moys et demy ou a trois mois, en pleine lune, quand ils commencent à s'approcher des poules, tout le long de l'Esté jusqu'en Automne, si l'Hyver est trop aspre jusqu'à la fin de Décembre ». — (4) Vin doux. — (5) Mettent en marinade. — (6) Écrit *au*, dans le ms.

paradis, du pain hallé trempé en vin ou verjus, et vin aigre, coulés et bacinés ; puis quant il sera cuit, despiécés par morsslaux, puis le boulliés en saulce ; et soit cleret et noir[1].

Toute venoison freiche, sans baciner, est mengié à la cameline.

PIJONS rostis à toutes les testes[2], au sel menu et, en pasté, aussy.

MENUS OYSIAUX. Plumés au sec, puis brullés[3] et metés en broche par le costé, et la ribete[4] de lart entre deux, au sel menu, et lessiés les piés.

PLOUVIERS, VIDECOQS[5]. Plumés à sec, brullés et lessiés les piés, enhastés[6] par le costé, et mengiés au sel menu.

PERDRIX. Plumés à sec, refaites en eaue boulant, boutonnés[7] de lart, au sel menu et, en pasté, auxi au sel menu.

TRUTERELLES. Auxi comme perdrix sans boutoner.

CINE. Plumés aussi comme une oe[8], eschaudés et arsonnés[9], et cuisiés à tous les piés ; qui veult, soit doré ; et au cuer soit fendu jusques aux espaules, et mengiés au poivre jaunet.

---

(1) Ecrit *Bourbeller*, *bourberel* dans le *Ménag.*, t. II, pp. 158 et 236 ; *bourbellier*, dans le *Gr. Cuis.*, f. 16, où cette recette est différente. — (2) Avec les têtes. — (3) Veut dire ici : *flamber*, pour enlever le duvet qui reste après que l'oiseau a été plumé. — (4) *Ribelette*, dans le *Ménag.*, t. II, p. 139 ; *ribelete*, ms. Bibl. Maz., bardes de lard dont on enveloppe les oiseaux avant de les embrocher. On appeloit aussi *riblette* une omelette aux lardons. — (5) Bécasse, en anglois *woodcock* ; *vitecos*, ms. de La Haye-du-Puits ; *uidecos* dans le *Gr. Cuis.*, f. 19. Le *Thrés. de Sant.* dit que cet oiseau ne doit pas « s'éventrer. » — (6) Embrochez (7) L'auteur du *Ménag.*, t. II, p. 88 écrit : « Nota que il y a différence entre les queux entre *boutonner* et *larder*, car boutonner est de girofle et larder est de lart ». Ici pourtant, le mot *boutonné* est pris dans le sens de *piquer* avec du lard. — (8) Oie. — (9) *Arçonnez*, dans le *Ménag.*, t. II, p. 183. Ce mot doit signifier : attacher à la broche à l'aide de petites brochettes retenant le roti. Le *Gr. Cuis.*, f. 19, dit, en effet : « Arçonnez de brochettes. »

PAON. Seignier auxi comme le cine, lessiés la teste et la queue, lardés et arsonnés, et dorés; mengiés au sel menu [1].

FAISANS. Plumés à sec, et boutonnés, et sonnés [2], et qui veult soit refait en eaue boullant à tout la teste et la queue; au sel menu soit mengié.

[S]OGOINGNES [3]. Soient plumées comme une oe, lessiés les piés et la teste. Soient arsonnés et emflambés très bien; au sel menu.

HÉRON. Soit soingnié et fendu jusques aux espaules, puis arsonné et emflambé très bien, et doré, et lessiés les piés et la teste; et mengiés au sel menu.

VISTARDES [4], GRUES, GANTES [5]. Cuissiés somme la seigoingne.

MALARS [6] DE RIVIÈRE. Plumés à sec, et rosticiés, et retenués [7] la gresse pour faire la dodine [8]; et la faites de lait, ou de vin, ou de vergus.

---

(1) Recette différente dans le ms. de la Bibl. Maz. « Paons saulvaiges qui naist ès montaignes soit plumez comme le signe; puis soit fort boulir en vin et ung pol d'aigue, puis soit très bien lardés et rotiz en la broche. Il est meilleur à maingier froit que chault, et se garde bien longuement. L'on y trouve trois viandes de chart; cy une est semblable à chart de beuf, l'autre à chart de lièvre et l'aultre à chart de perdrix ». — (2) Le mot sonnés probablement mal écrit par le copiste pour : arsonnés. — (3) Cigognes. Un trou dans le vélin du ms. empêche de lire la première lettre du mot Sogoingnes. — (4) Houstardes, dans le Gr. Cuis., f. 18; Outardes, dans le Ménag., t. II, p. 181. « Galien escrit que sa chair est moyenne entre celle des grues et des oyes, n'estant si dure ne si nerfueuse que celle-là. Vray est qu'elle a vn goust sauoureux, toutesfois elle produit beaucoup d'excremens. » Thrés. de sant., p. 227. — (5) On pourroit aussi bien lire gances; le ms. de la Bibl. Maz. et le Ménag. écrivent gentes. La gante est une oie sauvage. — (6) Canards. — (7) Conservez, retenez. — (8) Écrit dodien, dans le ms. Il y a plusieurs sortes de dodine, mais il n'en existe pas de recette dans les mss. du Viandier. Le Taillevent imprimé, f. 24, v°, donne celle de la Dodine (de lait)

BUTOR. Aussi comme une segoine.

CORMORANT. Comme un haron [1].

POURCEL FARCI. Soit eschaudé, et bien lavé, et rosti, et la farce de l'essue [2] du pourcelet et de char c... ...re cu te, et des moyeux d'œufs cuis, du fromage de gain [3], c...ataingnes cuites et pelées, et de bonne poudre d'espices, et metés ou ventre du pourcelet; puis rostir et baciner de vin aigre et de sain boulant; mengier au poivre jaunet.

CHAPITRES D'ENTREMÈS

FAUS GUERNON [4]. Cuisiés en vin et en eaue des foies, des guisses [5] de poulaille, ou de char de veel, et la déhachiés bien menu, et frisiés en sain de lart; puis broiés gingembre,

---

et celle de la *Dodine de verjus*. Le *Grand Cuisinier* en donne aussi plusieurs, *Dodine de tous oiseaux*, f. 42, *Dodine blanche*, *Dodine rouge*, f. 34; voici cette dernière, d'après le *Livre de honneste volupté*, Lyon, 1602, f. 36, qui est la réimpression du *Grand Cuisinier* : « Prens du pain blanc & le fais rostir bien roux sur le gril, & la mets tremper en fort vin vermeil, puis faits faire des oignons par rouelles en saing de lard, & passe ton pain par l'estamine, puis pour espice, canelle, muscade, clou de girofle, & sucre & un peu de sel, & fais le tout bouillir ensemble avec la gresse de canard, & quand il sera cuit, jette sur ton canard, ou oiseau de riviere. »

(1) Héron. — (2) Pour *issue*. Ce sont les tripes. — (3) Le Dictionnaire de Trévoux mentionne un *fromage d'Auguin*, mais sa composition ne paroît pas se rapporter à celui dont il s'agit ici. Nous croirions plutôt que *fromage de gain* a trait à un fromage fabriqué en automne, comme l'Angelot ou Pont-l'Évêque (*Gaing*, automne, saison où l'on recueille les fruits de la terre, *Glossaire* de Roquefort). Godefroy dit que le *fromage de gain* est fait du lait tiré après la moisson, temps auquel ces laits sont toujours les plus gras. — (4) *Faulx grenon*, ms. de la Bibl. Maz.; *Ménagier*, t. II, p. 211, et *Grand Cuisinier*, f. 30. — (5) Gésiers. Ecrit *jousiers*, dans le ms. de la Bibliothèque Mazarine; *jugiers*, dans le *Ménagier*, t. II, p. 211; ce pourroit être le même mot, mal écrit, que le mot *guisiers*, dans la recette du *menus d'oies*.

canelle, girofle, graine de paradis, vin, verjus, bouillon de buef ou d'icellui mesmes, et moieux d'oeufs grant foisson; coullés, deffaites de vostre grain, et faites bien boulir ensemble, et un pou de pain et de saffran ; et doit estre bien liant, sur jaune couleur, aigret de vergus. Au dressier, poudre d'espicez de canelle.

MENUS D'OIES. Piés, foies, guisiers, faites cuire en vin et en eaue très bien ; si metés vostre grain, quant il sera cuit, en un plat, et du percil, et du vin aigre par dessus ; autrement, en lieu de percil et de vin aigre, metés lait lié de moieux d'oeufs et de pain, de la poudre d'espices et un pou de saffren, et dressiés sur les escueilles sanz percil et vin aigre.

FORMENTÉE [1]. Prennés forment bien esleu [2], puis le mouilliés de eaue tiède et le liés en un drapel; puis batés du pétail [3] dessus, bien fort, à tant qu'il soit tout espouillié [4], et lavés très bien en eaue ; et quant il sera très bien cuit, si le purés, et prennés lait de vache boulli une onde, puis metés cuire dedans vostre forment, et tirés arrière du feu et remués souvant, et fillés dedans moyeux d'uefs grant foison ; et qu'il ne soit pas trop chaut, quant l'en les filera dedans, et remués dedans, puis fines espices, et saffran un

---

(1) Fromentée. Cette recette est beaucoup plus complète dans le *Ména..*, t. II, p. 210. Le *Gr. Cuis.*, f. 41, donne une recette différente de celle du Taill. ms.. La *fromentée* est une sorte de bouillie très nourrissante qui étoit en usage chez les Romains et chez les Grecs. Galien dit que c'est un aliment fort nutritif que les anciens faisoient avec de l'eau, du vin et de l'huile. Caton l'appelle *Polinta*. Le peuple, en Italie, se nourrit encore aujourd'hui de *Polenta*, bouillie faite avec de la farine d'orge. — (2) Bien trié. — (3) Pilon. — (4) Jusqu'à ce que le son soit b'en enlevé.

pou ; et doit estre un liant et jaunet ; et aucuns y metent de l'eaue de la venoisson.

TAILLÉS [1]. Prennés figues et raysins, lait d'almendes, et eschaudés [2], et galetes, croute de pain blanc coupé menu, et faites boullir le lait ; prennés saffran pour lui donner couleur, et sucre, et puis metés boullir tout ensemble, tant qu'il soit bien liant pour tailler.

MILLOT [3]. Mouilliés le en eaue chaude en trois paires [4] puis le metés en lait de vache fremiant [5], et n'y metés point de cueillier jusques ad ce qu'il ait bien boulli ; puis le metés jus du feu [6], et le batés du dos de la cueillier, puis le remetés sur le feu, et un pou de saffran, et metés boullir tant qu'il soit bien espès.

POULLAILLE FARCIE. Prennés vostre poulaille, et leur coupés le gavion [7], puis les eschaudés, et plumés, et gardés la pel saine [8], et sans refaire ; prennés un tuel [9], et le boutés entre le cuir et la char, et l'enflés, puis la fendés entre les espaules et ne faites pas trop grant trou, et lessiés tenans à la pel les elles [10] et le col à tout la teste et les piés.

POUR FAIRE LA FARCE. Prennés char de mouton, de veel, du porc, du blanc des poulles, hachiés tout ensemble tout cru ; puis les broiés en un mortier, et oeufs tous crus, aveques fromage de gain et bonne poudre d'espices, et un

---

(1) Recette analogue sous le nom de *Taillis* dans le *Ménag.*, t. II, p. 211 et dans le *Gr. Cuis.*, f. 74. Ce dernier a, en outre, f. 29, le *Taillis* de chair et le *Taillis d'Angleterre*. — (2) *Eschaudés* est pris ici dans le sens d'échaudé, sorte de pâtisserie que l'on mange encore aujourd'hui. — (3) *Millet*, dans le *Ménag.*, t. II, p. 176. C'est le millet qu'on donne aux oiseaux. — (4) C.-à-d. en trois eaux différentes. — (5) Qui commence à bouillir. — (6) Hors du feu. — (7) Gosier. — (8) La peau, sans la déchirer. — (9) Tuyau. — (10) Ailes.

pou de saffran, et sallés à point ; puis emplez[1] vos poules et recousés et, du demourant de vostre farce faites en pommes[2] aussi comme pastiaux de garde[3], et metés cuire en bouillon de buef ou en eaue boulant, et du saffren grant foison ; et qu'il ne boulent pas trop fort, qui ne se despiècent ; puis les enbrochiés en une broche de fer bien déliée.

POUR FAIRE LES DORÉES[4]. Prennés grant foison des moieux d'oeufs avec du saffren broié et batu tout ensemble, et les en dorés. Qui veult dorée verde, si prengne la verdure broiée, puis des moyeux d'oefs grant foison bien batus, passés par l'estamine, et prennez la doreure, et en dorés ; quant vostre poulaille sera cuite, et vous pourés[5] dressier vostre broche ou vessel où sera vostre doreure, et y jetés du lonc[6] vostre doreure, et remétés au feu, afin que vostre doreure se prenne[7] par II foies ou par III, et gardés qu'elle n'aist pas trop fort feu.

GELÉE DE POISSON QUI PORTE LIMON OU DE CHAR. Metés cuire en vin, verjus, et vin aigre, et de l'eaue, et aucuns y

---

(1) Remplissez. — (2) Pommes. — (3) Le *Ménag.*, t. II, p. 214, écrit *pasteaulx de guède*. On doit plutôt lire *gaide*. La *guède* ou *gaisde* est une espèce de plante servant à la teinture ; on en faisoit des pastilles ou pasteaux que l'on jetoit dans les cuves pour teindre la laine. Ces pasteaux devoient avoir une grosseur déterminée et Taillevent les aura pris comme point de comparaison. — (4) Dans le *Ménag.*, t. II, p. 214, il y a *pour les dorer*. Cette recette n'y est que la continuation des *Poulailles farcées*, et il semble que c'est par une erreur du copiste qu'elle est ici placée comme une autre recette, car il s'agit de dorer les poulailles et non de faire des *dorées*, sorte de pâtisserie. — (5) Au lieu de *vous pourés*, le *Ménag.* écrit *vos pommes* ; cette version paroît plus vraisemblable. On a vu plus haut qu'il s'agissoit de pommes qui ne sont probablement autre chose que des sortes de quenelles ou de boulettes. — (6) Tout au long, dans le *Ménag.*, t. II, p. 214. — (7) Écrit *ce prenre* dans le ms., pour *se prenne par deux ou trois fois*.

metent un pou de pain; puis prennés gingembre, canelle, girofle, grain[e] de paradis, poivre lonc, nois mugaites et saffren¹ broiés et deffaites de vostre bouillon, et metés aveques vostre grain, et l'escumés tant comme il sera sus du feu, si l'escumés à tant qu'il soit drécié. Après que il sera drécié, si purés² vostre boullon en un vessel de boies³, et le lessiés ressuir⁴, et metés vostre grain sur une blanche nappe; et, se est poisson, si lez pellés et metés les peleures en vostre bouillon jusquez à tant qu'il soit coullé la derrenière foies, et gardés que vostre boullon soit cler et net; puis dressiés vostre grain pessevelez⁵ et metés vostre bouillon sur le feu en un vessel cler et net, et faites boulir, et en boullant, metés vostre bouillon en vos escuelles par dessus vostre grain, poudrés dessus fleur de canelle et du macis, et puis metés vos escuelles en lieu froit; et se vostre bouillon n'est bien net, si le coulés parmi une nape en II ou en trois doubles; et soit sallé à point.

LEMPROIE FRANCHE⁶ A LA SAULCE CHAUDE. Soit saingnée par la gueule et lui ostés la langue; et y convient bouter une brouche⁷ pour mieux saignier, et gardés bien le sanc, car c'est la gresse, puis la convient eschauder comme une anguille, et rostir en broche bien déliée; puis affinés gingembre, canelle, girofle, graine de paradis, nois mugaites et bien pou de pain brullé trempé en sanc et en vin aigre, et du

---

(1) Dans la recette du ms. de la Maz., il entre, en outre de ces épices, du *cilion* et du *folion*. — (2) Passez. — (3) Vase de bois. — (4) Reposer. — (5) Nous n'avons pu trouver le sens de ce mot. — (6) *Fresche* dans les mss. de la Bibl. Maz. et de La Haye-du-Puits. — (7) Broche de bois.

vin un pou, et deffaites tout ensemble; et faitez boulir une onde : et lemproie toute entière ; et ne soit pas trop noire.

Lemproie en galentine. Saingniez la comme dist est, et gardés le sanc, puis la metés cuire en vin aigre et en eaue bien pou ; et, quant elle sera cuite, metés la refroidier sur une nape blanche ; prennés pain brullé, et deffaites de vostre boullon, et coullés par l'estamine, et boullés le sanc avec, et remués bien qui n'arde ; et, quant il sera bien boully, si verssés en un mortier ou en une jate, et movés [1] souvant jusquez ad ce qu'il soit refroidié ; affinés gingembre, canelle, girofle, graine de paradis, nois mugaites, poivre lonc et deffaites de vostre boullon, et metés dedans ; puis metés vostre poisson avec, dedans une jate, comme devant est dit ; est noir.

Ris engoullé [2] au jour de mengier char. Cuisez le, et le lavés très bien en eaue chaude, et metés seicher contre le feu ; et metés cuire en lait de vache fremiant, puis du saffran et du gras de bouillon de buef.

Entremès de cine revesté de sa piau a toutes les plumes [3]. Enflés le d'un tuel par entre les espaules, fendés le au lonc par dessoubz le ventre, puis lui ostés la piau à tout le col couppé après les espaules, et les ellez, les piés tenans au corps ; puis rostir ou arssonner ; dorer quant il sera cuit, et soit revestu en sa piau, et que le col soit bien droit ou plat [4] ; et mengier au poivre jaunet.

---

(1) Remuez. — (2) Même recette dans le *Ménag.*, t. II, p. 214. Au lieu de *Cuisez-le*, il y a *Eslisez-le*, c.-à-d. triez-le bien, et cette leçon est bien meilleure. — (3) Recette plus détaillée dans le *Gr. Cuis.*, f. 27; *Ménag.*, t. II, p. 184. — (4) Au plat.

Une froide sauge. Cuisés bien la poulaille en eaue, puis la metés refroidier; broiés[1] gingembre, canelle, girofle, graine de paradis ; broiés bien sans couller ; prennés percil et sauge, du pain le plus, et un pou de saffran, et de la verdure pour estre vergay, et coullés par l'estamine. Et aucuns y metent moyeux d'uefs durs, et deffont de vinaigre ; et metés sur vostre plat.

Soulz[2] de pourcel. Fait aussi comme d'une froide sauge et rasisse en eaue chaude, et lavé très bien sans metre nulz oeufs et mout de sauge.

Potaiges lians[3].

Comminée de poisson cuit en aue ou frit en huille. Prennés almendes destrempées de vostre bouillon, ou de purée de pois, ou de eaue boullie, et en faites du lait, et metés boullir. Prennés gingembre et comin défait de vin et de verjus, et metés boullir aveques vostre lait ; et y faut du sucre.

Brouet vergay d'anguilles. Escorch[iés] ou eschaudés[4], metés cuire en eaue, et percil, pain, saffren bien pou, en la verdure deffait de vostre bouillon[5], puis gingembre deffait de verjus, et tout boully ensemble ; et de bon formage qui velt.

---

(1) Écrit *braiés* dans le ms. — (2) Ecrit *Sous de pourcelet* dans le *Ménag.*, t. II, p. 215. Le *Dictionnaire pratique du bon ménager* de Liger donne une recette analogue sous le nom de *Souce*. Le *Ménag.*, t. II, p. 231, dit « Nota que le mot *soucié* est dit de *soux* pour ce qu'il est fait comme soux de pourcel. » — (3) On a déjà vu plus haut un chapitre de *Potaiges lians* (de char); celui-ci est consacré aux *Potaiges lians sans char*. — (4) Recette différente dans le *Gr. Cuis.*, f. 51, et dans le *Ménag.*, t. II, p. 171. — (5) Le copiste avoit écrit : *et de purée de pois*, et a rayé cette phrase.

GRANE [1] DE LOCHE. Prennés pain hallé, purée de pois ou eaue boullie, passez parmi l'estamine, puis metés boullir; et prendre de fines espices, sans poivre, et du saffren deffait de vin aigre, puis dez oingnons mincés fris, et boullir tout ensemble; puis frisiés vostre loche en huille, sans farine, et ne la metés pas boullir, mes [2] dressiés sur vostre boullon.

CHAUDUMEL [3] AU BESCUIT DE BROCHIEZ OU DE LUSIAUX [4]. Rosticiés vostre poisson sur le gril; prennés pain [destrompé de] [5] purée de pois ou eaue boullie, vin, verjus, gingembre, saffran; coullés et faites boullir, et metés sur vostre grain, et la boullés dedans; et soit jaunet.

[U]NE SORINGUE [6]. Eschaudés ou escorchiés vos anguilles, et descouppés par tronçons, et oingnons par rouelles, et percil

---

(1) Ecrit *Graingne* et *Grainne* dans le ms. de la Bibl. Mazar. D'après Godefroy qui écrit *grané*, c'est une sorte de ragoût. Les imprimés écrivent *grané*, mais il est plus naturel d'écrire *grane*, les mots *graingne* et *grainne* écrits dans le ms. de la Bibl. Maz., voulant bien dire *graine*. Cette circonstance semble prouver que le mot *gravé* donné dans le *Ménagier* est fautif; il faut lire *grane* (graine). — (2) Mais. — (3) Le *Gr. Cuis.*, f. 43, écrit *Chaudumer*; le *Ménag.*, t. II, p. 173, *Chaudumée*. C'est le même plat, mais ces recettes sont différentes. Même recette dans le ms. de la Bibl. Mazar. sous le nom de *Civel de besthet*. Le mot *besthet* (*beschet*, dans le *Ménag.*, t. II, p. 101) doit être mal écrit; il doit s'agir du *becquet*, nom que, suivant Belon, l'on donnoit en Anjou et dans le Maine, au brochet. — (4) Brochets et brochetons. — (5) Les mots *destrompé de*, nécessaires au sens, ont dû être omis; ils se trouvent dans la recette du ms. de la Bibl. Mazar. — (6) Même recette dans le *Ménag.*, t. II, p. 173; il y a *Estauvés* au lieu de *Eschaudés*. La *Soringue* qui est également dans le *Gr. Cuis.*, f. 52, a une grande analogie avec le *Brouet sarrasinois* du *Ménag.*, t. II, p. 172 et avec la recette suivante du ms. de la Bibl. Maz., *Brouet serrazines* : « Escourchiez anguilles, et les coppés par tronssons, sans poudre de sel, et les frisslez en huille; puis prener gigimbre, cannelle, giroffle, graine, garingal, poivre long et du saffrain; et deffaicte de vin et de verjus; et faicte boulir tout ensemble et voz anguilles avecques; et ne soit pas troupt lyant » Cette recette n'est pas dans le ms. de la Bibl. Nation.

effueillié et frisiés tout ensemble en huille. Prennés pain halé et purée de pois, ou eaue bouillie, du vin plain; coullés et metés ensemble boullir; prennés gingembre, canelle, girofle et saffran deffait de verjus, et metés boullir avecques; et ne soit pas trop liant, et ait saveur bien aigre.

Civé d'oistres [1]. Eschaudés les très bien, frisiés en huille; prennés pain halé trempé en puré de pois ou en eaue et vin plain [2], coullés, puis gingembre, canelle, girofle, graine de paradis et saffran, deffaitez de vin aigre, et oingnons fris en huille; et faites bien boullir tout ensemble; et soit bien liant, et jaunet, et sallé à point.

Soupe en moustarde [3]. Prennés des œufs pochiés en huille, tous entiers, sans esquaille [4], puis prennés d'icelle huille, du vin, de l'eau, des oingnons fris en huille, boullés tout ensemble; prennés lèches [5] de pain halé sur le gril, puis en faites morssiaux quarrés, et metés boullir avecques; puis hastés [6] vostre boullon, et ressuiés vostre soupe; puis la verserés en un plat, puis de la moustarde de [dans] vostre boullon, et la boullir; puis metés vos soupes [7] en vos escuelles, et metés dessus.

Civé d'œufs pochiés en huille [8]. Comme dessus est dit de la souppe en moustarde.

---

(1) Civet d'huîtres. Ecrit ostres dans le ms. de la Bibl. Maz.; oestres et oîitres, dans le Ménag., t. II, pp. 96, 103, et 99, 102, 174 et 277. Du latin Ostreum. — (2) Vin uni (planus) doux (à boire) par opposition à vin aigre.— (3) Ménag., t. II, p. 175. — (4) Sans la coquille. — (5) Tranches. — (6) Le mot hastés, remplacé dans le Ménag. par retraiez, est probablement ici pour ostez. — (7) Pris ici dans le sens de croûtes de pain.—(8) Même recette, plus détaillée, dans le Ménag., t. II, p. 174; Gr. Cuis., f. 50.

Civé d'Almengne[1]. Des œufs pochiés en huille, et lait d'almendes boulli, et oingnons par rouelles fris, et boulli tout ensemble; affinés gingembre, canelle, girofle, graine de paradis et saffren destrempé de verjus, sans trop boulir; soit bien liant et non trop jaune, et la soupe à la moustarde comme devant qui veult, et lait de vache soit boulli une onde, et mis hors du feu; puis fillés moieux d'œufs grant foisson ou par l'estamine, et soit bien liant, sus jaune coulleur, et non pas trop; puis pochiés les en eaue, et les moieux avecquez sans boullir.

Brouet d'œufs et du fromage[2]. Prennés percil et sauge, et bien pou de saffren, en la verdure, et pain trempé deffait de purée de pois, et gingembre deffait de vin, et metés boullir; puis metés du fromage dedans les œufs, quant ils seront pochiés en eaue, et soit liant, vergay; et aucuns y metent point de pain, mais du lait d'almendes.

Une saulce jaunete[3] sur poisson froit ou chaut. Frit en huille sans farine, brochet, ou perche pellée, frite en farine; affinés almendes, et y metés du vin le plus, ou du verjus, un pou d'eaue; coullez, et faites boullir; prennés gingembre, canelle, girofle, graine et saffran, deffaites de vostre boullon, et metés boullir du sucre avec; et soit bien liant.

Grané de perche. Soit cuite, pelée et frite sans farine; et de poisson froit auxi, frit et fait comme de loche, non pas si jaune, mais rous, et très bien liant.

---

(1) D'Allemagne. — (2) C'est le *Brouet vert d'œufs et de fromage* du *Ménag.*, t. II, p. 172; *Gr. Cuis.*, f. 49. — (3) *Potage jaunet* ou *saulce jaunette*, dans le *Ménag.*, t. II, p. 175.

Pour malades.

Coulris d'un poulet. Cuisés en eaue tant qu'il soit bien pourri[1] de cuire, et broiés à tout les os en un mortier; puis deffaites de vostre boullon, et coullés, metés boullir; et qui veult poudre de sucre par dessus, et non pas trop liant[2].

Eaue rose d'un chappon ou poulle. Metés en un pot de terre tout neuf, pleumé[3] par dedans, et soit bien net; le couvrez très bien, qui n'en puisse y estre[4] ne fust ne alaine nullement, et metés le pot bien à point et le chappon ou poulle dedans icellui, et le asés[5] en une paielle[6] plaine d'eaue, et faites boullir icellui pot dedans icelle paielle, assis dedans, tant que le chappon soit bien pourri de cuire; ostés le chappon et donnez au malade l'eaue qui sera issue du chappon; car elle reconfforte bien le malade, et si y prant grant substance ledit malade.

Chaudiau flament[7]. Metés de l'eaue bouillir, puis moieux d'oeufs bien batus, destrempés de vin blanc, et versés à fil[8] dedans vostre eaue, et du sel, et movés[9] très bien, et metés arrière du feu; et aucuns y metent un pou de verjus.

(1) Très cuit. — (2) Même recette, *Ménag.*, t. II, p. 242. L'auteur y donne l'indication suivante qui n'est pas dans le ms. de Taillevent : « Nota que les os doivent estre boulis les premiers : puis ostez du mortier, coulez, et nettolez le mortier ; puis broyez la char et grant foison sucre. » — (3) *Pleumé* ressemble fort à *plommé, plombé*. Cela semble signifier un pot émaillé, c'est-à-dire couvert, à l'intérieur, de l'émail ou *couverte* de la poterie (qui est une composition vitrifiée où il entre de l'étain) par opposition à la poterie de terre restée brute comme celle employée pour les pots de fleurs. — (4) Pour *istre*; pour que la vapeur ne puisse s'échapper. — (5) Posez. — (6) Poêle, poêlon. — (7) *Chaudel*, dans le ms. de la Bibl. Maz. ; *Chaudeau*, dans le *Gr. Cuis.*, f. 28, qui donne une recette plus étendue ; *Chandeau*, dans le *Ménag.*, t. II, p. 241. — (8) En le faisant filer. — (9) Écrit *maués*, dans le ms.

Gruiau d'orge. Espaillés ¹ le, et pillés bien comme dit est du forment, puis le metés cuire, et le purés, et metés boulir aveques lait d'almendes, du sucre et sel ; aucuns le coulent et broient ; et non pas trop liant ².

Couleis de perche ³. Cuisés la en eaue, et gardés le bouillon ; puis broiés almendes, et de la perche aveques, et deffaites de vostre bouillon ; et metés boullir, et coulez ; et puis du sucre ; et doit tout estre cler et net, et bien pou de vin blanc qui veult.

Blanc mengier d'un chappon ⁴. Cuisés le en eaue tant qu'il soit bien cuit, et broiés almendes grant foison, et du blanc d'un chappon bien broié, et deffaites de vostre bouillon ; passés parmi l'estamine, puis metés boullir tant qu'il soit bien liant pour tailler, puis versés en une escueille, puis metés frioler demie dousaine d'almendes pellées, et les assés sur le bout en la moitié de vostre escueille, et en l'autre moitié pépins de pomme de Garnade ⁵, et sucrés par dessus.

Chapitres de poisson d'eaue doulce

Lus ⁶. Cuit en eaue, à la saulce cameline ou vert, ou à la galentine faite comme bonne cameline.

Brochet rosti ou chaudumel, le frit en potaige, comme dist est en la jance.

---

(1) Même mot que dans la recette de la *Formentée*, le mot *espouillés*, c.-a-d. enlevez le son. — (2) Orge mondé ou *Gruiau d'orge*, dans le *Ménag.*, t. ɪɪ, pp. 241 et 271. — (3) *Ménag.*, t. ɪɪ, p. 242. — (4) La recette du *Gr. Cuis.*, f. 36, diffère avec celle du ms. de Taillevent. — (5) Grenade. — (6) Recette plus détaillée dans le *Ménag.*, t. ɪɪ, p. 187. D'après Du Cange, verbo *Luceus*, le luz semble être un gros brochet.

BARBILLONS. Cuis en eaue, au poivre egret, les rostis au verjus, le frit en potaige, comme dessus est dit ensuivant ou à la jance sup [1].

LE BAR. Cuit en eaue et sel, mengiés à la saulce verte.

ALOUSE [2]. Soit baquée [3] et sallée, cuite en eaue, à la moustarde ou à la ciboulle, ou à la saulce vert, la rostie à la cameline, et au fort en vin blanc et verjus, et poudre d'espices par dessus.

CARPES [4]. Cuites en eaue, à la saulce vert, ou à la galentine, comme la lemproie.

PERCHE. Pellée cuite en eaue, au persil et vin aigre, en coulis la frite ou en potage grané.

BRESME [5]. Soit cuite en eaue, mengié à la saulce vert, en rost au verjus, ou en potaige poudrée de fine poudre d'espices [6], au sel menu.

---

(1) *Supra?* Comme il est dit à la jance plus haut. — (2) Aloso. La recette du *Ménag.*, t. II, p. 188, est plus complète; *Gr. Cuis.*, f. 55. — (3) Peut-être pour *buconnée*, fumée. — (4) Les recettes du *Ménag.*, t. II, pp. 188, 189 et 233, sont beaucoup plus détaillées; le *Gr. Cuis.*, ff. 58 et 59, indique plusieurs manières d'apprêter la carpe. — (5) *Ménag.*, t. II, p. 167. Le *Gr. Cuis.*, f. 58 (voir aussi f. 58, *Bresme rostie sur le gril de trois sortes*) écrit Braine. Le *Thrés. de sant.*, p. 310, dit que « la brame se pesche aux rivières limoneuses qui retiennent la nature des estangs mais qui sont plus grasses et plus propres à engraisser les poissons cōme est la Saône. » — (6) Taillevent parle souvent de la poudre d'épices mais sans dire de quelles épices se composoit cette poudre. Le *Thrés. de sant.*, p. 395, donne la composition de plusieurs poudres, suivant qu'elles doivent servir à l'assaisonnement de tel ou tel mets. Voici de quoi se composoit la poudre en usage pour les potages et les sauces : «Gingembre, quatre onces ; canelle, trois onces et demie ; poivre rond, une once et demie; poivre long, une once; muscade, deux onces; clous de girofle, une once ; graine de paradis, garingal, de chacun une once. » L'auteur ajoute : « Toutes ces pouldres se gardent un mois, voire quarante jours sans se gaster. On les doit tenir en des sacs de cuir, pour ne s'esventer, ne l'estans ja que trop par la longue traite de leur apport. Car on compte depuis l'Espagne jusques a Callouth

BAISSAILLE[1]. Cuite en eaue, à la saulce verte, en rost au verjus, la frite à la jance ou en potage comme devant.

CHEVNIAUX[2]. Cuis en eaue aux aulx vers, lez sallées à la moustarde, en rost aux aillez blans, et qui veult au verjus, en rost à la sauce chaude comme la lemproie; en pasté, soient poudrés d'espices, ou en potages.

TRUITES[3]. Cuites en eaue, méngier à la cameline; en pasté au sel menu.

PIMPERNIAUX[4]. Eschaudés, rosticés, mengiez au verjus.

GUERMIUAL[5]. Cuit en eaue et oingnons mincés bien menu, mengier à la moustarde, et du fromage qui veult.

ABLES[6]. Cuis en eaue, mengié à la moustarde non autrement.

LAMPRIONS[7]. Cuis à point ou fris à la saulce chaude, comme la lamproie, le boully en eaue à la moustarde, et, en pasté, poudré d'espices.

où on débite le poivre et le gingembre quatre mille lieuës par mer, & de là jusques aux Isles Moluques & autres qui n'en sont fort esloignées, rapportans le girofle et la muscade, deux mille lieuës. »

(1) Même recette que la *Roussaille*, dans le ms. de la Bibl. Maz. Le *Ménag.*, t. II, p. 191, écrit *rosses*. D'après Belon, la rosse est un poisson qui tient de la brême et du gardon. On désigne encore aujourd'hui sous le nom de *Roussaille* ou de *Blanchaille*, les petits poissons blancs tels que le meunier, la vandoise, l'ablette, etc. — (2) Chevennes. — (3) Recette plus détaillée dans le *Ménag.*, t. II, p. 190; *Gr. Cuis.*, f. 70. — (4) *Pinpernaux*, dans le *Ménag.*, t. II, p. 191. D'après Roquefort, ce seroit le *sparus* des Romains. Pline, *Hist. nat.*, parle, en effet, du *sparus* dans un chapitre consacré aux poissons de mer; mais il s'agit du *maigre* (grand poisson de mer du genre scêne) qui n'a rien de commun avec l'anguille. On appelle encore aujourd'hui *Peinpreneau* ou *Pimperneau* une espèce particulière d'anguille. — (5) Ou peut-être *Guennial*; dans le *Ménag.* imprimé, il y a *Gaymeau*; dans le ms. C du *Ménag.*, il semble y avoir *Ganniau*. Nous ne trouvons ce poisson, ni dans Belon, ni dans Rondelet. — (6) Able ou ablette, *Alburnus* en latin. *Ménag.*, t. II, p. 191. — (7) Petites lamproies. Le *Gr. Cuis* f. 63, donne la recette des *Lamproyons rostis verdelets*.

ESCREVICES[1]. Cuites en eaue et en vin aigre, mengiez au vin aigre.

CHAPITRES DE POISSON DE MER RONT

PORC DE MER[2]. Fendu au lonc par le dos, puis cuit en eaue, et coupés par lechies[3] comme venoison ; puis prennés du vin, de l'eaue de vostre poisson, affinés gingembre, canelle, graine, poivre lonc, et un pou de saffren, et faites bon bouillon claret ; et ne soit pas trop jaune, et soit l'en[4] comme par manière d'un entremés sus un blanc mengier.

GORNAULT, ROUGET, GRIMODIN[5]. Soient affectés[6] parmi le ventre, et lavés bien, puis soient mis en la paielle, et du sel dessus, puis de l'eaue après, et metés cuire ; et mengier à la cameline ; les espaules soient fendus au lonc du dos, et puis laver, et metre rostir qui veult, plongier en verjus souvent et poudrés d'espices.

CONGRE[7]. Eschaudés comme l'anguille et cuit en eaue, le sallé comme le rouget. Et aucuns, quant il est cuit, le rosticent sur le gril ; mengiés à la saulce verte.

CHIEN DE MER. Affaitiés comme le congre et quant il sera

---

(1) Recette différente dans le *Ménag.*, t. II, p. 205. — (2) *Gr. Cuis.*, f. 67 : « Porc de mer, marsouin, pourpois est tout un ». *Ménag.*, t. II, p. 198. Belon l'appelle *regnard de mer* et dit que les Vénitiens le nommoient *porc marin*. — (3) Pour *leches*, tranches. — (4) Ces mots nous paroissent être ici une forme de : *Qu'il en soit.* — (5) Sorte de rouget à grosse tête. Ecrit *Gournaut* dans le *Ménag.*, t. II, p. 197, qui donne une recette plus développée. Belon suppose que le gournault est « ainsi dict, à cause du son qu'il fait, comme le cry d'un pourceau, qu'on nomme en latin *grunnire.* » Le gournault, le rouget et le grimodin (que nous appelons aujourd'hui grondin) sont tous les trois de la même famille. — (6) On verra plus loin ce mot écrit *affaitiés*, c'est-à-dire préparés. — (7) *Gr. Cuis.*, f. 60 ; *Ménag.*, t. II, p. 197.

cuit, soit appareillié¹ comme raie aus aulx blans ou à la cameline.

Maquerel frais. Affaitié par l'oreille et rostir sur le gril, mengier à la cameline, et liés d'un filet tout entour qui ne se despiècent et, en pasté, à poudre d'espices, au sel menu, le sallé au vin et à la siboulle ou à la moustarde.

Saumont frais. Soit bagué², et gardés l'échine pour rostir, puis despeciés par dalles³, cuissés en eaue, et du vin, et du sel, à cuire; mengiés au poivre jaunet ou à la cameline.

Mulet⁴. Aussi comme maquerel.

Morue franche⁵. Appareillier et cuire comme le rouget, et du vin à la cuire, qui veult à la jance, et la sallée, à la moustarde ou au beurre frais fondu dessus.

Chapitre de poisson de mer plat

Pleis⁶. Affetiés par devers le dos au dessoz de l'oreille; soit bien cuite; pour saulce metés du vin, et du sel par dessus, et qui en veult en potaige, soit frite sans farine.

Flais. Auxi comme la pleis.

Solles⁷. Eschaudés, et affeitiés, et cuisés comme pleis, et qui veult rostie, sans escharder⁸; et aucuns l'escorchent

---

(1) Accommodé. — (2) Mal écrit pour baconné, fumé. *Gr. Cuis.*, f. 69; *Ménag.*, t. II, p. 198. — (3) Tranches. On voit encore figurer sur les menus de dîners et dans les livres de cuisine les *Darnes* de saumon. — (4) Recette plus détaillée dans le *Ménag.*, t. II, p. 195. C'est le *mulus* des Romains que, suivant Belon « ceulx de Marseille nöment un muge. » En Languedoc, écrit l'auteur du *Ménagier*, on l'appelle *migon*. — (5) La recette du *Ménag.*, t. II, p. 195, est plus développée. Au lieu de *franche*, on lit *morue freiche*, ce qui paroît plus correct. — (6) Plies. *Ménag.*, t. II, p. 202; *Gr. Cuis.*, f. 68. — (7) *Ménag.*, t. II, p. 203; le *Gr. Cuis.*, f. 69, donne la recette des *solles en pasté*. — (8) Sans ôter l'écaille.

devers le dos, et au verjus, et la frire sans ferine et sans eschauder. Mengier au verjus.

Raie [1]. Soit appareillié par endroit nombril, et gardés le foie, et la metés par pièces, cuisés fort comme pleis, puis pellés ; mengiés aux aulx camelins.

Turbot [2]. Appareillié et cuit comme une pleis, et puis peler par devers le dos. Mengiés à la saulce verte ou au verjus.

Barbues [3]. Cuites et appareilliés comme turbot, et puis pellés comme raie. Mengier à la saulce vert ou au souciée [4].

[B]resme [5]. Eschaudés ; en pasté, poudrée d'espices, ou cuite en eaue, à la cameline.

Alouse cratonière [6]. Parboullir et rostir sur le gril, ou en broche, sans parboulir. Mengier à la cameline.

Fruites [7]. Comme ables.

Ables [8]. Rostir en filopant. Mengier à la moustarde.

Esturjon [9]. Eschaudés par le ventre, et soit la teste fendue en II, et coupé du corps, et tous les autres tronçons soient

---

(1) Recette plus complète dans le *Ménag.*, t. II, pp. 201 et 202. — (2) *Gr. Cuis.*, ff. 70 et 71 ; *Ménag.*, t. II, p. 203. Il y est dit que ce poisson est dénommé *Ront* à Béziers, probablement de *Rhombus*, en latin. — (3) *Gr. Cuis.*, f. 56 ; *Ménag.*, t. II, p. 203. — (4) Voir note du *Soulz de pourcel*, p. 20. — (5) Il s'agit ici de la brême de mer, *cantharus* en latin. — (6) Belon ne parle pas de cette espèce d'alose. — (7) *Fuites*, dans le *Ménag.*, t. II, p. 188. Écrit *Fenes* dans le ms. A du *Ménag.* Belon ne nomme pas ce poisson. Rondelet, dans son *Hist. entière des poissons*, Lyon, Macé Bonhomme, 1558, in-fol., ne le cite pas non plus. — (8) Écrit *ales* dans le *Ménag.*, t. II, p. 204. Belon ne parle que des *ables* ou *ablettes*, poissons d'eau douce. Peut-être seroit-ce l'anchois, *halecula* en latin ? Le mot *en filopant* qui vient après et qui signifie *couper en filets* corroborreroit cette opinion, les anchois s'apprêtant ordinairement ainsi. D'après Godefroy, *ales* veut dire sardines. — (9) *Esturgon*, dans le *Ménag.*, t. II, p. 199 ; le *Gr. Cuis.*, ff. 60 et 61, donne des recettes plus détaillées.

fendus ceux qui se peuvent¹ fendre ; soient cuis en vin, en eaue, et que le vin passe ; puis traire et refroidier ; puis mengiés au vinaigre, et du percil, et seel.

Perche². Soit par morssiaux despecié, puis la metés en une paielle de fer, et du sel avecques, et metés sus le feu, et remuez souvent tant qu'elle soit bien nestoié, et puis la metés en eaue en une nape et l'espingiés³ bien ; puis l'emfariniés ; puis soit frite en huille, et poudrés d'espices. Mengier aux ailles verdelés ou au vergus.

Viande de quaresme

Pour faire flaons et tartes⁴ en quaresme, prennés tenches, lus, carpes et almendes ; broiés tout ensemble, et du saffren pour un pou de couleur donner, puis deffaitez de vin blanc et en faites vos flans⁵ et tartes ; puis sucrés par dessus, quant ilz seront cuitez.

Item en autre manière. Prengnés anguilles, et en ostés les testes et les getés, et les queuez ossi, et broiés bien le remanant⁶ avec saffren deffait d'un pou de vin blanc ; puis emplés vos flans, et sucrés du sucre, quand ils seront cuis.

---

(1) Écrit ce *pevent* dans le ms. — (2) Il a déjà été parlé de la perche au chapitre des poissons de rivière ; c'est de la perche de mer qu'il s'agit ici. Belon nous apprend qu'elle est différente de la perche d'eau douce « tant en couleur, comme a ce que celle de riuiere ha deux aelles sur le dos » la perche d'eau salée n'en a qu'une ; elle est, dit encore Belon, recommandée pour les malades « de touts medecins tant anciens que modernes » — (3) Séchez. — (4) *Ménag.*, t. II, p. 216. L'auteur y donne la recette de trois sortes de flans dont les deux indiquées par Taillevent ; mais il remplace, dans l'une, les amandes par de l'amidon. — (5) Ces cinq mots *et en faites vos flans* sont répétés, par une erreur du copiste, dans le ms. — (6) Le reste, du latin *remanere*.

Porée de cresson. Metés parbouillir une poingnié de betes¹ avequez, puis la tornez, et hachiés, et friolés en huille; puis la metez bouillir en lait d'almendes, ou charnage² à la char, ou au beurre, ou au fromage; soit sallée à point, et le cresson soit bien esleu.

Hanons³. Esliere, et eschauder, et laver très bien, puis frioler en huille avequez oingnons, et y poudrés de la poudre d'espices; aux ailles vers.

Moules⁴. Esliere bien et cuire en eaue un pou, et du vin, et du sel. Mengier au vin aigre.

Escrevices de mer⁵. Cuire en vin et en eaue, ou au four. Mengiés au vin aigre.

Saulces non boullues

Cameline⁶. Broiés gingembre, canelle grant foizon, girofle, graine, macis⁷, poivre lonc qui veult, puis

---

(1) La bette est une plante potagère plus connue aujourd'hui sous le nom de poirée. D'après le *Thrés. de sant.* (bete, blete, jote, réparée ou porée), c'est une nourriture légère. — (2) C.à.d. au temps où il est permis de manger de la viande. — (3) Suivant Belon, c'est le nom rouennois du coquillage appelé *Pétoncle*; *Gr. Cuis.*, f. 62. La recette du *Ménag.*, t. II, p. 204, est beaucoup plus explicite. — (4) Le *Ménag.*, t. II, p. 204, dit que « les moules sont les meilleurs au commencement du nouvel temps de mars. Moule de Quayeu (Cayeux, près Saint-Valery-sur-Somme) est rousse, ronde au travers et longuette, et la moule de Normandie est noire. » D'après Belon, les moules « sont bonnes aux hydropicques, pour les purgations des femmes, aux goutteux & a la jaulnisse. » — (5) Langoustes et Homards. *Ménag.*, t. II, p. 205. — (6) *Gr. Cuis.*, f. 42; la recette de la *cameline* est beaucoup plus détaillée dans le *Ménag.*, t. II, p. 230; en plus de la recette donnée par Taillevent, nous y trouvons celle de cette sauce telle qu'on la faisoit à Tournay. — (7) Ecorce intérieure de la noix muscade (*noix muguette*, dont il est souvent parlé dans ce ms.). » Quand le macis est meur, dit le *Thrés. de sant.*, p. 395, il est rouge et incarnat, mais estant sec il acquiert vne couleur tirant à celle de l'or..... Il se vend simple trois fois plus cher que la muscade... On la confit pareillement au sucre aux lieux de l'Inde où on l'achepte. »

coullés pain trempé en vin aigre et atrempés tout et sallés à point.

Aulx camelins[1]. Broiés canelle, et pain, et aulx, et deffaites de vin aigre.

Aulx blans. Prennés aulx et pain, deffaites de verjus.

Aulx vers. Broiés aux, et pain, et verdeure, deffaites de verjus.

Aulx a herans[2] **frais.** De moust, d'aulx sans peller, et broiez, et dreciez à tout les peleurez.

Saulce verte[3]. Prennés pain, percil, gingembre, broiés bien et deffaites de verjus et de vin aigre.

Une saulce a garder[4] **poisson de mer**[5]. Prennés pain, percil et sauge, salmonde[6], vin aigre, gingembre, fleur de canelle, poivre lonc, girofle, graine de paradis, poudre de saffren et noix mugaites. Quant tout sera passé, soit vergay. Et aucuns y metent la salmonde à tout la rassine.

Saulces boullues

Poivre jaunet[7]. Broiés gingembre, saffren, pain hallé et deffaites de vin aigre, et faites boullir. Et aucuns y metent graine et girofle au verjus.

---

(1) D'après le *Ménag.*, t. II, p. 230, cette sauce semble faite pour être mangée avec la raie; car il est dit d'y mettre, pour qu'elle soit meilleure, du foie de ce poisson qui est fort délicat. — (2) Harengs. La phrase semble incomplète. La recette suivante du *Ménag.*, t. II, p. 231, est plus intelligible : « Broyez les aulx sans peler et soient pou broyés et deffais de moust, et dréciez a toutes les peleures. » — (3) *Gr. Cuis.*, f. 46. Cette recette, plus détaillée dans le *Ménag.*, t. II, p. 231, s'appel*e Saulce vert d'espices*. — (4) Dans le *Ménag.*, t. II, p. 231, cette recette a le titre de : *Un soucié d garder poisson de mer*; dans celle de Taillevent, il y a quelques épices en moins. — (5) Ces trois mots *poisson de mer* sont répétés dans le ms. — (6) Sanemonde. — (7) Même recette que celle du *poivre aigret* ou *egret*, dans le *Ménag.*, t. II, p. 232.

POIVRE NOIR[1]. Broiés gingembre, et pain brullé, et poivre, deffaites de vin aigre et de verjus, et faites boullir.

JANCE AU LAIT DE VACHE[2]. Broiés gingembre, moïeux d'œufs, deffaites de lait de vache, et faites boullir.

JANCE AUX AULX[3]. Broiés gingembre, aux, almendes, desfaites de bon verjus.

JANCE DE GINGEMBRE. Prennés gingembre et almendes sans aux, et deffaites de verjus, puis boullez ; et aucuns y metent du vin blanc.

SAULCE POETEVINE[4]. Broiés gingembre, girofle, graine de paradis et de vos foies, pain brullé, vin et verjus, et faites boullir, et de gresse de rost dedans ; puis verssés dedanz vostre rost ou[5] vous dressiés par escueilles.

Espices qui appartiennent en cest present Viandier : premièrement, gingembre, canelle, girofle, graine de paradis, poivre lonc, macis, espices en poudre, fleur de canelle, saffran, garingal, noys mugaites.

Explicit

Cest Viandier fu acheté à Paris par moy Pierre Buffaut l'an m. ccc iiij^{xx} xij ou pris de vj s. par.

---

(1) Plus complète dans le *Ménag.*, t. II, p. 233. — (2) *Gr. Cuis.*, f. 74 ; *Ménag.*, t. II, p. 234. — (3) *Ménag.*, t. II, p. 234 ; dans le *Gr. Cuis.*, elle est réunie à la précédente recette et est fautive. — (4) Ecrit *poitevine* dans le M ., t. II, p. 234, qui indique la quantité de vin, de verjus et d'eau qu'il faut mettre. Le ms. de la Bibl. nation., ni celui de la Maz. ne mentionnent l'eau. — (5) Peut-être pour *et*.

EXTRAITS

DU

MANUSCRIT DE LA BIBLIOTHÈQUE MAZARINE

MANUSCRIT DE LA BIBLIOTHÈQUE MAZARINE

Recettes qui se trouvent dans ce manuscrit et ne figurent pas dans celui de la Bibliothèque Nationale [1].

POUR OSTER L'ARSURE DE TOUTES VIANDES

Prener des noix, et les pertussiez [2] tout oultre de chascune part, puis les laver bien, et les faictes boulir en vostre viande.

SANGLER ET SERFZ SALEZ

Mecter vostre chart tramper, puis la bouler, et gectez le premier boillon; et la lavez d'aigue fresche, puis la lessiez reffroidier sur une nappe, puis la trainchiez par lesches,

---

(1) Les titres placés entre crochets n'existent pas dans le manuscrit, mais correspondent à ceux des mêmes recettes qui se trouvent soit dans le *Grand Cuisinier*, soit dans le *Ménagier*. Les recettes que nous avons laissées sans titre ne se trouvent dans aucun de ces deux ouvrages. — (2) Percez de part en part.

et mecter boulir une petite unde par moitié aigue et par moitié vin blanc; puis pillez chastaignes cuites, et meclez ou plant[1], et dressiez vostre venoison, et de son aigue avecques; et maingier à la moustarde.

CIVEL[2] DE VEAUL

Soit viaul rotis tout cruz en broche ou sur le gril, sans tropt lessiez cuire; puis coppez par pièces, et mecter souffrire, et oignons menuz menusiez; puis prener pain rotis, destramper de vin et de purée de pois en boillon de beuf, et faicte boulir avecques vostre grain; puis affiner gigimbre, cannelle, graine de paradis, et saffrain pour lui donner couleur; deffaicte de verjus et de vin aigre.

Boulés laic de vaiche une unde, puis soit mis hors du feu; et, quant il sera ung pol reffroidiez, passez moyeux d'euf par l'estermine, et soit bien lyant, sur janc couleur, et non pas tropt; puis poucher euf en aigue, et les mecter avecques sans boulir.

TANCHE

Soit eschaudée en aigue, puis cuite, et maingier à la saulse verde, et la frite en poutaige; ou l'eschauder et la fender sur le dolz, puis mecter du sel et de la fine poudre par dedans, et la rajouster ensamble, et lyés; puis le rotissiez sur le gril, et la moillié en vin aigre, et la oignés, en rotissant, de huille d'olive; et la maingier à la cameline.

(1) Au plat. — (2) Civet.

LOUCHE [1]

Soit cuite en aigue; et premièrement, cuisiez du fromaige et du perressi avec ung pol de vin, et qu'il ne soit pas du tout cuit, et eschauder très bien la louche, et puis la mecter avec vostre fromaige boulir, et il mecter, à dresliez, du verjus de grain ou des groussellcs cuites en aigue.

CRAPPOIS

Eschaudez le tout cruz [2]; puis soit cuit en aigue pour servir avec les pois; soit cuit comme le rouget, et le frit soit maingier à la jasse [3].

BRETE

Soit cuit [4] comme le rouget, et maingier aux haulx camelins.

[SAULCES]

Prener moustarde et vin vermoil, et poudre de cannelle, et de succre avec, et tout deffaicte ensamble; et soit espès comme cannelle. Ce est bons à tous roiz.

---

(1) Loche. — (2) L'auteur du *Ménagier*, t. II, p. 200, écrit: « Craspois c'est balaine salée et doit estre par lesches tout cru, et cuit en eaue comme lart; et servir avec vos pois. » Belon, du Mans, confirme l'explication du *Ménagier*: « Ce poisson, dit-il en parlant de la baleine, est couvert de cuir noir dur et espez sous lequel y a du lard environ l'espesseur d'un grand pied, qui est ce que l'on vend en quaresme. » — (3) Jance. — (4) *Ménagier*, t. II, p. 194. Même recette, mais l'auteur a soin de dire quel est ce poisson: « Et est la brette aussi comme chien de mer, mais brette est plus petite et plus doulce et meilleure; et dit-l'en que c'est la femelle du chien; et est brune sur le dos, et le chien est roux. » Belon ne parle pas de la brette.

Prener jus de marjolaine doulcee, aigue, et atant de vin blanc ; et il mecter du gigimbre et vin, ung pol de giroffle, de cannelle, et de succre.

[TOUMEAUX DE BEUF]

Cuisiez très bien toumeaulx¹ de beuf, et garder la moille d'une part ; et puis tirez vostre chart, et ostez tout le gras du pout² ; et puis mecter dedans le demourant de vostre brouet maigre ; cuire chappons, poulles, pingons, perdris et quelconque viande que vous voudrez, et il mecter cuire avec poivre ront tout entiers, et raisins de karesme³ entiers, et la moille de beuf ; puis passez pain blanc sans halez avec le boillon. Affinez gigimbre, cannelle et noix miguetes, cloux, avec vin blanc grant foisson et verjus, et il mecter du saffrain et du succre ; et dourez vostre poulaille entière, et le brouet dessus.

[MOUTON AU JAUNET]

Prener mouton⁴ par pièces et cuilz en ung poult⁵ à pol d'aigue ; et il mecter du vin ; adjouster oignons menus menusiez, et perressi menuz menusiez, et il mecter dedans de la poudre fine, du saffrain et du verjus, et ung pol de vin aigre.

---

(1) Même recette que la *Souppe vermeille* du *Grand Cuisinier*, f. 31 ; voyez aussi *Trumel de beuf*, dans ce même ouvrage, même feuillet, et dans le *Ménagier*, t. II, p. 149. Le *Trumel* est un morceau de la cuisse. — (2) *Pout, poult*, pot. — (3) Peut-être une sorte de raisin sec, comme le raisin de Corinthe ? Nous n'avons pu trouver l'explication de ces mots. — (4) Cette recette offre une grande analogie avec celles du *Grand Cuisinier*, f. 31 et du *Ménagier*, t. II, p. 149.

[POUR FAIRE UNE TOURTE [1]]

Prener perressi, mente, bedtes [2], espinoches [3], letuces, marjolienne, basilique et pilieux [4], et tout soit broyer ensamble en ung morticz, et destramper d'aigue clère; et espreignez [5] le jus, et rompez œuf grant foison avec le jus, et il mecter poudre de gigimbre, de cannelle, et poivre long, et fin fromaige gratusiez [6], et du sel; tout batez ensamble, et puis faicte vostre paste bien tenue [7] pour mectre en vostre bacin [8], et la grandeur du bacin [9] et puis chassez [10] bien vostre bacin; et puis il mecter du sain de port dedans, et puis vostre paste après dedans le dit bacin, et mecter vostre bacin sur les charbons, et remecter dedans la paste du sain de porc; et quant il sera fonduz, mectez vostre grain dedanz vostre paste, et le couvrez de l'aultre bacin; et mecter du feu dessus comme dessoubz; et lessez vostre tourte ung pol sechiez, puis descouvrés le bacin dessus, et mecter sur vostre torte, par bone manière, V myeux d'euf et de la fine poudre; puis remectre vostre bacin dessus comme devant, et le lessez po à pol cuire et à petit feu de charbon; et regarder souvent qu'elle ne cuise tropt, puis mecter du succre dessus à dressiez.

---

(1) Recette à peu près semblable dans le *Ménagier*, t. II, p. 218. — (2) Bettes ou poirée. — (3) Epinards. — (4) Pouliot, plante aromatique du genre des menthes, du latin *pulegium*. — (5) Exprimez. — (6) Ecrit *gratuisté* dans le *Ménagier*. Veut dire: râpé. — (7) Dans le sens du mot latin *tenuis*, légère. — (8) Tourtière? — (9) Phrase incompréhensible; il doit y avoir des mots oubliés. — (10) Le copiste avoit d'abord écrit le mot *chaciez*, qu'il a transformé en celui de *chassez*. Du Cange, verbo *caciare*, cite un exemple dans lequel le mot *caciare*, chasser, est pris dans le sens de *agere vel agitare*; le mot *chassez* voudroit donc dire ici: remuez.

Prener des gastiaulx blans ou aultre pain blanc bien sec, puis le gratusiez ; et prener du brouet de la chart de beuf ou de la poulaille, et la mecter en ung bel pout ; et mecter boulir sur les charbons à petit feu ; et mecter saffrain et fin fromaige gratusiez dedans ; et premièrement, mecter vostre pain dedans vostre brouet, quant il boudra. Puis, à dressiez, fillez euf, et les faicte espès comme ris ; et, à dressiez, sur les euf mectez du fromaige gratussiez[1].

Prener harbe qui se appelle orvale[2], et la broyer ; et deffaicte de aigue clère, et il mecter, et bater avec farine bien buretelée[3] ; et il mecter du miel avec, et ung pol de vin blanc, et le batez ensamble tant qu'il soit cleret ; puis frissiez en huile per petites cuillerez, comme l'on fait brugnes[4], et mecter bien de romany[5] sur chacun fritel[6] ; et espreignés vous fritelles entre deux tranchevas pour esgoutez l'uille ; puis les mecter en ung bel pout neuf près du feu, et mecter du succre, à dressiez, sur vostre plat.

---

(1) Cette recette, ainsi que la suivante, ne se trouve ni dans le *Ménagier*, ni dans le *Grand Cuisinier*. — (2) Nom vulgaire de la sauge *sclarée* ou *toute bonne*. D'après le naturaliste Jean Ray, les Anglois font avec des feuilles d'orvale, des œufs, de la crême et un peu de farine des gâteaux, frits dans la poêle, d'un goût fort agréable. Le *Thrésor de santé*, p. 420, dit de cette sauge : « On en fait des bignets envelopant les plus belles et plus larges fueilles de la sauge d'une paste de fine farine, qu'on pestrit et dissout avec des œufs, succre, canelle, et saffran, les faisant frire en beurre frais en la poesle » — (3) Blutée. — (4) Beignets, sorte de crêpe ou de gauffre que l'on appelle encore à Lyon des *bugnes*. — (5) Romarin, du latin *rosmarinus*, *ros*, rosée et *marinus* marin. On dit encore, en provençal, *romani*. — (6) Beignets.

LE VIANDIER DE TAILLEVENT

ÉDITION DU XVᵉ SIÈCLE

LA PLUS ANCIENNE CONNUE

ÉDITION DU XVᵉ SIÈCLE

LA PLUS ANCIENNE CONNUE [1]

J après sensuyt le viandier pour appareiller toutes manières de viandes que Taillevent, queulx du roy nostre sire, fist tant pour abiller et appareiller boully, rousty, poissons de mer et d'eaue doulce : saulces, espices et aultres choses à ce convenables et nécessaires, comme cy après sera dit. Et premièrement du premier chapitre.

Brouet blanc de chapons. Blanc manger à poisson. Blanc brouet d'Alemaigne. Salamine. Brouet georget. Grave de poisson. Brouet de canelle à chair. Autre brouet à chair. Cretonnée à poix nouveaulx ou à fèves. Maigre potaige.

---

(1) Nous reproduisons cette édition telle qu'elle est et avec toutes ses fautes, afin de faire voir à nos lecteurs sous quelle forme s'est produite, de 1490 à 1604, l'œuvre de Taillevent. Pour corriger un texte manifestement tiré de deux sources différentes et imprimé avec si peu de soin, pour le rendre parfaitement compréhensible, il auroit falfu lui faire subir de profondes modifications, c'est ce que nous n'avons pas cru devoir nous permettre et nous nous sommes bornés à mettre les accents, la ponctuation et à rétablir les abréviations.

Cretonnée d'Espaigne. Cretonnée à poisson. Brouet vert à veau ou à poulaille. Grain de brouet vert à poisson. Brouet houssé à veau et poulaille. Cyvé de lièvre. Grave d'alouetes et d'escrevisses. Chaudumé à anguile et brochet. Souppe à moustarde. Trimolete de perdris. Semée à connins. Gibeleth d'oiseaulx de rivière. Boully lardé à connins et poulaille. Brouet rappé à veau, poulalle. Venoison aux souppes. Venoison chevreul aux souppes. Venoison sanglier aux souppes. Sorvige d'anguilles. Faulx grenon. Froide sauce. Roussé à poussins ou à veau. Violé à poussins et veau. Gelée à chair. Vinaigrete. Bousac de lièvre. Oyes à la trayson et ris. Arbeleste de poisson. Brochetz, anguilles à la galencine. Lait lardé. Morterel. Sabourot de petis poussins. Brouet de cailles. Cresme fricte. Haricoq brun. Fromaige de teste de sanglier. Espaule farcie de mouton. Moule aux. Poussins farcis. Esturgon à poisson et à chair. Faisans et pans armés. Fayennez. Telle. Potée de langues de beuf et tetyne de vache. Frache à poisson. L'eaue benoite. Pouletz farcis. Irson d'amandes. Eufz frais rostis en la broche. Vinée de chair. Beurre frais frit à la paelle. Coulis de chapons. Aultre coulis pour malades. Coulis de poisson. Orge mondé. Pasté en pot. Galimafrée. Friquassée. Pastés de beuf à saulce chaulde. Pastés de veau. Chapons en pasté. Pastés de halebrans de chapons. Pastés de poulaille à la saulce robert. Pastés de pyjons. Pastés de mouton à la ciboulle. Pastés de merles et mauvis. Pastés de passereaulx. Pastés de cannes saulvages. Pastés de chevreau. Pastés d'oyson. Pastés de coulons ramiers. Pastés de perdris. Pastés de connis. Pastés de lièvre. Pastez de venoison de cerf. Pastés de sanglier. Pastés de lorais. Pastés de mouelle. Pastés de mulet. Pastés de bresme. Pastés de truyte. Pastés d'anguiles. Pastés de congre de mer. Pastés de turbot. Pastés de rougetz. Pastés de gornaut. Pastés d'alouse. Pastés de saulmon. Lemproye en pasté. Pastés de vache. Pastés de gigos de mouton. Tartres couvertes communes. Tartres descouvertes. Tartres à deux visaiges. Daulphins, Fleurs de lys, Estoille de cresme tous sucre. Fais belons en façon d'ung coing farcy. Tatre jacopine couverte et orengée par dessus. Tartre bourbonnayse. Tartres couvertes. Taleonise. Tartre jacopine bien farcye. Tartres de pommes. Pastés de poires crues. Darioles de cresme d'amandres. Saulce cameline. Saulce ma dame. Saulce poitevine. Jance. Sauce d'aulz. Aillée roussée. Aillée à la moustarde. Saulce rappée. Saupiquet sur connins ou aultre rost. Chauldumé. Saulce à l'alose. Saulce au moult. Porée. Fèves fraysées. Porreaux. Soupes à l'oignon. Pommes de choux. Congordes.

Pour dessaler tous potages. Pour oster l'arseure de tous potaiges. Boulateures. Haricoq de mouton. Boully lardé. Chevreau sauvaige. Sangler fraiz cuyt en eaue. Chappons et veau aux herbes. Cyvé de veau rosty tout cuyt.

POTAIGES LYANS.

Chaudun de porc. Cretonnée de pois nouveaux. Cretonnée de fèves nouvelles comme de pois. Cretonnée de poulaille. Cretonnée d'amandes. Grave de menus oiseaulx. Blanc brouet de chapons. Bousac de lièvre ou de connins ou de chapons. Cyvé de lièvre. Cyvé de connins.

CHAPITRE DE ROST.

Porc rosty au vert jus. Veau rosty. Fraise de veau. Pyjons. Menus oyseaux. Perdriz. Ploviers. Torterelles. Paon. Sigoigne. Faisans. Butor. Cormarans. Hayron. Malars de rivière. Porcellet farcy. Poulaille farcie; pour la dorer. Faulx grenon. Gelée à poisson. Saulce chaude. Poules hochés. Fromantée. Gelée à poisson; pour cent platz de gelée. Lemproye fresche. Froide saulce à cher. Ris en goulé. Viandes et potage de caresme. Et premièrement de poisson cuyt en eaue. Cyvé d'oistres. Brochetz rostys. Flons et tartres.

Pour malade. Chaudeau flamant. Coulis de perche. Blanc manger de poisson. Poisson d'eaue doulce; lus, brochés, dars, barbilons, carpe, anguille fresche, lemproye à la saulce chaulde, bresme. Porc de mer. Gornault. Dodine de lait sur oiseaulx de rivière. Saulce nost jehan. Boulier de sanglier. Mouton rosty. Chevreaulx et aigneaulx. Oyes. Poulailles. Rougès. Maquereaux frais. Plies. Soles. Rays. Turbot. Limandes. Mollue fresche. Seiche. Harans.

Saulces non boulies : Cameline. Saulce verde. Aux camelins. Aux blancs. Aulx vers. Aux harans frais. Saulces boulies : Poivre noir. Poivre jaûne. Saulce poitevine. Jace. Saulce verde. Vert jus vert. Claré. Ypocras.

Cy finist la table et commence le traité de ce livre.

POUR FAIRE BROUET BLANC DE CHAPONS et de poulaille ou de veau, il convient le boullir et prendre le bouillon, quant ilz sont cuitz, et mettre à part le bouillon; et plumés des amandes, et les broyer, et destremper du bouillon de la poulaille, des chapohs ou du veau, et puis couler les amandes par une estamine, et prenés pouldre de gingembre blanc par raison, et les deffaictes de vert jus et de vin blanc, et mettés foison sucre au boullir; et qu'il soit de bon sel; quant il sera boullu, mettés le bouillon en ung beau pot à part et aussi le grain (c'est la poulaille, le chapon ou le veau), et, au dresser, mettés vostre grain en ung plat et vostre boullon.

Pour faire blanc manger a poisson, de brochet, de perche ou d'aultre poisson auquel appartient blanc manger, et faictes escaillés, et frire à l'uyle ou au beurre. Et prenés amandes, et les deffaictes comme dessus est dit, et de purée de pois, mettés du vin blanc et les defaire, et du gingembre blanc, et defaictes de vert jus et sucre tant qu'il en y ayt assés, et mettés à part ainsi comme en celluy de chair.

Pour faire blanc brouet d'Alemaigne, prenés veau ou poulaille, et reffaire, et puis despecés par pièces, et mettés souffrire à beau boullon de beuf et sain de lart, et mectés de l'oignon taillé menu dedens, au souffrire, et prenés des amandes et les broyés atout l'escorce, et deffaictes en bouillon de beuf, et couler; et, au couler, mectés des foyes de poulaille et mectés avec les amandes, et quant le boullon sera coulé, soit jecté dedens le pot, quant le grain sera souffrit, et du sucre par raison mettés dedens le pot, au souffrire, et les espices qui appartiennent : c'est assavoir canelle, gingembre, menues espices, c'est à dire clou, et graine, et saffran pour luy donner couleur, défaire de vert jus, de vin blanc ou vin vermeil, et puis dresser, quant en sera heure, en platz ou escuelles.

Pour faire salamine, soient pris brochès, carpes et autre poisson qui y appartient, et le faictes escaler, et le frire, et broiés amandes atoute l'escorce, deffaictes de purée de poys, et puis prenés semblablement espices comme au brouet d'Alémaigne, et les defaictes de vert jus, et faictes bouillir vostre bouillon, et mettés à part tant qu'il soit temps de dresser.

Pour faire brouet georget, prenés veau, poulaille ou connin, despecés par pièces et mettés refaire; et quant sera refait, mettés la soufrire en ung peu de sain de lart, du bouillon de beuf, et mettés de l'oignon mainssé menu tout creu, et mettés soufrire avec le grain, et du percil effueillé parmy, et mettés hallés du pain, et, quant il sera hallé, mettés le tremper, pour faire le bouillon, en bouillon de beuf et mettés des foyes de poulaille pour couler avec le grain, les espices qui sont avec (c'est canelle, gingembre, clou et graine) tout batu et broyé, et deffaictes de vert jus, et du saffran dedens pour donner couleur, et mettés tout en ung pot; et, quant il sera temps, le dresser en platz ou escuelles.

Pour faire grave de poisson, de brochet, de carpe ou d'aultre poisson, escallés et frisés le poisson, et puis faictes haller du pain, et le tremper en purée de poys, et le coulés, et y mettés de l'oignon frit tranché assés gros, et mettés boullir tout ensemble, gingembre, canelle et menues espices, et les deffaictes de vin aigre, et mettés ung petit de saffran pour coulourer.

Pour faire brouet de canelle a chair, prenés veau et poulaille, et despecés par pièces, et faictes refaire, et puis souffrisés et ung peu de sain de lart, au frire, et mettés aussi du bouillon de beuf, et puis prenés des amandes broyés a toute l'escorce, et les deffaictes atout le bouillon de beuf; et prenés des foyes de poulaille, et les mettés couler avec les amandes, et puis prenés des espices, c'est assavoir grant foison canelle, gigembre, clou de girofle et grayne de paradis, et soyent broyés les espices et destrempés de vin vermeil, et mettés sucre à foyson dedens, et la saisonnés de sel ainsi qu'il appartient.

Pour celluy de poisson, prenés carpe, brochet ou aultre poisson, et l'escaillés, et frisez, et faictez le boullon pareillement comme celluy de chair, excepté qu'il soit de purée de pois, et mettés pareilles espices comme à celluy de chair, et sucre comme à l'autre, et la saysonnés comme l'autre, et bouillés vostre bouillon, et mettés vostre bouillon à part et le grain d'aultre.

Pour faire une cretonnée a poys nouveaulx ou à fèves nouvelles ou le grain après ce qui y veult mettre; veau ou chevreau despecé par pièces et poussins, c'est le grain qui appartient, et puis le frire à sain de lart ou aultre sain doulx, lequel vous aurés l'aisement du quel bouillon à mettre dessus, comme avoir du lait, le bouillir en ung pot ou en une paelle, et avoir moyeulx d'eufz aliez, et, quant il sera lyé, avoir du gingembre, et le deffaire, et bouter dedens, et le gouter de sel ainsi qu'il appartient.

Pour faire le maigre potayge, prenés poys nouveaulx ou fèves nouvelles, et pareil bouillon à celluy de chair. Et pour faire lieure aux eufz pochés, faictes la pareille comme cestuy mesmes fois que on n'y met point, à ce lieure, de gingembre, et la saisonnés ainsi quil appartient.

Pour faire cretonnée d'Espaigne, prenés veau ou poulaille mys par pièces, et cuysés le grain, et frisés au lart ou au sain doulx du quel vous pourrés finer; prenés amandes, et les coulés, et en faictes du lait comme layt d'amendes, et prenés pereil et marjolayne, se en povés trouver, et en faictes à foyson entregettés, coulés avec la verdure, et, quant le lait bouldra, vous le lierés comme une lieure d'eufz. Et mettés gingembre et menues espices batues, et deffaictes de vert jus et de vin blanc, et, quant vostre potaige sera prest et lyé, vous le mettrés en ung pot, et, quant viendra au dresser és platz, prenés des eufz, qu'ilz soyent cuitz et qu'ilz soyent durs, et les plumerés et fendrés par le meillieu, et puis les frisés avec sain; quant le bouillon sera dedens voz platz, si mettés voz eufz dessus, ou des tostées dorées, se voulés; elles y seront belles.

Pour la cretonnée a poisson, prenés carpe, brochet escaillé, et frisés quant il sera par pièces, et faictes vostre bouillon pareil à celluy de char, fors qu'il soit fait de purée de pois, et l'autre est fait de bouillon de char, et tout le demourant soit fait comme celluy de chair.

Pour faire brouet vert, prenés veau et poulaille, despecés par pièces, mettés reffaire et souffrire en sain de lart et bouillon de beuf, et prenés percil à foison, et le coulés avec moyeulx d'oeufz et entregectés pain trempé ensemble, pour lier, avec le bouillon de beuf, et les espices, gigembre batu et ung peu de menues espices, assemblés de vert jus.

Pour faire brouet a poisson, prenés anguilles et les tronçonnés, et brochetons escallés et tronçonnés et boullis en eaue et purée de pois, et mettés pareillement herbes, espices et vert jus, comme ou chapitre précédant est dit, et moyeulx d'oeufz; et fait le bouillon à part.

Pour brouet houssé, prenés veau ou poulaille, despecés par pièces, et souffrisés en ung pot à sain de lard et bouillon de beuf, et prenés du pain, et mettés tramper en bouillon de beuf, et des foyes de poulaille, et mettés cuyre en ung pot à part du percil, du coq, de la marjolaine, de la toute bonne, des moyeulx d'oeufz cuictz, et coulez tout ensemble, et prenés du percil tout creu grant foyson, et broyés, et le coulés avec le bouillon. Et puis les espices, au bouillir, c'est assavoir canelle, gingembre, graine de paradis et clou de girofle, et deffaictes de vert jus, et mettés bouillir tout ensemble.

Pour faire cyvé de lièvre, soit prins ung lièvre, veau ou porc halé en la broche ou sur le gril, despecés par pièces, et mettés en ung pot. Et la souffrisez en sain de lart et en bouillon de beuf en ung pot, et prenés du pain et des foies, et coulés, et frisez de l'oignon en sain de lart et le gectés dedens le pot avec le grain, et gectez le boullon, quant sera coulé le pain, et mettés tout ensemble en ung pot, et les espices qui s'ensuyvent, c'est assavoir : canelle, gingembre, graine de paradis, clou de girofle, et noix muguecte qui l'aura, et deffaict de vinaigre, et mettés tout ensemble.

Pour grave d'alouetes, prenés alouetes, et les faictes reffaire, souffrire, et mettés veau en pot avec, pour en avoir le brouet meilleur, prenés du pain et le halés, et le mettés tremper en bouillon de beuf, et tremper de foyes avec le pain pour passer ; et, quant sera passé, vous mettrés tout ensemble dedens le pot et canelle, gingembre et menues espices, deffaictes de vert jus.

Pour grave d'escrevisses, prenés escrevisses, et les cuysés ; et, quant seront cuytes et salées ainsi qu'il appartient, vous les plumerés, et mettrés les colz à part, et les frisés, non pas trop fort, et broyés les corps des escrevisses ou mortier et des amandes avec toute l'escorce, et coulerés les amandes tout ensemble. Et mettrés canelle, gingembre et menues espices, et les defaictes de vert jus, et les mettez boulir tout ensemble et du sucre assés raisonnablement, et sallé comme il appartient. Et se vous n'avés assés grain, prenés brochet et le mettés en lieu d'escrevices.

° Pour faire chaudumer, prenés anguilles, brochet hallé sur le gril, tronçonnés et mis en une paelle ou en ung pot; et, quant il sera hallé, prenés de la purée, à le mettre boulir, et avoir des foyes de brochet à couler avec, et mettés gingembre dedens, et du saffran pour donner couleur au Chaudumer, et prenés du vert jus et du vin pour mettre avec le chaudumé, et tout faire boullir ensemble, et goutter de sel.

Pour faire souppe a moustarde, pour jour de poisson, prenés oeufz fris à l'uyle ou au beurre, et puis ayés pure moutarde, canelle, gingembre, menues espices comme cloux, et graine, et sucre raysonnablement ; coulé tout ensemble et boullir en ung pot, et deffait de vert jus, et gouter de sel ainsi qu'il appartient, et mettés le bouillon à part.

Pour la trimolecte de perdris, prenés perdris, et les mettés roustir, et, quant seront rousties, les souffrisés en ung pot à sayn de lart, et bouillon de beuf, et puis de l'oignon frit bien menu, et soit mis avecques les autres espices, et graine de paradis, et du sucre par raison, et prenés du pain hallé et des foyes de poulaille, se en povés finer, et les mettés tremper en bouillon de beuf, et coulés parmy l'estamine et boutés dedens le pot avec les perdris, et mettés ce qu'il appartient :

il convient canelle, gingembre, menues espices, clou, graine, deffaictes de vert jus; et de sel ainsi qu'il appartient.

Pour semée, mettés des connins haller en la broche ou sur le gril, et despecés par pièces, et mettés souffrire en ung pot, et du sain de lart, et du bouillon de beuf pour faire le bouillon, prenés du pain et des foyes, se vous en povés finer, et mettés tremper en bouillon de beuf, et puis couler le pain et les foyes, et puis mettés dedens le pot, et prenés gingembre, canelle et menues espices, et le deffaictez de vert jus, et mettés bouillir tout ensemble, et gouter de sel ainsi qu'il appartient.

Pour gibelet d'oyseau de rivière, fault haller des oyseaulx en la broche ou sur le gril; faictes pareil bouillon comme à la semée, et vert jus, et espices pareillement.

Pour boullir lardé à connin ou à poulailles, despecés par pièces, et les lardés chescun ung lardon ou deux, et mettés boullir en ung pot dedens du bouillon de beuf, à le faire cuyre, puis prenés gigembre, canelle et menues espices, et de vert jus et de sel comme il appartient.

Pour brouet rappé, prenés veau, poulaille, despecés par pièces, et mettés souffrire en ung pot en sain de lart et bouillon de beuf, et mettés du pain tremper dedens, et coulés; et soit mis du grain et gingembre, sans aultres espices, assés competamment. Et quant le potaige sera prest, prenés vert jus de grain ou grouselles pour mettre dessus.

Pour faire venoison aux soupes, prenés la venoison despecée par belles pièces et honnestes, et faictes boullir, et chescun son lardon, et faictes bouillir en ung pot avecques du bouillon de beuf, qui en pourra finer, ou de son bouillon mesmes, et mettés du vin vermeil, du mylleur que vous pourrés finer, et les espices, clou et graine, et les broyer et destrampés de vertjus et d'ung pou de vin aigre, et mettés bouillir tout ensemble, et goutés de sel ainsi qu'il appartient.

Venoison de chevreul pour mettre en souppez tout ainsi comme l'autre predict.

Venoison de sangler, pour mettre en souppes ou potaige, vous le mettrés ainsi pourboullir; mettés la en pot et la mettés cuire en vin et en boullon de beuf, et en autre boullon, et prenés du pain hallé et destrampé d'ung peu de boullon, non guères. Et de ces espices il y fault canelle, graine, clou, gingembre foison, et mettés dedens le pot à la venoison.

Pour faire ung sorvige d'anguilles, prenés les anguilles escaudées, nectoiez et tronçonnés, et frisés l'oygnon et du percil, et qu'il soit tranché par rouelles, et le souffrisés, et mettés dedens vostre pot, et prenés du pain, et le hallés, et mettés tramper en purée de pois; et convient la couler, et bouter en ung pot, et des espices, c'est assavoir gingembre, canelle et menues espices, et bouter au pot, et du saffran pour luy donner couleur, et defaictes de vin aigre.

Pour faire ung faulx grenon, prenés de la fesse d'ung porc et la mettés cuyre, et, quant sera cuyte sur le vert non pas trop, tranchés ainsi comme gros dez, et prenés des menus drois de poulaille, comme foyes, de jusier, et les mettés cuyre. Et, quant ilz seront cuitz, tranchés les perdris, et les frisés au bouillon que il appartient; vous prendrés du pain blanc et le mettés tramper au bouillon où aura esté cuyt le porc, se vous ne avés du bouillon de beuf, et autres des moyeulx d'oeufz entregettés, se que vous mettrés avec vostre pain. Et mettés du gingembre et ung peu de saffran, du vin blanc et du vert jus, et le mettés coulourer. Et après le coulerers par l'estamyne, et boullir tout ensemble, et ne laisserés pas longuement au feu, et puis mettés le bouillon en ung pot, et le assaisonnés de sel.

Pour faire froide sauge, prenés pousssins fendus par le doulx, et menus droitz de poullaille (c'est jusiers et foyes) tranchés le menus droitz de poulaille quant ilz seront cuitz, et appareillés, trenchés les au long, et les dressés en platz ou escuelles, et la sauce qui appartient; il fault comme saulce vert, et n'y a différence si non qu'il y a de sauge, et, au dressés, mettés oeufz fort cuitz sur les platz par moytiers.

Pour faire rouge, prenés poussins et veau, et les faictes boullir et frire, quant ilz seront cuitz, en sain; prenés des amandes plumées, broiés et affinés, et prenés du boullon de la poulaille, et mettés destramper de voz amandes. Et puis prenés eaue rose assés raisonnablement, et coulés avec les amandes le boullon, et mettés en ung pot, et du vert jus, et ung peu de vin blanc et non gayres, et prenés du ris batu en pouldre et le defaictes d'eaue rose, pour ce que, quant vostre potage sera sur le feu et il boudra, le liez et y mettés du sucre assés largement. Et pour donner couleur à la rouse, prenés de l'orcanète, et faictes chauffer en sain doulx, le meilleur sain que vous pourrés trouver, et le couler pour bouter ou pot pour luy donner sa couleur; et quant le grain sera dressé par platz, vous mettrés le bouillon dessus et des aultres dorées, deux ou troys à chescun plat, ou de la dragée blanche, si en avés.

Pour faire ung violé, prenés veau et poussins entiers, et les mettés cuyre, et les souffrisés après du bouillon de vostre veau et de voz poussins; prenés amandes plumées, et broyés, et les coulés. Et quant seront coulées, mettés les dedens ung pot, et les faictes bouillir, et mettés du sucre foyson et par raison. Et puis prenés du vin blanc et vert jus, et deffaictes de la fleur de ris batu et du bouillon, et le coulerés, et du toressot de violé pour donner couleur au potage, et boutés dedens à l'eure que vous le faictes boullir, et le goutter de sel ainsi qu'il appartient, et dressés, prenés et gettés le boullon dessus et par dessus la dragée.

Pour gelée, prenés gigotz ou piez de veau ce que pourrés finer, et les mettés bouillir en vin blanc et du grain qui y appartient. Après quant les gigotz ou piez de veau seront comme demys cuitz, prenés cochons par pièces, et poussins par moytiers, et bien nectoyés, et lavés, et jeunes lappereaulx, qui en pourra finer. Puis prenés gingembre et graine, ung peu mastis, et foyson saffran, et vin aigre par raison. Et quant le grain sera cuit, vous prendrés le boullon, et le mettrés en ung pot sur le feu de charbon. Se la gelée est trop grasse, prenés aulbins d'eufz et les mettés au boullon, quant il vouldra boullir; et, quant il bouldra, ayés toille toute preste pour le faire couler; tandis qu'elle coulera, vous mettrés le grain en platz, c'est à dire le cochon, le lapereau et la poulaille, et puis quant le grain sera mys en platz, vous les mettrés en une cave, et getterés le boullon sur le grain en chescun plat.

Pour faire vinaigrete, prenés hastes menues de porc hallés en la broche ou sur le gril, et les despecés par petis morceaulx, et les mettés en ung pot, et prenés de l'oignon bien menu tranché, et le mettés cuire; et quant il sera cuyt, le mettés avec le grain, et ayés de la canelle et du gingembre et des menues espices, et ung petit de saffran, et luy donnez couleur, et deffaictes les espices d'ung peu de vin aygre, et mettez boulir tout ensemble, et gouter de sel bien à point.

Bousac. Bousac de lièvre qui sera refait pourboully et despecé par pièces, et puis le mettez en ung pot et le souffrisés, et ayés du bouyllon de beuf, à le souffrire, dedens le pot, et prenés du pain et le hallés, et quant il sera hallé, vous le mettrés tramper, et des foyes de poulaille, et couleres, et mettrés de la canelle, du gingembre et des menues espices (c'est clou et graine) mettés avecques le pain, et faictes les espices de vin aigre, et mettés boullir tout ensemble de vert jus et de bon vin vermeil, et faictes tout boulir ensemble.

Oyes a la traison. Pour faire oyes à la trayson, mettés les oyes haller en la broche, et, quant elles seront halées, mettés les soufrire en ung pot, et mettés en sain de lart et en boullon de beuf, et prenés canelle, graine et clou de girofle, et broyés, se les espices ne sont bien batues, et mettés les espices dedens le pot, au souffrire, et du sucre assés raysonablement, et prenés ung peu de pain et des foyes de poulaille, et les mettés tremper en boullon de beuf, et de la moustarde assés raysonnablement. Coulés et mettés au pot, et boullés tout ensemble, et goustés de sel ainsi qu'il appartient.

Ris. Pour ris, prenés du ris, et lavés, et prenés du layt de vache ou d'amandes plumés, et le layt de vache faictes boullir qu'il soit cuit, et mettés ung bien peu de saffran pour luy donnner couleur, et du sel pour le gouster.

Arbaleste de poisson. Pour arbaleste de poisson, de tripes de brochetz et tripes de carpes cuytes, et puis laissez reffroider, prenés d'une carpe ou deulx et du brochet, et les appareillés, et ostés les arestes le plus que vous pourrés, et que le poisson soit bien escaillé, et le tranchés par gros loppins comme les trippes, et les frisés, et les tripes du poisson c'est assavoir les foyes, les mulectes des brochetz et le boullon qui y appartient, et prenés du pain hallé très bien sans bruler et le mettés tramper en purée de poix et en vin vermeille, meilleur que vous pourrés finer, et prenés canelle, gingembre, menues espices, et clou de girofle foyson, et coulés pain et les espices ensemble, et les deffaictes de vin aigre, et puis les mettés boullir, et, quant il sera boullu, mettés le boullon en ung pot, et mettés le grain qui est frit dedens le pot, et faictes qu'il soit de bon sel.

La galantine. Pour brochés et anguilles à la galantine, prenés brochetz, et les apareillés, et les tronçonnés, et les anguilles vous eschauderés, et après tronçonnerés, et osterés l'areste de l'anguille, et lierés tout entour; quant elles seront maincées, mettés les cuyre en ung pot ou en une paelle tout en vin, et mettés, au cuyre, ung peu de vin aigre. Et quant l'anguille sera sur le point de cuyre, mettés le brochet dedens avec qui sera tronçonné. Et quant il sera cuyt, prenés le boullon et le mettés en ung pot de terre ou aultre vaisseau de bois, affin qui ne sente point l'arain. Et prenés du pain, et le tranchés par rouelles, et le hallés le plus brun que vous pourrés sans bruler, et le mettés tramper dedens le boullon que aurés puré du poisson, et puis coulés, et quant il sera coulé, prenés espices, c'est canelle, gingembre, graine de paradis, clou de girofle et garingal batu, et aussi toutes les aultres espices, et, au boullir, mettés les espices dedens tout ensemble avec le boullon, et le boullés le plus longuement que fayre se pourra, sans ardoir, que vous puissés et mettés du sel ce qui y appartient; et quant sera boullu, mettés le en vaisseau de terre ou de bois pour refroider, et coulés encores une foys, et mettés du sucre dedens, et quant il sera coulé, mettés le brochet et l'anguille par tronçons, et le mettés dedens.

Lait lardé. Pour faire lait lardé, prenés du lait et le boullés sur le feu, et prenés des eufz, et les batés très bien, et mettés du gingembre blanc, et debatés avec vos oeufz, et ung peu de saffran pour luy donner couleur, et prenés du lart gras et le tranchés bien menu et le faictes cuyre en ung pot ou en une paelle, et le purés qui n'y ait point d'eaue et le jectez avec les eufz et avec le layt tout ensemble, et gouttés de sel; quant vous aurez mys tout ensemble et il sera boulu, vous le mettrés en nappe où en touaille, et le lierés, et le mettrés en presse le plus que vous pourrés, et quant il sera pressé une nuyt entière, le lendemain vous le trancherés par lesches, et quant il sera tranché, vous le frisés en sain de lart ou en sain doulx.

Pour faire ung morterel, il convient à ce la chair de faisant, ou de perdris, ou de chapons, ou de fraises de chevreau et de cuysses de chevreau et de toutes ces quatre choses, et mettre boullir, et prendre de leur boullon, et hacherés la chair le plus menu que vous pourrés, et mettés en ung pot et faictes boulir avec; et quant il sera sur le fait d'estre cuyt, prenés de la mye de pain pour mettre avec le bouyllon, et meslés ung bien peu de fromage et qui soit bon et fin, et le mainçés le plus menu que vous pourrés, et mettés ou pot; et prenés espices, gingembre blanc batu, deffait de vert jus et non guères, et des oeufz entrejectés, et les lierés en vostre morterel, quant sera tout cuyt, et le osterés du feu.

Sabourot de poussins. Pour faire sabourot de poussins prenés poussins ou poulaille, et despecés par menus morceaulx, et les souffrisés en une paelle en sain de lart, et mettés ung peu d'oignon au souffrire, et prenés des foyes de poulailles, mettés tremper en bouillon de beuf, et ung peu de pain pour lyés, et les coulés, et mettés du gingembre blanc batu et ung peu de vert jus, et le gouster de sel ainsi qu'il appartient.

Brouet de cailles. Pour brouet de cailles, prenés chapons appareillé ou grosse poulaille, et mettés boullir en ung pot; et quant le grain sera cuyt et assaysonné avec ung peu de lart que mettrés au cuyre, et du saffran dedens, tyrés le grain et prenés moyeulx d'oeufz entrejectés, coulés par l'estamine ou très bien batus, et en lyés le boullon, et mettés du vert jus au lier, et gingembre blanc batu, et mettés du percil effueillé, et le boutés dedens; et quant il sera prest, mettés le grain en platz et, au servir, du boullon.

Pour cresme fricte, prenés cresme et la mettés boullir et puis du pain blanc esmye bien délié et le boutés dedens la cresme, ou des oublies esmyes foyson, et les mettés avec cresme et prenés des moyeulx d'oeulx entrejectés dedens avec le lait et cresme, et faictes bouillir tout ensemble; et mettés du sucre foison avec, et goutés de sel non pas trop.

Pour haricoq. Pour faire haricoq, prenés poictrinez de mouton et les mettés haller sur le gril, et quant seront hallés, despecés les par morceaulx, et mettés en ung pot, et prenés des oignons plumés, et les maincés bien menu et mettés dedens le pot avecques le grain, et prenés du gingembre blanc, canelle et menues espices, c'est a dire clou et graine, et les deffaictes de vert jus, et boutés ou pot. Et faictes qui soit bon de sel raisonnablement.

FROMAGE DE SANGLER. Pour faire fromage de teste de sanglier, prenés la teste, quant elle se tire en ruyt, et la fendés et netoyés, et faictes boullir en vin et en vin aigre, et qu'elle soit comme toute pourrie de cuire, et puis la tirés hors du feu, et la mettés sur une table, ostés toute la chair des os et mettés la peau d'ung costé, et hallés la chair, et mettés espices dedens la chair, canelle batue, gigembre, menues espices foison, clou et noix muguette bien batue, et mettés tout ensemble; et puis prenés la peau et remettés la chair dedens, et mettés une pièce de toylle dedens comme ung couvrechief, et mettés pressé entre deux assés, et des pierres dessus pour bien presser, et le laissés tant qu'il soit froyt.

ESPAULE DE MOUTON. Pour farcir espaule de mouton, soit l'espaule rostie en broche, et non pas fort cuyte, et la tirés, et ostés toutes les peaux par dessus, et hachés le plus menu que faire se pourra avec du lart cuyt et ung foye de cochon, et du percil largement, ysope, pouliot et marjolaine crue; que tout soit haché avec l'espaule et huyt moyeulx d'eufz à la farce, et qui veult, on y met du gingembre, du sucre et du sel, et dois garder l'os de l'espaule tout dégarny de chair, sain et entier; et puis ayés une taye de veau ou de mouton, la plus maigre que vous trouverés, et l'estandés sur ung ays bien net, et mettés la moityé de la farce sur la taye de veau ou mouton, et puis prenés l'os de l'espaule et le

q ij

frapés dessus tant qu'il entre dedens ; et après, prenés le surplus de la farce et le faictes en façon de l'espaule, et puis remettés les hors de la taye sur l'autre, et deux ou trois petites brochètes de boys pour les tenir, et puis mettés la sur le gril à petit feu, longuement, et, ce fait, la dorés de moieux d'eufz d'ung costé et d'autre d'une plume ; quant ce sera fait, la mettés en ung plat et en servés au derrenier.

POUR MOTEAULX. Pour faire les moteaulx de la farce, prenés du foye de poulaille ou du lart, tout cuyt ensemble, percil, ysope et marjolaine crue, et avoir et faictes tout cuyre ensemble à boullon de chair ; et, quant sera cuyt, purés que n'y demoure point d'eaue, et hachés bien menu, et y mettés du gingembre et des moyeulx d'œufz, et puis prenés une taye de veau ou de chevreau, et mettés la farce dedens et la faictes de demy pyé de long et de rondeur de plain poing ; envelopés la taye, et mettés sur le gril ; et dorés de moyeux d'oeufz avec l'espaule, se espaule y a : car c'est tout ung service.

POUSSINS FARCIS. Pour faire poussins farcis, il convient les eschaudés sur le frible, sans leur copper piedz, eles, ne col, et, quant seront eschaudés, fendés les par dessus les espaules ; tyrés tout ce qui est dedens, os et chair, et n'y demoure que la peau, excepté que la teste et les cuysses, jusques au derrenier genoil. Et puis prenés chair de poussins, foye de cochon ou de poulaille, du lart, percil largement, ysope, poulieux et coq, et faictes tout cuyre ensemble, et puis purés qui n'y demeure point d'eaue ; et après, les hachés le plus menu que vous pourrés, et y mettés ung peu de gingembre et ung peu de saffran. Et puis remettés la farce dedens la peau du poussin, d'une esguille par la faulte, et ne l'amplés pas trop qu'il ne crève : car il le convient mettre en eaue boullant, et non pas guères, affin qui se roydisse, et puis enbrocher par le cul et par la teste en une petite broche, et, quant il sera royde, le dorer de moyeux d'oeufz en tournant, et gardés bien qu'il ne se brule ; et, au dresser, sucrez les poussins.

Pour faire esturgon, prenés tanches, anguilles, et mettés boullir en vin blanc pur, et, quant ilz seront bien cuitz, ostés les arestes de toute la chair du poisson, prenés du saffran pour luy donner couleur, gingembre et menues espices mettés avec la chair, et prenés la peau du poisson et en couvrés toute la cher et la mettés dedens une estamine, et la presser en ung mortier, et puis le tranchés par lasches, et le mettés au percil et au vin aigre.

Esturgon de chair. Pour faire esturgon de chair, soit prise une teste de veau et les piez, qui soient eschauldés et très bien plumés et nectoiés, et après soient mis cuire en vin et y soit mys du vin aigre et fort, et, ce fait, soit levée la peau de la teste et des piedz de veau, et gouttés de sel, et puis soit prins la char de veau trenchée par lesches, renvelopée en la peau de la teste de veau, et puis soit pressé l'esturgon et mys par belles lesches au percil et au vin aigre.

Pour faire faisans et paons tous armés. Pour faire faisans et paons armés, lardés tous prest à mettre en la broche, et, quant ils seront à demy cuitz, lardés de clou de girofle, et pour deux platz une unce de pouldre menues espices, graine, clou de girofle, poivre long, noix muscade et deux unces de synamome batue en pouldre, et puis prenés une chopine d'eaue rose et une chopine de vin aigre, et mettés dessoubz le rost, et assemblés toutes les espices ensemble, et passés par l'estamine, et dedens la sauce soit mis ung quarteron de sucre, et puis prenés demie livre de synamome, et faictes de l'oignon d'une poignée, et faictes confire en sucre comme aultres espices de chambre, et, quant le rost sera tyré hors de la broche, mettés les en platz, les lardés de la sinamome ainsi confite, et mettés du boullon dessoubz sans toucher à la confiture; et est la dicte saulce bonne en tous rostz.

Pour faire la fayenne, prenés ung cochon et le mettés cuyre en vin tout pur comme pour faire gelée, et la semblés de toutes espices comme pour gelée, prenés des foyes de cochon et de poulaille, et les faictes boullir; et puis prenés une livre d'amandes, et aussi des moyeulx d'eufz, et aussi les foyes et amandes, et passés tout ensemble par l'estamine et mettés y, pour six platz, une livre de sucre, et y mettés vostre grain, ne plus ne moins que se vouliés du brouet, de la gelée dessus, et boulu vostre boullon, mettés sur le grain et le mettés refroidir en la canelle ou ailleurs.

Pour cele pour quatre platz, prenés d'amandes deux livres, et les broyés toutes ensemble entières, et prenés vostre boullon de chapon ou de poullaille, et passés les amandes, les escorces des escrevisses, les broyés comme les amandes et les passés de vostre brouet à l'estamine, et, au jour de poisson, à purée, et les assemblez d'ung quarteron de synamome et de deux uncez de gingembre, et y mettés de vert jus une chopine et demy livre de sucre.

Pour faire une potée de langue de bœuf et de tetyne de vache, soyent cuytes, et soit prins du boullon où seront cuytes, et soient copées les langues et tetines par menus morceaux comme fèves, et frisés au lart, et de l'ognon qui soit tranché menu, et puis les souffrisés, et prenés du gingembre en poudre et destrampés de vert jus, et ung peu de pain trampé, et y mettés ung peu de saffran pour le coulourer.

Pour fraze de poisson, prenés les testes des brochès, et les routissés sur le gril, et prenés les mulectes et les foyes de poisson, et les hachés par menus morceaulx comme dez, et les frisés au beurre ou à l'uyle, et prenés les eufves des brochès, et les passés par l'estamine, et mettés sucre et gingembre parmy, et en mettés, au frire, avec les mullectes et foyes, et en dorés les testes sur le gril, et, au servir à table, soit mys pouldre de duc dessus.

L'eaue benoiste. Pour faire l'eaue benoiste sur brochet, eschardés le, et le frisés, et après le mettés en ung plat, et prenés demy verre d'eaue rose et autant de vert jus, ung peu de gingembre et de la marjolaine assés raisonnablement, et du foye du brochet, et faictes boullir tout ensemble; puis passés par l'estamine, et y mettés comme demy quarteron de sucre pour ung plat, et mettés les brochès sur le charbon estuver.

Pour poussins a l'estuvée. Poulés farcies à l'estuvée, prenés ung pot neuf, et les mettés dedens quant ilz seront farcis, et les couvrés bien qu'il n'en ysse point de fumée. Et quant ilz seront cuitz, prenés chopine de vin aigre, une unce de menues espices, et mettés tout dedens le pot et ung quarteron de pouldre de duc; et, quant ilz seront bien cuitz, les mettés en platz. Se voyés qu'il y ayt trop gresse, ostés la.

IRSON D'AMANDES. Pour faire irson d'amandes pour quatre plas, broyés les amandes en ung mortier environ quatre livres, et les passés en une estamine avec ung peu d'eaue chaulde, et que l'amande soit assés espès, et y mettés ung quarteron de sucre, et bouillés tout ensemble en une paelle; et, quant il sera boullu, le mettés en une estamine ou sur toille neufve et le laissés refroider, et le mettés en platz en façon de coingz de beurre, et puis prenés des plus belles amandes et les fendés par la moytié, et chescune moitié fendés en troys parties du long, et en jaunissés la moytié en saffran, et puis les plantés en belles rangés parmy le long, et puis prenés du lait, quant vous vouldrés servir, et qui ne touche point dedens les amandes quasi mys dedens.

OEUFZ ROSTIS EN LA BROCHE. Pour faire rostir des oeufz en la broche farcis, faictes des petis pertuis au bout des eufz, et mettés ce qui est dedens dehors, et puis prenés sauge, marjolayne, poulieul, mente et toutes aultres bonnes herbes, et les hachés bien menu, et les faictes frire au beurre, et les oeufz, et les mettés sur ung ays et hachés bien menu, et y mectés du gingembre, du saffran et du sucre parmy, et puis mectés la farce dedens les coques des oeufz, et puis prenés petites brochètes bien dougées, et mettés une douzaine de oeufz en chescune broche, et mettés dessus le gril à petit de feu.

VINÉE DE CHAIR. Pour demye douzaine de vinée de char, prenés du veau ou du porc, et mettés boullir en ung pot avec des herbes et du lart, et des oeufz en ung pot appart; et quant la chair sera demye cuyte, hachés le bien menu et y mettés demy douzaine de œufz parmy la chair et une douzaine de crus, et prenés demye unce de synamome, ung quart d'once de menues espices et ung peu de saffran parmy, et prenés des penses de mouton et envelopés la farce dedens en façon de une andoille, et mettés trois moyeux d'oeufz lardés de clou de girofle; et, au servir, mettés de la pouldre de duc par dessus.

BEURRE FRAIS FRIT. Pour faire beurre frais à la paelle, prenés du pain blanc dur, et esmye la mye bien menu, et prenés de l'amidon deux unces, du sucre deux unces parmy, mettés ensemble parmy le beurre, et soit destrampé la paste d'oeulx et du sucre, sans y mettre point d'eaue, et la faictes tendre comme une fueille de papier, et arousés la paste de moyeulx d'oeufz, puis envelopés le coing dedens, et le mettés frire à la paelle avec aultre beuf et après mettés en platz et servés.

COULIS. Pour faire coulis, prenés ung chapon et soit bouly tant qu'il soit fort cuyt, et prenés le blanc du chapon et l'autre chair que pourrés prendre du chapon, broiés au mortier, et, quant il sera bien broyé, coulés en une estamine, destramper du boullon du chapon. Après, boulés en ung petit pot, et, quant sera cuyt, soit gousté de sel raysonnablement, qui n'en y ayt pas trop, et n'y soit mis vert jus, ne vin aigre, ne aultre chose.

POUR FAIRE COULIS. Pour faire autre coulis pour malades prenés ung poussin ou deux, et le faictes par la manière du devant dudit chapon, et, au broyer, mettés une douzaine d'amandes pour estre plus substancieulx.

COULIS A POISSON. Pour faire d'aultre coulis à poysson, prenés une perche et la faictes cuyre en eaue; quant elle sera cuyte, soit plumée, et les arestes ostées, et après broyée, et, au broier, y mectés une douzaine d'amandes plumées, destrampées de purée de poys, et après faictes comme de celluy de cher, et gouter de sel sans y mettre aultre chose, se le fuzicien ne commande y mettre du sucre.

AULTRE COULIS. Prenés brochet cuyt et destrampés ; faictes par manière de celluy de perche.

ORGE MONDÉ. Pour faire orge mondé, c'est à dire orge batu et espeaultré en ung mortier : et après qui sera bien nectoié, soit lavé et boulu treffort, comme froment à faire la fromantée. Et, quant il sera cuyt, le broier au mortier, et le destramper de lait d'amandes, et le mettre boulir en ung beau pot net, et, se le malade veult du sucre dedens, y en soit mys, et soit gousté de sel, et ne soit guère salé. Et se voulés faire orge mondé entier, sans broyer, mettés du layt d'amandes qui soit assés espès, et mettés l'orge entier dedens.

POUR PASTÉ EN POT, prenés de la fesse de veau ou de beuf, et hachés bien menu, et de la gresse comme pour ung pasté en pot, et de l'oignon bien menu maincé, et pour l'assembler, mettés menues espices, gingembre, canelle, saffran et du vert jus.

GALIMAFRÉE. Pour galimafrée, soient prises poulailles ou chapons rotis, et taillés par pièces, et après fris à sain de lart ou d'oye ; et, quant sera frit, y soit mys vin et vert jus et, pour espices, mettés de la pouldre de gingembre et, pour la lyer, cameline et du sel par raison.

FRIQUASSÉES. Pour friquassées, soient prinses poulailles crues, depecés par pièces, frisés à sain de lart, et, au frire, soit mis de l'oignon bien menu haché et après du boullon de beuf, et pour espices, pouldre de gingembre destrampée de vert jus; et boulés tout ensemble.

Pastés de beuf. Hachés la chair bien menue et y mettés; en la façon d'iver, y soit mis du fromaige et du gingembre et saffran.

Pastés a la saulce chaulde. Prenés de la longe le noyau, et soit taillé par lesches tendres, et gresse hachée par dessus; et pour y faire la saulce, soit bien brulé du pain noir, et après soit trampé en vert jus et vin aigre et passé par une estamine, et les espices qui appartiennent sont: gingembre, clou de girofle, poivre long, graine de paradis, de la noix muscade, par égalle porcion, excepté que le clou surmonte les autres espices; et soit la saulce faicte boullir en une paelle de fer et, quant le pasté sera cuyt, prenés la gresse dedens le pasté et, ce fait, y mettés la saulce, et faictes boullir dedens la saulce au four.

Pastés de veau. Prenés veau et gresse de beuf, et hachés tout ensemble bien menu, et les espices qui appartiennent sont gingembre, synamome; et, en la façon d'yver, y soit mis fromage fin.

Pastés de chapons. Pastés de chapons, mettés du lart dessus et, pour espices, y mettés du gingembre, menues espices et saffran.

Pastés de halebrans de chapons. Mettés en pasté les chapons et, après, vous descharnerés toute la char des chapons, et de la gresse de beuf, et hachés tout ensemble et esdictz pastés, mouelle de beuf, des moyeux d'eufz cuitz lardés de clou de girofle, et, pour espices, y mettés ung peu de gingembre, synamome, saffran et sucre, des dictes espices mettés, au cuyre, en pouldre dessus dicte, et du sucre raysonnablement.

Pastés de chapons. Soit mys esditz pastés du lart menu haché, et, pour espices, y mettés du gingembre, menues espices et saffran.

Pastés de poules a la saulce Robert. Prenés du vert jus et des moyeulx d'œufz, et batés tout ensemble, et de pouldre fine ; et, quant le pasté sera cuyt, mettés tout ensemble ; et convient que toute la poulaille soit despeçée.

Pastés de pyjons. Mettés ès pastés du lart menu haché et, pour espices, du gingembre.

Pour coulons ramiers, prenés saulce chaulde comme pour beuf et pareilles espices, excepté qu'il y convient de l'oignon frit au sain.

Pastés de mouton a la ciboule. Soit le pasté menu haché en gresse de mouton, et y mettés menues espices.

Pastés de merles. Prenés du frommaige fin et mettés dedens les oiseaulx, et de la mouelle de beuf, et lart menu haché, et gingembre.

Pastés de passereaux. Prenés du beuf ou du veau, et de la gresse de veau haché, et de fin fromage, menues espices et saffran.

Pastés de canes saulvages. Prenés du lart ; pour espices, clou de girofle et gingembre.

Pastés de chevreau. Soit le chevreau pourbouly et après despecé par morceaulx, et du lart avec menu haché, et pour espices, canelle et saffran.

Pastés d'oison. L'oison soit despeçé, et prenés, à la saison, des fèves nouvelles et les pourboulés. Et les mettés ou pasté et du lart haché ; et pour espices, menues espices et saffran.

Pastés de perdris. Mettés dessus les perdris du lart menu haché, et, pour espices, gingembre et pouldre de clou.

Pastés de connis. Quant sont vieulx, doivent estre mis par pièces, et les jeunes entiers, et du lart menu haché dessus ; et pour espices, clou, gingembre, graine et poyvre.

Pastés de lièvre. Le grant lièvre despeçé par pièces, et le lievrat entier, et du lart dessus haché bien menu ; et y soient mises menues espices.

Pastés de serf. Soit bouly et lardé, et après mis en pasté ; et soit mis gingembre et ung peu de poivre.

Pasté de sangler. Prenés des filetz de sangler, et les pourboullés, et après les larmés, et y mettés menues espices.

Pastés de lorais. Prenés le blanc de chapon haché menu, ou lances de poisson la raison, et espices dedens, sucre, sinamome ; et convient que ce soient petis pastés bien fais à bouter les trois doys, en levés hault et, quant ilz seront fais, convient frire en paelle au sain. Et, ce c'est poisson, frisés le tout en beurre, et ce poitrissent de beurre, sucre et eufz ; et ce abaissés tanures comme couverte de petis pastés, et se playent lectues, comme celles que l'on fait doubles.

Pastés de moelle. Prenés moelle, sans aultre chose, avec espices et sucre meslé ensemble, et soit la moelle pourboulye ; et boutée en façon d'ung peloton, et mise en ung petit pasté à bouter les trois doys, en levé en hault et bien fait, et frit au sain.

Pastés de mullet. Soit mys au ventre du mulet vert jus de grain, pouldre fine et saffran.

Pastés de bresme. Soit mis pouldre fine et saffran dessus.

Pastés de truyte. Prenés saffran, pouldre fine mise par dessus.

Pastés d'anguilles. Prenés saffran, pouldre fine et vert jus en la façon, et des groselles.

Pastés de congre. Congres de mer soyent tronçonnés, et y soient mises menues espices, gingembre et saffran.

Pastés de turbot. N'y soit mis que gingembre blanc.

Pastés de rogés. Mectés y pouldre fine.

Pastés de gournalt. N'y soit mis que gingembre blanc.

Pastés d'alose. Au gigembre blanc et menues espices.

Pasté de saulmon. Au gingembre blanc.

Lemproye en pasté. N'y soit mis que du sel, et soit faicte la saulce appart, et bien noire, et prenés de l'espicier pouldre de lemproye, et soit une pièce de pain brulé bien noir et destrampé de vert jus et vin aigre, et passé par l'astamine et soit boutée la poudre dedens, et après boullie, et mettés la sauce en ung bien petit pot bien net, et quant le pasté sera cuit, mettés la saulce dedens, et après tenu ung peu dedens le four, pour faire boullir la saulce avec la lemproye.

Pasté de vache. Soit prins fromage par lopins billeté, et foison sucre, synamome et ung peu de menues espices, et de l'oignon frit en beurre, et que les pastés soient faictz haultz et enlevés, et d'ung virelet, et soient bien dorés, et puis mis au four.

Pastés de gigotz de mouton. Prenés le gigot et le lardés bien de clou de girofle, et mettés dessus et dessoubz de lesches de lart ; et que la croste soit forte et espesse, affin que la substance n'en ysse.

TARTRES COMMUNES. Tartres couvertes communes, soit broyé le fromage, et talemosé, fin fromage billeté, et mis les mistions de oeufz, et pareillement les tartres descouvertes.

TARTRES A DEUX VISAIGES. Tartres à deux visaiges, fromage fin et force de moyeulx de oeufz et du sucre.

DAULPHINS, fleurs de lis, estoille de cresme fricte, fort sucre et moyeulx d'eufz.

FAIS BELONGS. Soient faitz en façon d'ung con farcy de cresme fricte, qui en aura ; et qui ne trouvera cresme, soit pris du fromage fin et mis par beaulx loppins, et du sucre.

TARTRE JACOPINE. Tartre jacopine couverte, orengée par dessus, soit de bon frommage fin par lesches, et bonne cresme, des oeufz les moyeulx mistionnés parmy, et anguille misé par tronçons, et bien boullie, et assise dedens la tartre, avant que le frommage et la cresme y soit, et à grant quantité de sucre.

TARTRE BOURBONNAISE. Tartre bourbonnaise, fin fromage, broyé, destrampé de cresme, et des moyeux d'oeufz souffisamment ; et la crouste bien poistrie d'oeufz, et soit couverte le couvercle entier, et orengé dessus.

TARTRES COUVERTES. Tartres couvertes, soit destrampé la crouste d'oeufz et de beurre, la farce destrampée de deux oeufz et d'eaue en chescune tartre et non plus, et beurre destrampé avec le fromage broyé en ung mortier.

TALEMOSE faicte de fin fromage par morceulx carrés menu comme fèves, et parmy le fromage, soit destrampé oeufz largement, et meslé tout ensemble, et la crouste destrampée d'oeufz et de beurre.

TARTRES A DEUX VISAIGES. Tartres à deux visaiges, soit faicte de fromage fin par morceaulx carrés comme dez, et les morceaulx destrampés de moyeulx d'œufz largement, et après prenés croste de paste qui soit cuyte au four, et quant le sera ung peu, soit mise refroider, et mis des oblies, et en soit couverte toute la croste, en manière que n'y aparesse riens de la croste, et prenés le fromage destrampé de moyeux d'eufz mys sur les oblies, estans sur la croste, acoutré sur les oublies de l'espesseur d'ung doy, et puis mis cuire au four comme dit est; et quant sera cuyte, soit tirée, et ainsi refroyder, et après y soit mis du sucre à grant foison, et puis la croste sur quoy est cuyte, et mise sur la tartre, soit renversée et dessus les oublies où est le premier lit de fromage dessus, comme de l'autre cousté, de l'espesseur d'ung doy, et quant l'on vouldra disner, soit mise au four, et fait cuyre comme de l'autre costé, et quant sera cuyte, soit prise, tournée en ung plat, et ostée la crouste où sera cuyte.

TARTRE JACOPINE. Bien farcie de fromage fin broyé, et bien farcie de deux dois, soyent mises des anguilles de plain poing par tronsons, et que les tronsons ne soyent de deux doys de hault, et les frire en beurre, et cuyre, et non point trop, et soient mises dedens la tartre et acoultrées dessus. Et, à chescune tartre, huyt ou dix tronsons sur bout, et qu'elle soit bien farcie, que le fromage par les tronsons de l'anguille; quant elle bouldra, ainsi se doit faire.

TARTRES DE POMMES. Despeçés par pièces, et mises figues, et raisins bien nectoyés, et mys parmy les pommes et figues, et tout meslé ensemble, et y soit mys de l'oignon frit au beurre ou à l'uyle, et du vin, et le part des pommes broyés et destrampés de vin, et soient assemblées les autres pommes broiés, mises avec le surplus, et du saffran dedens ung peu de menues espices, synamome et gingembre blanc, anys et pygurlac, qui en aura; et soient faictes deux grans abaisses de paste, et toutes les mistions mises ensemble, fort broiées à la main sur le pasté bien espès de pommes et d'aultres mistions, et après soit mis le couvercle dessus et bien couverte, et dorée de saffran, et mise au four, et fait cuyre.

PASTÉS DE POIRES CRUES. Mises sur bout en pasté, et emply le creux de sucre à trois grosses poires comme ung quarteron de sucre, bien couverte, et dorée d'oeufz ou de saffran, et mis au four.

TARTRE BOURBONNAISE. Fin fromage broyé, destrampé de cresme, et de moyeux d'oeufz souffisamment, et la croste bien poytrie d'oeufz, et soit couverte le couvercle entier, et orengé par dessus.

DARIOLES DE CRESME. Soient broyés amandes, et non guères passées, et la cresme fort fricte au beurre, et largement sucre dedens.

CAMELINE. Pour faire une quarte de cameline, hallés du pain devant le feu bien roux, et qu'il ne soit point brulé. Et puis le mettés tramper en vin vermeil tout pur en ung pot neuf, ou en ung plat, et puis, quand il sera trampé, le passés par l'estamine avec vin vermeil. Et puis prenés une choppine de vin aigre et ung quarteron de synamome, une unce de gingembre et ung quart d'once de menues espices, et saler de bonne sorte; passés le pain et espices par l'estamine, et mettés en ung beau pot.

Saulce ma dame. Pour faire sauce ma dame, soit rostie une oye, et mettés en une paelle dessoubz, et prenés le foye de l'oye ou d'aultres poulailles, et le mettés rostir sur le gril; puis quant il sera cuyt, hallés une tostée de pain, et mettés le foye et le pain tramper en ung peu de boullon, et passés trop bien par l'estamine, mettés et laisser boulir à la paelle soubz l'oye, et faictes boulir une douzaine d'eufz et en prenés les moieulx et les hachés menu; et puis quant l'oye sera cuyte, les mettés par dessus en la saulce avec, et se voulés que sente le goust de layt, jectés en une goutte ou deux, au boullir.

Pour faire saulce poitevine à chapons ou poulaille, mettés les rostir en la broche, et en prenés les foyes, et prenés ung bien peu de pain hallé et bien peu de boullon, et broyer au mortier espices, canelle, gingembre, menues espices et destramper de ver jus et de vin, et faictes boullir, et mettés la poulaille.

Jance. Pour faire jance, plumés des amandes et les broyés en ung mortier, et puis les passés avec vert jus et vin blanc et puis prenés une unce gingembre pour une pinte, et passés et repassés par l'estamine; mettés boulir en une paelle et ne luy laissés guères, et, incontinant, mettés en ung pot, car elle sentiroit l'arain, et ne le boulissés point en paelle de fer, car elle se noyrciroit.

Saulce d'aulx au lait. Pour faire saulce d'aulx au lait, halés une totée de pain au feu, et mettés tramper avec le lait; prenés demye douzaine de gousses de aulx, et les escachés en une escuelle, ou au mortier, et passés tout par l'estamine et mettés demye once gingembre parmy, et faictes boullir en une paelle; et est bonne ladicte saulce en l'oye ou aultre rost.

Aillée rousse. Pour faire aille rousse sur rost ou sur bouly, prenés des foyes de poulaille et hallés une tostée de pain au feu, et le mettés tramper, foye et tout ensemble avecques ung peu de boullon, et prenés une unce de synamome, demye unce de gingembre, ung quart d'once menues espices et escaillés demy douzaine de gousses d'aulx et passés par l'estamine avecques vin rouge et vin aigre, et boutés boullir en une paelle, et puis mectés en ung beau pot.

Aillée a la moustarde. Pour faire aille à la moustarde, prenés demie douzaine de gousses d'aulx, ou plus largement se vous voulés, et les escaillés, et passés par l'estamyne avec la moustarde, et y mettés demye unce de gingembre, et n'y mettés aultre destrampaige que de vert jus, et quant la ferés boulir, mettés y du beurre dedens; et est ladicte saulce bonne sur merlus frictz et sur aultres poissons.

Saulce rappée. Pour faire saulce rappée, mettés mye de pain blanc destramper de vin blanc chault, et quant le pain sera trampé, le passés par l'estamine avec vert jus tout pur; pour une pinte, mettés y une unce de gingembre, et puis egrenés du vert jus de grain et meslés le grain en eaue qui soit bouyllant, et ne lui layssés guères, et purés l'eaue, et gettés le grain dedens la saulce.

Dodine. Pour faire dodine de layt sur tous oyseaux de rivière; prenés du layt et le mettés en une paelle de fer pour recevoir la gresse des oyseaulx; prenés demye unce de gingembre pour deux platz, et passés par l'estamine avec deux ou trois moieux d'oeufz, et faictes boulir tout ensemble avec le layt; et y met-on du sucre qui veult; et quant les oiseaulx seront cuitz, mettés la dodine dessus.

DODINE DE VERT JUS. Aultre dodine de vert jus sur oiseaulx de rivière, chappon, ou aultre volatile de rost, mettés le verjus dessoubz le rost en une paelle de fer, et puis prenés moyeulx d'œufz deurs et demy douzaine de foyes de poulaille, et que les foyes soient ung peu rotis sur le gril, et les passés par l'estamine avecques le vert jus tout pur, et y mettés ung peu de gingembre et du percil effueillé dedens, et tout boully ensemble, et mettés sur le rost, et des tostées de pain hallées dessoubz le rost, et pareillement dedens aultre dodine.

MOST JEHAN. Pour faire most jehan, mettés chapons de haulte gresse rostir en la broche; pour quatre platz, mettés une quarte de lait, et mettés boullir dessoubz les chapons, et puis prenés de la marjolaine, ung peu de percil, ysope et de toutes aultres bonnes herbes, et prenés une unce gingembre, et mettés ung peu de saffran, et le destrampés avec le lait, et hachés les herbes bien menues, et faictes boulir ensemble, et mettés demy livre de sucre; quant il vous semblera que ladicte saulce sera assés espece, tirés les chapons et les mettés en ung plat, et des tostées desoubz, et gectés la saulce dessus.

SAUPIQUET. Pour faire saupiquet sur connis ou sur aultre rost, hallés du pain comme pour faire cameline, et le mettés tramper avec du boullon, fondés du lard en une paelle et mainçés de l'oignon bien menu, et le frisés; pour quatre platz, prenés deux unces synamome, demye unce gingembre et ung quart d'once menues espices, prenés du vin rouge et du vin aygre; passés le pain et toutes les espices ensemble, et mettés boulir en une paelle ou en ung pot, et puis mettés dessus le rost.

Chaudumé. Pour faire chaudumé, prenés brochet, et les eschardés, et les mettés par pièces ou tous entiers hallés sur le gril, et halés du pain, et le mettés tramper avec purée de poys; et puis quant le pain sera trampé, prenés du vert jus et du vin blanc, et de la purée, et passés vostre pain tout ensemble; et quant il sera passé, pour quatre platz destrampés une unce de gingembre dedens le boullon, et ung peu de safran parmy, et mettés le poisson avec le boullon, et du beurre frais ou salé.

Saulce a l'alose. Pour faire saulce à l'alose, mettés rostir l'alose en ung plat cassé ou à la broche, prenés pour une alose demye unce de gingembre et une chopine vert jus. Et quant l'alose sera demye cuyte, mettés le vert jus dessus l'alose, et prenés une poignée de percil et de toutes bonnes herbes, et mettés dedens la sauce.

Aultre saulce a l'alose. Pour aultre saulce à l'alose, prenés du vin aigre et du vin, l'ung avec l'autre, et prenés une unce synamome, demye once gingembre, ung peu de menues espices, et passés tout ensemble par l'estamine, et faictes boullir, et mettés sur l'alose, soit au four ou rostie sur la broche.

Saulse au most. Pour faire saulce au most, prenés des raisins hors de la grape et les escachés en une paelle, et les mettés boullir sur le feu demy quart d'heure, et y mettés ung bien peu de vin vermeil, se n'avés assés raisins, et les laissés refroidir. Et après passés parmy l'estamine; et pour quatre platz, prenés deux uncez de sinamome, deux uncez de sucre, demye unce de gingembre, et passés tout ensemble par l'estamine, excepté le sucre. Et est ladicte sauce bonne sur herondeaux, chapons ou aultre rost, sur eufz fris, sur poisson et sur toutes aultres frictures ; et en deffaulte de raisins, soient prises des meures.

Porée. Pour faire poirée, soit bourboulye en eaue boulant et puis la mettés sur ung ays, et hachés menu, et purés fort entre voz mains, et puis broyés ou mortier, et après l'assemblés en boullon de beuf ou d'aultre chair, ou, en deffault du dit bouyllon, soit fendu lart et frit que lesches et assemblés avec le sain de lart avec de l'eaue chaulde : à jour de poisson, avec beurre et purée de poys.

Fèves fraisées. Pour faire fèves fraisées, mettés les fèves tramper au soir, et en ostés les noires, et les mettés boulir en eaue de rivière ou de fontaine ; et quant seront à demy cuytes, purés les et les assemblés de boullon, et y mettés du lart pour leur donner goust. Et quant seront achevées de cuyre, mettés les en une paelle refroidir, et les passés par l'estamine : et après les remettés boulir en ung pot, et pois coulés semblablement.

Pourreaulx. Pour faire pourreaulx, prenés le blanc des pourreaulx et les maincés bien menu, et les lavés, et mettés pourboulir ; et quant seront pourboulis, purés les et mettés de l'eaue froide par dessus, et les espreignés entre les mains, et après les mettés sur ung ays, et les hachés, puis les broyés au mortier, et, ce fait, les assemblés avec boullon de beuf, et, en jour maigre, de purée de pois et beurre, et lait d'amandes qui veult.

Souppe a l'oignon. Pour faire souppe à l'oignon, plumés les oignons et les mainçés bien menu ou par rouelles, et les soufrisés en beurre assés longuement, et y mettés ung peu d'eaue pour garder qu'il ne brule, et assemblés purée de poys ou d'eaue, et y mettés du vert jus et du percil.

Pommes de choux. Pour faire pommes de choux, ostés les premières fueilles de dessus, et despeçés par quatre quatiers et lavés, et mettés pourboulir environ demye heure, purés l'eaue, et mettés de l'eaue froide par dessus, et les espreignés, après les hachés, et les assemblés avec boullon de beuf ou d'aultre chair, et, au jour maigre, avec purée de poys avec beurre et huyle.

Congordes. Pour congordes, pelés les et deccopés par rouelles, et ostés la graine dedens, s'il en y a, et les mettés pourboulir en une paelle, et puis les purés, et mettés de l'eaue froide par dessus, et les espregnés et hachés bien menu; et puis les assemblés avec boullon de beuf ou d'autre cher, et y mettés du lait de vache, et destrampés demy douzaine de moyeux d'oeufz, passés par l'estamine parmy le boullon avec le lait, et, au jours maigrez, de purée de poys ou de lait d'amandes, et du beurre.

Pour dessaler potaiges. Pour dessaler potages sans y mettre, ne oster aulcune chose, prenés toille blanche moyllée d'eaue bien froyde, et mettés sur vostre pot, et le tournés d'ung costé et d'aultre, et tirés vostre pot, en ce faysant, hors du feu.

Pour oster arceure de tous potages, vuydés premièrement vostre pot en ung aultre pot, puis mettés en vostre pot ung peu de levain de paste crue, enveloppée en blanc drapel et ne luy laissés guères.

BOUILLATEURES DE GROSSE CHAIR comme beuf, mouton, porc. Mettés cuyre en eaue et sel, et, si elle est fresche, si mettés percil, sauge, ysoppe; mangés aux aulx blans ou ranardis au vert jus; la sallée, à la moustarde.

HERISON DE MOUTON. Herison de mouton despécés par pièces, et mettés le tout cru souffrire en sain de lart avec de l'oignon menu maincé. Et quant sera bien cuyt, si le mettés en bouillon de beuf, vin, vert jus, sauge, mastic et ysope, et ung peu de saffran; faictes bouillir tout ensemble.

BOULY LARDÉ. Bouly lardé, prenés vostre venoison et la lardés, et mettés cuire du mastic seulement et du safran; puis venoison de serf fresche pourbouillye et lardée au long par dessus la chair, puis cuysés en eaue et sel, et du grain foison; mangée en pasté pourboulye, et lardée, à pouldre fine.

CHEVREAU SAULVAGE. Appareillé et mangé comme serf frays.

SANGLER FRAYS. Sangler frays cuyt en eaue et vin, à la cameline.

CHAPON ET VEAU AUX HERBES. Chapon et veau aux herbes mettés cuyre en eaue et sel, et du lart pour luy donner saveur, avec du percil, sauge et ysope.

CIVÉ DE VEAU ROUSSY. Cyvé de veau roussy tout cuyt en la broche et sur le gril sans le laisser cuyre, frisez en sain de lart avecques oignons; puis prenés pain roussy destrampé en vin et de purée de poix. Et faictes bouillir vostre grain; affinés gingembre, canelle, graine, girofle, et saffran pour donner couleur, mettés du vert jus et du vin aigre, et fort d'espices.

Potages lyans.

Chaudin de porc. Soit cuyt en eaue et sel, puis decopé par morceaulx, soufrit en sain de lart; prenés gingembre, poyvre long, saffran, pain hallé trampé en boullon de beuf et en lait de vache (car son boullon sent le flens) passés parmy l'estamine, prenés vert jus, vin aigre, et cuyt ung peu en eaue, mettés en vostre potage sur le point de servir; filés moyeux d'oeufz dedens, et faictes boulir tout ensemble.

Cretonnée de poys. Cretonnée de poys nouveaulx, cuysés jusques au purer, puis les purés, et les frisés en sain de lart, et puis prenés du lait de vache, et boullés une onde; mettés tramper du pain blanc dedens le lait, puis affinés gingembre et saffran, deffaictes vostre lait, mettés boulir et prenés poussins cuitz en eaue, despeçés par quartiers, frisés en sain de lart, mettés bouillir, tirés arrière, mettés grant foyson d'oeufz.

Cretonnée de fèves nouvelles. Comme de poys.

Cretonnée de poulaille. Cretonnée de poulaille cuysés en vin et en eau, despeçés par quartiers, frisés en sain de lart, prenés ung peu de pain trampé en boullon de beuf, coulés, faictes boulir avec vostre viande, affinés gingembre et commin, deffaictes de vin et vert jus, prenés moyeux d'eufz grant foison, filés en vostre pot, tirés arrière du feu, et garder qu'il ne tourne.

Cretonnée d'amandes. Cretonnée d'amandes, cuysés bien poulaille en eaue, despeçés par quartiers, frisés en sain de lart, prenés amandes deffaictes de bouillon, et mettés boulir sur vostre grain; affinés gingembre et commin, deffaictes de vin et de vert jus; et tousjours se lye d'elle mesmes, sans y mettre fors que ung peu de pain blanc.

GRAVE DE PETIS OISEAULX. Grave de menus ou tel grain que vous vouldrés, frisés en sain de lard, prenés pain blanc, deffaictes de boullon de beuf, et coulés, mettés bouillir en vostre viande; affinez gingembre, canelle, deffaictes de vert ius; mettés boullir ensemble, et ne soit pas trop lyant.

BLANC BROUET DE CHAPONS. Blanc brouet de chapons, cuysés en eaue et vin, despeçés par membres, frisés en sain de lart, broyés amandes, et des broyons, deffaictes vostre bouillon, et mettés boullir sur vostre viande; batés gingembre, canelle et clou, graine de paradis, garingal et poivre long, mettés boullir ensemble, et y mectés moyeux d'œufz bien batus; et soit bien liant.

BOUSACQ DE LIÈVRE. Bousac de lièvre ou de connis, hallés en broche ou sur le gril, puis decopés par pièces, et mettés soufrire en sain de lart; prenés pain brun, defaictes de bouillon de beuf et de vin, coulés, faictes de vert jus; soit bien noir et non pas trop liant.

HOUDET DE CHAPONS. Houdet de chapons, cuysés en vin et en eaue, despeçés par membres, frisés en sain de lart, prenés ung peu de pain brulé, deffaictes de vostre boullon et faictes boulir avec vostre grain, affinez gingembre, canelle, girofle, graine de paradis, et saffran pour donner couleur.

CYVÉ. Cyvé, soit hallé en broche tout creu ou sur le gril, sans laisser trop cuyre, puis despeçés par pièces et mettés souffrire en sain de lart avecques oygnons menus maincés;

puis prenés pain hallé sur le gril, deffaictes de vin et de boullon de beuf et de purée de poys, faictes houllir avec vostre grain; puis affinés gingembre, canelle, girofle, graine de paradis, et saffran pour donner couleur; deffaictes de vert jus et de vin aigre, et fort d'espices.

Civé de lièvre. Doit estre noir et soit fait pareillement : mais ne fault point laver la chair.

Civé de connis. Civé de connis doit estre esgret fort, et fait comme celluy de lièvre.

Chapistre de rost.

Porc rosty. Au vert jus; aulcuns y mettent oignons; en pasté, au vert jus de grain et pouldre fine.

Veau rosty. Veau rosty soit pourboully et lardé; mangés à la cameline; en pasté, à fine pouldre et saffran.

Fraise de veau. Fraise de veau que l'en dit chair pye; decoppés bien menu vostre veau, et qu'il soit cuyt, frisés en sain de lart, broyés gingembre, saffran et oeufz bien broyés, filés les oeufz dessus en frisant.

Mouton rosty. Au sel menu, à la canelle, ou au vert jus.

Chevreaux et aigneaulx. Boutez en eaue bouyllant et les tirés tantost, mettés en la broche; mangés à la cameline.

Oyes. Oyes plumées à sec, refaictes en eaue chaude, rotissés sans lardés; mangés aux aulx ou à la jance.

Poules rosties. Lardés et mangés à la cameline, ou au vert jus; en pasté, à poudre et froide sauge.

Bouler de sanglier frais. Mettés en eaue chaude qui boulle, puis la mettés rostir et baciner de saulce, c'est assavoir de gingembre, canelle, girofle, graine de paradis, pain halé, destrampé de vin, vert jus, vin aygre. Et puis quant il sera cuyt, si boullés tout ensemble ; et soit vostre grain decopé par morceaulx, et boullés tellement qui soit cleret et noir.

Venoison fresche. Toute venoison fresche qui n'est point bacinée se mangue à la cameline.

Pyjons. Pyjons rostis atout les testes, sans les piedz ; mangés au sel menu.

Menus oiseaulx. Menus oiseaulx plumés à secq, refaictes en eaue, lardés, rostissés, mangés au sel ; en pasté pareillement.

Turterelles. Comme une oye, qui veult soit dorée au vert et cuyt piedz entiers, et soit fendue la teste jusques en my les espaules, et les tués par le cueur ; mangés à poyvre jaunet.

Paon. Aussi comme signe ; mengés au sel menu.

Sigoynes. Plumés à sec les piedz et la teste, arrousés et flambés de lart, et mangés au sel menu.

Faisans. Faisans plumés à sec, copés les testes et les queues, et quant il sera rosty, atachés la teste et la queue au corps à une petite cheville de boys ; et que le col soit bien droit, et ne doit point estre cuyte la teste.

Butor, Cormarant. Ainsi comme la sygoigne et le hairon.

Hayron. Soit seigné et fendu jusques aux espaules ; et soit pareillement comme la sigoyne, et soit doré qui veult ; mangés au sel menu.

Canars de rivière. Canars de rivière, plumés à sec, mettez en broche, retenés la gresse pour faire la dodine qui doibt estre faicte de lart ou de vert jus, et des oignons ; aulcuns le veullent par quartiers, quant il est cuyt, avec la dodine et faictes les totées de pain, puis gectés vostre dodyne dessus vostre grain et tostées.

Pourcelet farcy. Soit eschaudé et mys en broche, et soit la farce faicte de l'yssue du pourcelet, et des rouelles de porc cuyt, de moyeulx d'eufz, frommaige de guin, chastaignes cuites pellées, et finez pouldres d'espices tout ensemble, et puis mettés ou ventre du pourcellet, et ratoupés le trou, et bassinés en vin aigre et sain boulant; mangés à poyvre jaunet.

Poulaille farcie. Coppés leurs gavions, plumez très bien et gardés la pel saine, ne les refaictes pas en eaue bouyllant, mettés ung tuel entre cuir et chair, et l'enflés par entre les espaules; n'y faictes pas trop grant trou; laissez tenir les elles, les piez avec le corps et la teste; et soit la farce faite de poulaille, et le remanant comme au porceau.

Pour la dorer. *Item* pour la dorer, prenés moyeulx d'œufz, broyés saffran, coulés sur vostre poulaille au long deux ou foyer, et garder qu'elle n'arde en rostissant.

Faulx grenon. Cuisés en vin et en eaue les foyes et jusiers de poulailles, ou char de veau hachée bien menu, frisés en sain de lart, broyés gingembre, canelle, clou, graine de paradis, vin, vert jus ou d'icelluy mesme, et de moyeux d'eufz grant foison, coulés dessus vostre viande, et puis la boulés ensemble. Et aulcuns y mettent d'ung peu de pain et saffran, et doibt estre bien lyant, sur jaune couleur, aygre de vert jus et dessus pouldre de canelle.

Pour gelée a poisson. Pour gelée à poisson, prenés tanches et anguilles pour faire la liure de celle et brochetz, et mettés cuire en vin blanc les espices qui y appartiennent, c'est gingembre, graine de paradis et ung peu de sinapis, et pour donner couleur à la gelée du saffran tant qu'il en y ayt assés, et purés vostre bouillon, quant le grain sera cuyt, et le mettés couler par toille, et puis quant elle sera coulée, vous asserrés les plas pour le grain, et les mettés en eaue ou en aultre lieu frais et le bouillon dessus.

SAULCE CHAULDE. Pour faire saulce chaulde, pourboulés de sangler ou pour nombles de sangler ou nombles de beuf, mettés les rostir en la broche, et mettés la lèchefricte ou une paelle dessoubz, et les arousés de bouyllon de beuf, et despeçés le grain par pièces, quant il sera cuyt, et le mettés en ung pot; et puis prenés du pain, et le hallés, et mettés de la canelle, gingembre, graine de paradis, et clou de girofle, si largement qui passe les aultres espices, et coulés tout ensemble avec le pain, et faictes le bouillon cler, qu'il ne soit pas trop fort, et le boulés en une paelle ou en ung pot; et quant sera boulu, goutés de sel, et mettés avec le grain.

POULLES HOCHÉES AU GINGEMBRE. Prenés les entiers ou coppés par quartiers, ainsi que vous vouldrés, les refaictes; puis quant seront refaictes, boutés les en ung pot et les soufrisés, et puis prenés du pain blanc, et mettés tramper et des foyes de poulaille assés raisonnablement, et metés couler; et quant sera coulé, il le fault mettre dedens le pot et prenés du gingembre, et le deffaictes de vert jus, et boutés dedens le pot.

FROMANTÉE. Pour faire fromantée, prenés froment espeaultré et esleu très bien, et si n'est espeaultré, que on l'espeaultre, et lavés très bien avant que mettre cuire, et puis le faictes cuyre en ung pot longuement, et le laissés rasseoir, et prenés du lait raisonnablement pour vostre froment tant que vous en ayés assés, et le mettés avec le froment, et le mettés boulir en ung pot, et gardés bien à la remuer qu'il n'arde. Et après, prenés des œufz et les entrejectés selon que le pot sera grant, et coulez les moyeux d'eufz, et quant il seront coulés, mettez le pot à froment et le lait hors du feu, et prenés du lait et le boutés avec les eufz, et jectés les eufz dedens le froment et le lait tout ensemble, et le demenés fort, et gardés que le lait ne soit trop chault, car vous ardriés les eufz par quoy la fromantel seroit blessée et ne seroit pas belle ; et mettés du sel et foyson sucre.

Gelée de poisson qui porte lymon de cher. Mettés cuyre vostre grain en vin, vert jus, vin aigre ; aulcuns y mettent ung peu de pain, puis prenés gingembre, canelle, girofle, graine de paradis, poyvre, garingal, mastic, noix muscade, saffran pour donner couleur ; mettés et liés en ung blanc drapel, mettés bouillir avec vostre grain et l'escumés tousjours, et après, aussi tost qu'il sera temps de le dresser, quant il sera cuyt, si prenés vostre bouillon en ung vaisseau de boys tant qu'il soit rassis, mettés vostre grain dessus une blanche nappe, et, se c'est poisson, si le pellés et jectés les pelleures en vostre bouillon tant qu'il coule la derrenière foys, et garder que le bouillon soit cler et net, et ne fault pas attendre à le couler jusques à tant qu'il soit froit, car il ne pourroit couler. Et puis mettés vostre grain par escuelles et reboulés vostre bouillon, et escumés tousjours, et dressés ainsi sur vostre grain parmy l'estamine en deux ou en troys doubles, poudre sur voz escuelles, pouldre de fleur de canelle et mastic, mettés vos escuelles en lieu froit, et, se c'est poisson, et y mettés leschefricte et clou destrampé ; qui fait gelée, il ne fault dormir.

CENT PLATZ DE GELÉE. Pour faire cent platz de gelée, prenés vingt et cinq poussins, six lappereaux, quatre cochons, trente gigotz de veau, quatre pintes de vinaigre blanc, six sextiers de vin blanc, six aulnes de toille, trois quarterons de gingembre, graine de paradis, trois quarterons de mesche, six unces saffran, cinq cuylers de boys, deux grans osielles de terre, vingt potz de terre, six jactez : et à boire aux compaignons.

LEMPROYE. Lemproye fricte à la saulce chaude, soit seignée par la gueulle, et ostés la langue; faictes bien segner, bouter en broche, et garder le sang (car c'est la gresse) et la fault eschauder comme une anguille en broche. Et puis affiner gingembre, canelle, graine de paradis, noix muscasde et ung peu de pain hallé trampé en vin aigre, et le sang deffaictes tout ensemble; faictes boullir une onde, puis mettés dedens vostre lemproye toute entière ; et ne soit pas trop noire la saulce.

FROIDE SAULCE. Une froide saulce, prenés vostre poulaille et mettés cuyre en eaue, puis la mettés sur une blanche nape et laissés refroidir; affinés gingembre, canelle, girofle, graine de paradis, puis broyés percil, pain, pour estre vert gay, coulés. Aulcuns y mettent des moyeulx cuitz, deffaictes de vinaigre, gettés sur vostre poulaille par membres ; ceulx de pourceaulx, soit faicte froide saulce sans oeufz.

RIS EN GOULÉ. Ris en goulé, à jour de chair, eslisés, lavés en eaue chaulde, puis mettés essuyer vostre ris contre le feu, prenés lait de vache, et le froment, mettés vostre ris dedens, et faictes boullir ensemble à petit feu, jectés dedens du gras du bouillon de beuf; et, en caresme, soit fait au layt d'amandes, et sucre sur les escuelles.

Viandes et potages de caresme.

Commencement de poysson. Cuyt en eaue, au soir, en huilles; affinés amandes, de vostre boullon, prenés gingembre, de vostre layt et deffaictes; dressés sur vostre grain, quant il sera boully. Et pour malades, il fault du sucre.

Saulce verde. Prenés du pain blanc et le mettés boulir en vin aigre, et puis le mettés refroidir; la plus souveraine verdeur est de froment, l'autre, ou deffault de froment, est d'oseille ou de ressise. Et en la sauce de la chair se fait pareillement, mais que tant que l'on y mect ung petit de saulge, et le passés en l'estamine. Et, si elle est trop aigre, si y mectés du vin blanc, et y mettés du gingembre et poyvre, et non aultres espices.

Civé d'oystres. Cyvé d'oistres, eschauldés et lavés très bien, pourboulés et frisés en huyle avec ognons, afinés gingembre, canelle, graine de paradis et saffran, prenés pain hallé trampé en purée de poys ou en eaue boullye, avec vin et vert jus, et mettés boulir ensemble avec les oystres.

Brochetz rostis au chaudumé. Affinés gingembre, canelle, graine, saffran, pain halé trampé en purée de poys, vin, vert jus; faictes boullir, gectés sur vostre grain.

Flons et tartres. Pour faire flons et tartres en caresme qui auront saveur de fromaige, prenés tanches, lux et carpes et, en especial, les eufves et laictances, broyés, deffaictes en vin blanc, de lait d'amandes et ung peu de vert jus, et faictes cuyre au feu.

Chaudeau flamant. Chaudeau flamant, mettés ung peu d'eaue boulir; prenés moyeux d'oeufz, destrampés de vin blanc, boulés ensemble; aulcuns y mettent ung peu de vert jus.

Coulis de perche. Cuysés en eaue, gardés le boullon, broyés amandes et la perche, defaictes du boullon en ung peu de vin, faictes boullir tout ensemble; et soit claret.

Blanc manger. Blanc manger d'ung chapon pour ung malade, cuysés en eaue, broyés amandes, et du bouillon coulis, faictes bouillir, et soit lyant; mettés pommes de grenades qui au dessus du grain.

POYSSONS D'EAUE DOULCE.

Lux, brochetz, dars, barbillons, carpes, anguilles, alose fresche; tout cuyt en eaue et en sel : mangés à saulce verde; alose salée, mangés aux aulx.

Lemproye. Lemproyons à la saulce comme lemproye; en pasté et à pouldre fine.

Cresme. Soit eschaudée comme anguille; mangés saulce verde.

Porc de mer. Porc de mer soit fendu par le dos et soit mys en lesches en eaue, prenés vin et l'eaue du poisson, affinés gingembre, canelle, graine de paradis, poyvre et ung peu de saffran, faictes boullir; et ne soit pas trop jaune.

Gournaulx et rougetz. Gournaulx et rougetz, cuitz en eaue, ou rostie sur le gril, et fendus par le dos: mangés à la cameline.

MAQUEREAULX frais rostis sur le gril, mettés au sel menu ou à la moustarde.

SAULMON. Saulmon frais cuyt en vin et en eaue, mangés à la cameline : le salé au vin, et à la ciboule qui veult.

POISSON DE MER.

PLYE, sole, raye, turbot, limande; cuitz en eaue, au vin et au vert jus.

MOLLUE. Cuyte en eaue, mangés à la jance; la salée, à la moustarde ou au beurre.

SEICHES ET HANONS. Frisés aux, oygnons, mettés et fine pouldre.

SAULCES NON BOULLYES.

CAMELINE, saulce verde, et aulx camelins, aulx blancs, et aulx vers harans frais.

FROIDE SAULCE. Une froide saulce à garder poisson de mer, broyés pain, percil, salemonde, deffaictes de vin aigre, broyés de gingembre, canelle, poivre, garingal, graine de paradis, noix muscade, ung peu de saffran, defaictes de vert jus, vin aigre et coulés, gettés sur vostre poisson; aulcuns y mettent de la salemonde à toute la racine.

SAULCES BOULLYES.

POIVRE NOYR. Broyés gingembre, pain halé, deffaictes de vin aigre et de vert jus, coulés et faictes boulir; aulcuns y mettent graine et garingal.

u ij

Poivre jaunet. Broiés gingembre, poyvre, saffran, pain hallé, et deffaictes de vin aigre, et vert jus, faictes boullir; aulcuns y mettent graine et garingal.

Saulce poytevine. Saulce poytevine, broyés graine et des foyes, defaictes de vin, et vert jus, faictes boulir, et de la gresse de rost dedens, puis versés sur vostre rost par escuelles.

Jance. Broyés amandes, puis affinés gingembre, de meche et pain blanc, defaictes de vert jus, et de vin; qui veult, soit faicte au lait de vache, et faictes boulir, quant vous vouldrés dresser.

Vert jus vert. Prenés oseille avec tout grain, deffaictes d'autre vert jus, passés et mettés une croste de pain dedens affin qu'elle ne tourne.

Espices appartenantes a ce présent viandier.

Gingembre, canelle, girofle, graine de paradis, poyvre, mastic, garingal, noix muscade, saffran, canelle, sucre, agnis et pouldre fine.

Du chapelet fait au boys sur la mer le siziesme jour de jung, Mil quatre cens cinquante et cinq par monseigneur du Mayne, et ma damoiselle de Chasteaubrun.

LE PREMIER

Blanches et plumes couvertes de violectes et de boucquetz, entre mestz d'aultres pastés assis sur lesdictz grans pastés, une tirasse verdeante entre deulx, et lesquelz estoient argentés les ostés et dorés les dessus, et, sur chescun d'iceulx, une tonnelle crenellée argentée, et le dessus d'asur, et une bannolle aux armes de mon dit seigneur du Mayne, et aulcuns aux aultres armes de ma damoiselle de Villequier et de ma dicte damoyselle de Chasteaubrun; et dedens yceulx poches, cormeaux, buhoreaux et aultres oyseaulx vifz, portant lapquins aux dictes armes, les boucquetz et les ditz piedz des oiseaulx dorés; et estoient les grans pastés contenans chescun ung chevreau entier, ung oyson, trois chapons, six poulailles six pyjons, ung lapereau; ung gygot de veau haché menu avec deux livres de gresse se met par lesdis pastés, et ung quarteron de moyeux d'eufz deurs, lardés de clou de girofle, bien salés, saffrenés; tenu au four cinq grosses heures.

Ont au plat ung poulet farcy, demye longe de veau semblant souffre, le tout couvert du dit brouet d'Alemaigne, et par dessus osties dorées, grenades et dragée pareillement.

Ont au plat cyvé de cerf et ung quartier de lièvre salé d'une nuyt, et des cloux ou gruyau ou meillieu du plat.

LE SECOND

Ont ou plat une longe de veau, ung chevreau entier, ung cochon, deux oisons, ung chevrolat ou une longe de chevreau, une douzaine de poulles, une douzaine de pyjons, six lappereaulx, deux herons: deux poches, deux cosmeaux, ung lievrat.

Herisons dont au plat ung chapon gras farcy et herissonné le saultereau à ce propice mis dessoubz esditz chapons.

Dont au plat quatre poulles, et pouldre de duc par dessus, et estoient dorées d'eufz et d'aultres mistions à ce propices.

Ung saulterel convenable ausditz paons.

Esturgon au percil et au vin aigre cuit, puis gingembre par dessus, fueilles de peuiles de vigne entre la peau et iceulx revestus et mis cochés en ung plat, en leur gicte fuictes desmeille.

Sangler fait de cresme fricte.

Darioles et estoilles renversées.

Gelée, doulce et aigre my partie, en ung plat, blanche et vermeille, armée aux armes dessusdictes.

Cresme fricte. Pouldre de duc par dessus, blanche de fenoil, confite en sucre, argentée.

Lait lardé. Fromages en jonchées sucrées, cresme blanche sucrée, fraises sucrées, prunes confites estuvés en eaue rose.

Le quint

Le chapelet, le vin, les espices de chambre à grans par de serfz et de signes, faitz de sucre, et de pignoles armées desditz armes.

Clairé. Pour faire une pinte de clairé, il fault demye chopine de myel, et sur et le faire bien cuyre avecques le vin, et qui soit escumé, et une once de pouldre fine qui soit passé, qui veult, comme ypocras.

Ipocras. Pour faire une pinte d'ypocras, il fault troys treseaux synamome fine et pares, ung treseau de mesche ou deux qui veult, demy treseau de girofle et graine, de sucre fin six onces; et mettés en pouldre, et la fault toute mettre en ung couleur avec le vin, et le pot dessoubz, et le passés tant qu'il soit coulé, et tant plus est passé et mieux vault, mais que il ne soit esventé.

Bancquet de Monseigneur de Foyes.

ES PREMIERS METS.

Poussins au sucre, levras ou lapereaux à la cresme d'amandes, froide saulce, vin aigre, venoison à souppes.

SECOND MESTZ

Espaules de chevreaux farcis, poulettes de mer, panneaulx tous armés, cailles au sucre.

TIERS MESTZ

Daulphins de cresme, lasches, lombardes, poires, orenges frictes, gelée, pastés de levratz.

FRUICTERIE

Cresme blanches, et fraises, jonchée, et amandes.

Bancquet de Monseigneur de la Marche

Et premièrement.

Vinaigreté, cretonnée de lart, brouet de canelle, venoison à clou.

SECOND MESTZ

Paons, signes, hérons, lappereaux au saupiquet, perdriaux au sucre.

TIERS MESTZ

Chapons farcis dedens de cresme, pastés de pyjons, chevrotz.

QUART MESTZ

Aigles, poires à l'ypocras, lesches dorées, gelée, cresson.

QUINT MESTZ

Cresme blanche, amandes, noix, noysilles, poyres, jonchée.

BANCQUET DE MON SEIGNEUR D'ESTAMPES.
POUR LA PREMIÈRE ASSIETE

Chapons au brouet de canelle, poulles aux herbes, soust, naveaux à la venoison.

SECOND MESTZ

Rost le meilleur, paons au scelereau, pastés de chapons, levreaulx au vin aigre rosac, chapons au most iehan.

TIERS MESTZ

Perdriaux à la trimolette. Pyjons à l'estuvée. Pastés de venoison. Gele et leschées.

QUART MESTZ

Four, cresme fricte. Pastés de poyres. Amandes toutes sucrées, noix et poyres crucs.

BANCQUET POUR MA DAMOYSELLE.
ASSIETE DE TABLE

Popie, cappes, cerises au sucre ou plumes, lymons.

PREMIER MESTZ

Pastés à cheminée au sucre. Pastés de pyjons. Venoison aux poys. Poulles boulis. Fresche venoyson à souppes.

SECOND MESTZ

Rost. Pastés de chapons. Pastés de cailles. Venoison appart sués ou pour après.

TIERS MESTZ

Pyjons au sucre et au vin aigre. Tartres au sucre. Tremolectes au sucre. Most. Banquet de mouelle.

LE QUART MESTZ

Tartres d'armes et daulphins. Gelée blanche et aultre cresme fricte. Poires au sucre. Amandes nouvelles.

POUR LE PREMIER

Jambons au sucre, chapons au tulle, brouet rappé, barder poulailles toutes sucrées.

SECOND SERVICE

Signes au santire. Paons. Herons. Venoison. Poches Foynes.

TIERS SERVICE

Poulles. Pyjons. Lappereaux. Les lesches. Gelée. Le four rondel de cresme. Lesches dorées.

Cy finist le livre de cuysine nommé Tayllevant lequel traicte de plusieurs choses appartenantes à cuysine.

ADDITIONS DE L'ÉDITION

DONNÉE PAR

PIERRE GAUDOUL

ADDITIONS DE L'ÉDITION

DONNÉE PAR PIERRE GAUDOUL.[1]

DJOUSTÉ la façon de plusieurs potaiges, lesquelx ne furent jatmais mis au livre de Taillevent jusques à présent. Et primo.

Jusques ycy avons parlé d'aulcunes choses simples : et avons declairé leur nature et vertu. Doresenavant, me révoquent les cuysiniers, et me prient, et pressent que je leur dye les compostes, mystions, et confections d'icelles, pour les mettre en viande et en faire potaiges.

---

(1) Bien que le texte de l'édition donnée par Pierre Gaudoul ne soit pas beaucoup moins exempt de fautes que celui des éditions précédentes, il faut reconnoître que cet imprimeur-libraire a tenté un effort pour faire mieux que ses devanciers. Les additions qu'il a imprimées à la suite du *Viandier* de Taillevent sont très curieuses, mais elles sont, malheureusement, formulées dans un langage assez pédant qui rappelle celui de l'écolier limousin de Rabelais. Nous publions le texte de Pierre Gaudoul tel qu'il l'a publié lui-même, mais nous avons cru devoir donner, en notes, l'explication de certains mots et de certaines expressions difficiles à comprendre.

Et particulièrement de ceulx qu'on fait des choses cy dessus prochainement declairées, pourquoy obtempérant à leurs prières, je viens à parler desdictz potaiges.

Et premièrement, du grueu ou avenat [1] pour lequel faire convient avoir de l'espeaulte ou aveine mondé, nette et bien lavée, et icelle faire cuyre longuement, à part, au just [2] des pouletz ou du mouton qui soit bien gras. Et quant sera forment cuyt, en prendras dedans une escuelle une partie, et y adjousteras trois roux d'oeufz [3], et dissolviras tout la dedens ensemble du saffran, et puis les remettras dedens le pot, et l'inspargiras [4] d'espices, et présenteras à table.

Et de ce grueu icy les Bretons en usent plus que aultres gens et non tant seullement ainssi qu'est dit, mais forment à tous potaiges soit au just de la chair, ou des choux, ou d'aultres herbes, car ilz en mettent voulentiers en tous potaiges et le trouvent bon, agréable et plaisant à menger, nonobstant qu'il nuyse aulcunement, ainsi qu'il est dit dessus au chapitre de l'espeaulte ou aveine.

DU RYS EN QUELQUE JUST QUE SOIT.

Le rys apresteras et cuiras tout ainsi que avons dit du grueu ou avenat, excepté que aulcuns n'y veulent point mettre des oeufz. Ce soit à ta voulenté et plaisir d'y en mettre ou non. Se peut aussi le dict rys aprester en laict ou en amandres, comme verrons cy après.

---

(1) Gruau d'avoine. — (2) Jus. — (3) Jaunes d'œufs. — (4) Saupoudreras ; du latin, *inspargire*.

De la fromentée.

Se tu veulx aulcune fois menger et faire de la fromentée, premièrement feras cuyre en eaue ton dit froment, après le mettras dedens le just ou broet de chair grasse, ou, si aymes mieulx, en laict d'amandres. Et en ceste façon est potaige convenient en temps de jeusne, pource qu'il se resoluist tardement, c'est à dire est de tat de digestion [1] et nourrist beaucop. Semblablement se peut faire l'ordjat ou le potaige d'orge, et est plus louable, selon aulcuns, que n'est la dicte fromentée.

Du millet en potaige.

En eaue chaulde le millet bien lavé cuyras lentement et longuement, au just de la chair, à beau petit feu, et tourneras souventeffois ta potée avec quelque cuillier; et avise bien que ton pot soit loing de la flambe et fumée. Après y mettras du saffran pour luy donner couleur, et le présenteras puis à table. Aultres l'aprestent et le font cuyre en laict de chièvre ou de vache, comme verrons cy après au chapitre du rys cuyt au just d'amandres.

Potaige de pain gratusé.

Le pain gratusé lairras ung peu bouillir au just de chair; après que sera tiré du feu et refroidir, y adjousteras du fromaige gratusé, et mesleras tout ensemble dedans le pot. Aulcuns y mettent deux ou trois roux d'oeufz; et, si le veulx

---

(1) *De tat* de doit être une faute pour *de tarde*.

colorer et y mettre ung peu de saffran, en sera plus agréable et joyeulx.

POTAIGE APPELLÉ VERSUSE.

Aies quatre roux d'œufz bien frais, demye unce de cynamome, quatre unces de succre, du just d'orange quatre unces semblablement, deux unces d'eaue rose ; mesle tout ensemble avec quelque cuillier, et réduis tout en ung corps et le fais cuyre, ainsi qu'est dict dessus au chapitre du just safranné ou jaune. Et si veulx pareillement, y pourras adjouster ung peu de saffran pour donner couleur. Est viande merveilleusement saine, principalement en esté, et fort plaisante, nourrist bien et grandement, refraîche[1] le foye et reprimist la colère[2].

FÈVE FRESÉ EN POTAIGE.

Metz ta fève fresé[3], bien nettoyée et lavée, emprès le feu, et quant commencera à bouillir, exprimis[4] l'eaue et la metz hors du pot, et y en metz de rechef de fraiche par autant que surmonte quelque deux doyz, et y metz du sel à ton advis, et fais bouillir ta potée bien couverte loing de la flambe, pour cause de la fumée, et ce jusques ta dicte potée sera bien cuyte et redigée forment en paste. Après, la mettras au mortier et agiteras, et mesleras icelle très bien, et la réduyras en ung corps, puis, de rechief, la tourneras à son dict pot et le feras chauffer. Et quant vouldras faire tes platz

---

(1) Rafraîchit. — (2) Empêche. Le mot *colère* est vraisemblablement employé ici dans le sens latin du mot *cholera*, bile. — (3) C.-à-d. en purée. L'auteur du *Ménagier*, t. II, p. 138, indique également la manière de *fraser* les fèves. — (4) Exprime.

ou escuelles, confiras ta viande en ceste composte qui sen-suit. Et cuyras, premièrement, des oignons decoupez bien menu en huyle fervent[1] dedans ung pot, y mettras de la saulge, des figues ou des pommes, decoupées bien menu à petis loppins. Et ceste confection toute boulant et fer-vente infondiras[2], et mettras dedans tes platz ou escuelles où sont tes dictes fèves, et présenteras sur table; aulcuns y veulent par dessus inspargir des espices.

FÈVES FRITES.

Les fèves cuytes et resolues friras dedans la poille bien oincte de graisse ou d'uyle, ensemble des oignons, figues, saulge et aultres herbes odorantes, puis les mettras dessus quelque plat et inspargiras dessus, se tu veulx.

POIS AU LART.

Fais boillir une fois seulement les pois avec toute leur coque et silique[3]; puis ostez que soient de l'eau[4], fais frire ung peu de belles lesches et loppins de lart ne trop gras, ne trop maigre. Après, metz tes dictz pois ensemble et fais tout frire; finablement metz y peu de verjust avec du moust, vin cuyt, ou succre, et quelque peu de cynamome; et ainsi semblablement pourras faire des fasolz[5].

(1) Chaude. Du latin *fervens*, chaud, brûlant. — (2) Verseras. Du latin *infundire*. — (3) Du latin *siliqua*, qui veut dire gousse. On appelle encore aujourd'hui *silique* la cosse des plantes légumineuses; ce mot n'est ici qu'une superfétation du mot coque. — (4) Puis une fois retirés de l'eau. — (5) Espèce de haricot. Olivier de Serres, *Théâtre d'agriculture*, Paris, 1600, in-fol., p. 111, cite parmi les légumes les *fazeols*. On désigne encore vulgairement sous le nom de *fayol* (qui se prononce *fayo*) des haricots secs.

Potaige de chair.

Ayes de la chair maigre et fais la bouillir : puis découpe icelle menuement, et la fais cuyre, de rechief, en ung aultre pot, au just gras, par demye heure, avec de la miette du pain gratusé, ung peu de poivre et de saffran; après que sera ung peu refroidie, auras des oeufz batus, du formage gratusé, persil, marjoleine, mente, decouppez menuement, et ung peu de verjust, et mesleras tout ensemble, et puis le mettras dedans ton pot le remenant, tousjours doulcement avec ton cuillier. Semblablement, pourras faire des corées et polmons[1] des gelines ou aultres oyseaulx.

Potaiges de trippes.

Bien lavées tes trippes, et nettes, mettras cuyre emprès le feu dedans ung pot, ensemble quelque os de chair salée pour leur donner goust et saveur, et garde toy d'y mettre du sel. Quant seront cuytes, les mettras dehors et° les découperas à beaux petis lopins; et y adjousteras de la mente, saulge, et sel autant que sera nécessaire. Et, de rechief, les feras ensemble les dictes herbes boullir ung peu; et cuyte que soyent, et mises sur tes platz et escuelles, inspargiras par dessus bonnes espices : et aulcuns y mettent du formaige gratusé.

Potaige des trippes ou entrailles de la truyte.

Aulx entrailles et trippes de le truite bien lavées et demyes cuytez adjousteras ung peu de poivre, persil, mente

---

(1) Cœurs ? Quant aux polmons, ce sont les poumons; du latin *Pulmo*; les Italiens disent *Polmone* et les Provençaux *Polmo*.

et saulge découpés bien menu, et quant auras faict les platz ou escuelles, tu mettras par dessus des espices.

OEUFS DE TRUYTE A FAÇON DE POYS.

Les œufz de la truyte demy cuytz et ostez du pot deviseras[1] à petites pièces et menus loppins. Et, affin que le just appare trouble et espés, tu feras passer par le tamys ou estamine de la miette du pain blanc ensemble le dict just; ou si, par l'eure, povoyes finer du just propre des poys[2], en prendras ce que te semblera estre assez, puis ensemble ce just[3] feras de rechief cuyre tes dietz œufz de truyte avec des espices, saffran, percil, mente, bien découpés menu; et te semblera au goust que tu menges des poys.

(1) *Diviseras.* — (2) *Par l'eure, au moment même, c.-à-d. si tu pouvois avoir sous la main du jus propre des pois.* — (3) *Avec ce jus.*

TRAITÉ DE CUISINE ÉCRIT VERS 1300

TRAITÉ DE CUISINE ÉCRIT VERS 1300 [1]

Ez ci les enseingnemenz qui enseingnent à apareillier toutes manières de viandes. Premièrement de toutes manières de cars[2] e des savors[3] qui i apartiennent, comme de char de porc, de veel, de mouton, de beuf, e après d'autres chars mains[4] grossés, comme de chevreaus, d'aigneaus e de porceaus, e après de toutes manières d'oiseaus, comme chapons, gelines, oues, mallarz privez e sauvages, e après de

---

(1) Le petit traité de cuisine que nous reproduisons, d'après le manuscrit de la Bibliothèque Nationale, fonds latin, 7131, a déjà été publié, en 1865, par M. Douet d'Arcq, dans la *Bibliothèque de l'École des Chartes*. Voyez *Introduction*, p. III. C'est donc une seconde édition que nous en donnons. Ce traité, qui vient à la suite d'un traité de cuisine en latin intitulé *Liber de coquina* occupe les ff. 99 (v°) et 100 (r°) d'un ms. in-folio, sur vélin, écrit à deux colonnes. L'auteur paroit l'avoir composé avec un certain soin ; c'est ce qui nous a décidé à publier de nouveau ce document intéressant qui est, selon toute probabilité, le premier ouvrage de cuisine écrit en françois ; car la forme archaïque de son style (*savor*, *suor* pris dans le sens de sauce, *seignor* pour seigneur, *oves* pour œufs, *e* pour et, *cars* pour chairs, *sunt* pour sont) nous donneroit peut-être le droit de faire remonter l'époque de sa composition aux dernières années du XIII° siècle. Le copiste a, pour quelques recettes, écrit le titre en marge du manuscrit, mais il a négligé de le faire pour le plus grand nombre. Nous avons suppléé à cette omission, mais nous avons cru devoir placer entre crochets les titres ajoutés par nous. — (2) Chairs. — (3) Assaisonnements, sauces. — (4) Moins.

toutes manières d'oiseaus sauvages, comme grues, gantes, hairons, macrolles[1], collandes, noncelles[2], pluviers, perdriz, tuerteroles[3], gelines sauvages, plouviers; e toutes les savors qui i apartiennent. E après, de chivés, de poirés[4] de lièvres e de conins, e de touz chivez e broez[5], e les potages que l'on en puet fère. E après, de pessons de mer e d'ève douche, e toutes les savors qui istrent, fêtes en toutes guises

[CHAR DE PORC]

Char de porc, la loingne[6] en rost, en yver, e en estel as[7] aus vers; e qui en veut en chivei, si la depièche par morseaus, ce puis, cuisiez oingnons en saim[8], e broez[9] de poivre e d'autres espices, e pain ars[10], e deffaites en 1 mortier, puis destrempez de l'ève où le porc sera cuit, puis metez boillir, e metez sur les morseaus qui auront estei arochié[11], e du sel; e tous ceu metez en escuèles e du chivé desus.

Es autres membres de porc frès, en yver e en esté, à la savor verte, sanz aus, de poivre e de gingenbre e de perresil e de sauge destrempée de verjus ou de vin aigre ou de vin pur; e se eles sont salées, à la moustarde. Les IIII piez e les orilles e le groing, en souz[12], de perresil e d'espices detrempé de vin aigre. Le chaudin de porc, en bon rost, as aus ou au verjus. La haste menue, en brouet, par morseaus, ovec 1 poi d'ève en 1 paelle, e puis quant elle sera cuite, ostez l'ève e la gardez, puis prenez du foie e du pain e poivre e des espices, e bréez ensemble sanz bruler le pain, e destrempez de l'ève où ele sera cuite, puis atornez[13] tout en la manière que je vous ai dit, e prenez vin aigre e meté ovec, e pain brulé bien molu en 1 mortier.

---

(1) C'est la *macroule* et non la *macreuse*. La *macroule* est le nom vulgaire de la *foulque noire*, sorte d'échassier qui vit dans les marais. — (2) Nous n'avons pu trouver ce que sont ces deux oiseaux, les *collandes* et les *noncelles*. — (3) Tourterelles. — (4) Civets et purées. — (5) Brouets. — (6) Longe. — (7) Aux. — (8) Saindoux. — (9) Le mot *broez* est pris ici dans le sens de *broyez*. — (10) Pain grillé. — (11) Saupoudré. — (12) Voyez Soulz de pourcel, p. 20. — (13) Préparez.

[Por char de buef]

Char de buef fresche, as aus blans; la salée, à la moustarde. Les nomble[1] de buef, bien lardez, son bons en pasté.

[Por char de véel]

Char de véel, en rost; la loingne parbouillie en éve e puis lardée e rostie; e mengié as aus vers ou au poivre. E se vous en volez à la charpie, parbouilliez la en éve, e puis si la depechiez par morseaus en[2] pelle, e puis frissiez les morseaus en une paiole en saim ou en[2] lart, e puis metez des oves[3] batuz dessus, e puis poudrés desus de poivre. Si sera charpie. E se aucuns en veut en pasté, parboulliez la en éve, e puis lardez, e détrenchiez par morseaus, e les metez en pasté.

[Po]r char de mouton

Char de mouton fresche, en yver e en esté, doit estre cuite o[4] sauge e o ysope e o perresil, e mengié à la sause verte; la salée, à la moustarde. E qui en veut de rosti des costez, il la puet mengier à la devantdite savour.

Por chevreaus e aingneaus

Char de chevreaus e d'aingneaus est bonne en rost; mès avant les convient parboullir e puis larder menuement. E veut estre mengié o suor[5] de poivre aigret, cuit e destrempé de verjus ou de pomme sauvage, ou au poivre noir.

---

(1) Le *nomblet* est la partie du bœuf que l'on appelle aujourd'hui *onglet*, dans la boucherie de Paris. C'est un morceau de viande qui forme l'extrémité de la *hampe* ou membrane qui sépare le foie et la rate d'avec la panse et les intestins. Voyez *Ménag.*, t. II, pp. 130, 131. — (2) Écrit *la* dans le ms. — (3) Œufs. Le mot est fréquemment écrit *ous* dans le ms. — (4) Avec. — (5) Même mot que *savor*, assaisonnement, sauce.

[CHAR DE PORCELEZ]

Char de porcelez, en rost; mès avant les convient eschauder e oster la frusure¹, e cuire tout entier, e puis cuire oves, les moués² bien durs, e des chastelngnes cuites en feu, e du formage de mai par lesches, e des peres de Saint Ruille ou de Quaillouel³ cuites en la brèse; puis hagiez tout ensemble e poudrez de poudre de canèle, de poivre e de gingembre, e des autres espices, e sel; e metez en la toile⁴ du porcel, coucre⁵, e en depechiez entre les IIII membres. E cest mès doit estre mengiez à la farsse.

POR CHAPONS E GELINES

Char de chapons e de gelines est bone en rost, à la sause de vin en esté, en iver à la sause aillié fète d'aus e de canèle e de gingembre, destrempée de leit d'alemandes ou de brebiz. De rechief, cuisez gelines, e herbes frèdes e o sel. De rechief, chapons e gelines en brouet, fèt de canèle e de gingembre e d'autres espices, e metez ovec moués de ovs batuz, e puis depechiez la char par morseaus, e friez⁶ en saïn; mès avant bréez du pain e du safren, e des autres espices, e du foie, e

---

(1) Fressure. C'est le foie, le cœur et les poumons du porc. — (2) Jaunes d'œufs. — (3) La poire de Saint-Ruille nous paroît être la poire de Saint-Rigle que cite Olivier de Serres, Th. d'agr., éd. de 1600, p. 689. Nous la voyons figurer dans des Crieries de Paris par Guillaume de la Villeneuve (Bib. nat., mss., n° 837, fol. 246, r°). Le Grand d'Aussy mentionne également cette poire, éd. de 1815, t. I, pp. 274 et 276, et l'appelle tantôt Saint-Rigle, tantôt Saint-Rieul; d'après lui, cette espèce se cultivoit surtout dans l'Autunois. Rieule est le nom francisé de Regulus, évêque, et disciple de saint Jean l'Évangéliste et de saint Denis. Il existe encore en Bretagne, un petit hameau appelé Saint-Rieul dans le canton de Lamballe (Côtes-du-Nord). Quant à la poire de Quaillouel, ne seroit-ce pas la poire de Caluau, également citée par Olivier de Serres. D'autre part, le Jardinier françois fait figurer, dans une longue liste, les poires de Cailloüat de Champagne et de Cailloüat de Varennes. Ajoutons que le Dictionnaire d'Expilly mentionne un village de 341 habitants nommé Caillouel, en Picardie. — (4) Membrane graisseuse dont on fait usage, dans la boucherie et la charcuterie, et que l'on appelle toilette. — (5) Sucre. — (6) Frisez, c'est-à-dire faites revenir.

destrempez du boullon, e colez¹ parmi une toaille, e metez boullir, e les ovs batuz e le safren e les espices, destrempez de vin pur.

Por fère faus guernon

Se vos volez fère faus guernon, prenez les foes² e les ginsiers, puis hagiez³ menu ; bréez du pain, e destrempez du boullon, e metez boullir ; e après metez moues de ovs batuz, e safren destrempez de vin, e puis frisiez, e metez let⁴, e hagiez char en cresse⁵, e metez boullir e movez touz jors, e puis metez les oves e le safren. E drechiez en escudeles, e metez la poudre de canèle, de gingembre e de clous de girofle, par desus.

Por oues

Oces⁶ sunt bones, en esté, az aus, e, en yver, au poivre chaut ; e les salées, au potage ; e deivent⁷ estre mengiées à la moustarde.

[Mallarz privés et sauvages]

Mallarz e aves privées, au poivre chaut. Mallarz e aves sauvages sunt bones à la sausse de sauge e de perressil e de canèle e de gingembre, sanz poivre. De rechief⁸ mallarz salez, à la mostarde.

[Oiseaus sauvages]

Oiseaus sauvages, comme guernes, gantes, hérons, rostiz touz entiers, o tout les piez e o tout les testes. Macroles, colandes, noncelles, plouviers, en rost, au poivre chaut.

Perdris, tuertercls, gelines sauvages, pluvions, touz menuement lardez, en rost, à la sausse de canèle e de gingembre,

---

(1) *Coulez*, faites passer. — (2) Foies. — (3) Hachez. — (4) Lait. — (5) Graisse. — 6) Oies. — (7) Doivent. — (8) Écrit *de rechies* dans le ms.

sanz poivre, destrempée de vin. De rechief, perdriz, tuertereles, en pasté. Gelines sauvages, en setembre e otembre[1], au poivre aigre.

[Cignes et paons]

Touz cignes, paons : premièrement en traez le sanc par les testes touz jus, après si les fendez pardessus les dos jusques ès espaulles e les esfondéez[2], e puis si les metez en broche o touz les piez e o toutes les testes ; puis bréez safren e pain blanc destrempez de vin, e bréez moues de oves e safren, e en moulliez les oiseaus o une plume, e getez de la poudre desus, qui est ausi comme de toutes espices, fors de ciconant e de sormontaing[3]. E quant li cisne e li poon seront cuit e essuiez, si les envolepez en une toalle, e puis portez sus les tables einsi, e donez au seignor[4] du col e de la test e des èles et des cuisses, e du remenant ès autres.

[Connins et lièvres]

Touz connins e touz lièvres sont bons en pasté. Connins, en rost, au poivre chaut ou aigre, rostiz o tout les piez. Nul lièvre n'est bon en rost, fors en esté ; e si est bon en pasté, menuement lardé. Veneison fresche, au poivre chaut ; la salée, à la mostarde.

[Char de chevrel]

Char de chevrel, la loigne en rost ou en pasté, menuement lardé, au poivre chaut ou à la sausse aillée. En yver, fère d'aus e de canèle e de gingembre, destrempée de let d'alemandes, les alemandes destrempées d'ève tiède, e frite en sain ou en lart, e la sausse dedenz.

---

(1) Octobre. — (2) Videz. — (3) Nous n'avons pu trouver ce qu'est le *ciconant* ; quant au *sormontaing*, c'est le *Séséli Carvi*, plante ombellifère, dont les graines s'emploient encore aujourd'hui, en Amérique surtout, pour l'assaisonnement des aliments. On l'appelle aussi *sermontain* ou *sermontaise*. — (4) Seigneur.

Por blanc douchet

Se vos volez fère blanc douchet¹, prenez une geline e la metez cuire en ève, puis cuilliez la cresse, e prenez les blans de la geline e les bréez bien, puis prenez moues de oyes cuiz en feu, e metez boullir avec 1 poi d'amidon. Ausi le povez fère de luz ou de perchez ; si sara le poisson².

Por cominée de gelines

Se vos volez fère cominée de gelines, prenez les gelines e cuisiez en vin e en ève, e fètes boullir, e cuilliez la cresse³, e traez le gelines, e après prené moues de oyes, si les batez bien e deffaites du boullon, e i metez du comin, e metez tout ensemble. Si aurez vostre cominée.

[Blanc brouet de gelines]

Por fère blanc brouet de gelines, metez les gelines cuire en vin e en ève, e prenez alemandes, si les bréez e destrempez du boullon, puis cuisiez en 1 beau pot ; e coupez les gelines par morseaus, e les frisiez, puis metez tout ensemble dedans cel pot boullir ; puis prenez alemandes, e girofle, e canèle, e poivre lonc, e folion, e guaringal, e safren, e çucre, puis destrempez d'un poi de vin aigre, e metez ensemble. Si aurez bon brouet.

Por soutil brouet d'Engleterre

Se vos volez fère soutil brouet d'Engleterre, prenez gelines e cuisiez les fees⁴ ; puis prenez chasteingues, si en traiez les

---

(1) Cette recette a une certaine analogie avec le *blanc-mengier* et le *blanc brouet de chapon* de Taillevent, mais est, néanmoins, très différente. — (2) M. Douet d'Arcq explique ces mots par *quelque soit le poisson* ; cela pourroit aussi vouloir dire qu'on peut remplacer la poule par du brochet ou de la perche et que ce plat devient alors un plat maigre (pour jour de poisson). — (3) Dégraissez. — (4) Fotes.

noleas,[1] e brëez ensemble, puis destrempez de l'ève où les gelines seront cuites; e metez gingembre, safren e poivre lons, e desfaites de cel brouet, puis metez ensemble.

Por grané de menus oiseaus

Se vos volez fère grané de menus oiseaus, metez les oiseaus cuire en 1 pot tout assez, ovec charbonnées de lart[2], e metez vin en ève, e poivre, e gingembre, e tenez bien couvert que l'alaine ne s'en isse devant que tout soit cuit.

Por blanc mengier

Se vos volez faire blanc mengier, prenez les èles e les piez de gelines e metez cuire en ève, e prenez un pol de ris e le destrempez de cele ève, puis le fètes cuire à petit feu, e puis charpez la char bien menu eschevelée[3], e la metez cuire ovec un pol de chucre. Si aura non *laceiz*. E se vos volez, si metez cuire ris entier ovec l'ève de la geline ou ovec let d'alemandes; si ara nom *angoulée*[4].

Por cominée des poissons de mer et d'ève douche

Esturjon est 1 pesson réal, e doit estre depechiez par pièches, e puis les pièches mises en une broche, e tout l'autre autresi. E le cuit en ève se veut mengier au poivre chaut ou au perressil, e au fanoil e au vin aigre; le salé, à la moustarde[5].

Se vos volez fère comminée de pesson, prenez comin e alemandes, si les brez e destrempez d'ève clère, e colez, e metez dedenz le pesson.

---

(1) Le mot *noleas* pourroit bien vouloir désigner ici l'intérieur, la *noix* de la châtaigne, par opposition à son enveloppe. — (2) Avec du lard grillé. Le mot *charbonnée* s'emploie encore aujourd'hui et signifie *grillade de porc ou de bœuf*. — (3) Coupée en lanières très minces. — (4) Il semble que l'auteur qui donne ici une recette du *blanc-mengier* indique que ce plat change de nom et devient un *laceiz* ou une *angoulée* lorsqu'on y ajoute certaines choses. — (5) Recette mal placée ici par une erreur de l'auteur. Voir note 1, page 128.

[Sarraginée]

Se vos volez fère sarraginde¹, prenez anguilles, si les escorchiez e puis si les depechiez par morsans, e les salez, e frisiez ensemble; puis prenez pain e cuero, e bréez tout ensemble et destrempez de vin e de verjus, e metez tout bouillir aveqqes les anguilles, puis prenez canele, e espie², e girofle, e tout ce bréez ensemble, e le destrempez d'un poi de vin aigre, puis le metez ovec les anguilles, e couvrez bien, e traez arrière du feu.

Por let de Provence

Se vos volez fère let de Provence, prenez alemandes; si les bréez e destrempez de vin et d'ève, puis prenez perressil tout entier, e oignons par rocles³, e metez les anguilles ovec, e frisiez tout ensemble, puis prenez safren entier, e ève, e poivre lonc.

[Galentine a luis]

Se vos volez fère galentine à luis⁴, prenez poivre e canele e gingembre, e bréez tout ensemble, e destrempez de fort vin aigre, e cuisiez vostre pesson, e metez dedenz.

[Galentine a lamproie]

Se vos volez fère galentine à la lamprée⁵, prenez pain levei, e bréez, e le metez cuire ovec le sanc de la lamprée e bon vin blanc, e soient enleuvés en cel vin meismes, e i metez grant foison de poivre, e de sel assez soffisamment, puis prenez les lamproiez e metez sus une nape por refredier; e puis prenez du pain, si le bréez e destrempez de vin aigre. E quant vos aurez ce fet, si le colez parmi 1 saaz⁶, e puis ce metez en une paele

---

(1) C'est le *brouet sarrasinois* du *Ménag.*, t. II, p. 172 et le *brouet serrazines* du ms. de la Bibl. Mazar. — (2) C'est le *spic* ou *lavande*. — (3) Par tranches. — (4) Brochet. — (5) Lamproie. — (6) Tamis.

clére, e fètes boullir e le mouvez tousjors que il n'aurse¹, puis le metez refredier e le movez bien, e puis prenez vos poudres de gingembre, de canèle e de girofle fètes si, metez si par avenant sus vos lamproes, e cuillés, e metez vos bariz².

Gelée de poisson

Se vos volez fère gelée de pesson, esquerdez³ le pesson e depechiez par pièches, c'est assavoir carpes e tenches, brèsmes e tourbez, e metez cuire en vin pur e fort, puis prenez canèle, gingembre, poivre lonc, garingal, espic, e 1 poi de safren, puis bréez e metez tout ensemble; e quant vous l'osterez du feu, si en traez le pesson par escuèles e versabiz sus; e se vos véez qu'il soiet trop espès, si le colez, e lessiez refredier jusques au matin, e lors si le prenez autressi comme gelée.

Blanc mengier en caresme

Se vos volez fère blanc mengier en caresme, prenez ris e le cuisiez en ève, e le purez quant il sera cuit, e adentez⁴ le pot e le séchiez bien; puis le bréez, destrempez de let d'alemandes, e movez touz jors, e puis dréchiez en escuèles, e poudrez des espices desus, e de clous de girofle, ou des alemandes frites.

[Flaons en caresme]

Se vos volez fère flaons en caresme, prenez anguilles; si en ostez les arestes quant il seront cuites, puis si les bréez bien en 1 mortier, e metez 1 poi de gingembre e 1 poi de safren e de vin. E de ce poez fère⁵ flaons ou tartes ou⁶.....

---

(1) Afin qu'il ne brûle pas. On trouvera ce mot écrit aussi n'aerde, n'arde. — (2) Le texte de cette recette nous paroît corrompu; telle qu'elle est, elle n'est pas compréhensible. — (3) Écaillez. — (4) Retournez le pot, mettez-le sens dessus dessous. — (5) Et de ce pouvez faire. — (6) La phrase est inachevée dans le ms.

[Pastés norreis]

Por fére pastez norreis, prenez menuise¹ de luiz ou d'autre posson, e ce boulliez, puis tailliez par morseaus comme dez, e i metez gingembre e canéle, e destrempez d'un poi de vin, puis en fétes vos pastez. E les fétes petiz, e frisiez en uile.

[Autre pasté de caresme]

Se vos volez fére pastez qui aient savor de formage, ou flaons en caresme, prenez les leitenches de carpes ou de luiz, e pain, puis bréez tout ensemble, e destrempez de let d'alémandes. E se vos volez qu'il set trop blanc, si i metez 1 poi de safren. E de ce povez fére vos pastez e flaons en caresme ; si auront savor de fromage.

Ici enseigne des pessons e autres viandes

Congre frés est bon à la verte sausse, féte de sauge e de perressil e de poivre e de gingembre, destrempée de vin aigre ou de verjus².

[Saumon frés]

Saumon frés, au poivre chaut ; le salé, à la moustarde, en yver et en esté.

[Luiz]

Luiz à la sausse verte ; luiz à la galentine, luiz au bescuit : premièrement rosti, e puis en moult ou en sidre paré en une paele, e fet boullir, e prenez poudres de toutes manières d'espices e du pain destrempez du bescuit qui est en la paele, e puis metez en escuéles le pesson dedenz.

[Perches, anguilles]

Perches, à la sausse de vin. Anguilles, en pastez. *Item*, anguilles salées, cuites en éve, à la moustarde. Tout pesson d'éve douce

---

(1) Fretin. — (2) Voyez note 5, p. 122 et note 1, p. 123.

qui est cuit en ève est bon à la verte sausse; allés[1], à la moustarde.

[BRESME]

Por bresmes cuites en ève, au poivre aigre, de poivre, de canèle, e de gingembre, destrempée de verjus. E si metez ovec la char d'un pesson au fer de la paele par morseaus.

[LOCHES ET CHAVELOZ]

Loches e chaveloz[2], à la sausse verte, cuites; e frites, à la moustarde.

[HANONS, RAIE, ETC.]

Hanons, au cyvé, ou cuiz en ève, au poivre e au gingembre.
Raie, chien de mer, brochet, brotèle, as aus blans.
Quies[3], à la moustarde.
Espellens, au poivre aigre fet de gingembre e de canèle.

[BARS D'ÈVE DOUCE]

Bars d'ève douce, rostiz sur le greeil, un poi de feurre[4] desouz que il n'aerdent au greil, au verjus. E se il est cuit en ève, à la sausse verte soit mengiez.

[MAQUEREAUS FRÈS]

Maquereaus frès sont bons en pasté, poudrez d'un poi de poivre e d'un poi de poudre d'espices e de sel. *Item*, maquereaus frès, rostis, sont bons à la sausse cameline, sanz aus, de canèle e de

---

(1) Pour *hallés*, c.-à-d. grillés. — (2) Chabots ou meuniers. — (3) Nous ne trouvons ce poisson, non plus que le précédent, ni dans Belon, ni dans Rondelet. Peut-être ce mot a-t-il été mal écrit et s'agit-il des *Ables* qui, dans la recette de Taillevent, se doivent manger à la moutarde? Ou bien devons-nous croire qu'il désigne l'anchois nommé *Halecula* en latin? — (4) Paille.

gingembre, destrempée de vin aigre. Ceus qui sont cuiz en ève, mengiéz à la savor fête de poivre e de canèle e de gingembre. Les salez, à la moustarde où à la sausse de vin.

[Morue fresche]

Morue fresche doit estre cuite en ève bien salée, e se veut mengier à la blance aillié d'aus e d'alemandes destrempées de vinaigre, e frite en uile. La salée, à la moustarde.

[Plaiz, flondres]

Plaiz, flondres, cuite en ève, à la sausse de vin. *Item* plaiz, flondres, à la galentine, de sauge, e de perressil, e de canèle, e de gingembre e d'autres espices, destrempée de vin aigre.

[Mellens frès]

Mellens [1] frès, as aus de pain e deffaiz de verjus de grain; les salez, à la moustarde.

[Gornars]

Gornars [2], cuiz en ève, à la sausse cameline, destrempée de vin aigre. *Item* gornars, au poivre chaut.

[Harens]

Harens frès e poudrés à l'ail. Harens de gernemus, au verjus ou à la moustarde. Harens frès, cuiz en ève, au poivre chaut.

[Seiches]

Seiches blanches, à l'aillié de vin aigre. *Item* seiches en chivè d'oignons assez frites en uile, as alemandes, colées au poivre, tout ensemble.

---

(1) Merlans. — (2) C'est le même poisson que le *gournault* ou *gornault*. Voyez note, p. 28.

[Civé d'oistres]

Oistres en civé, cuites en ève avant, e oignons, au poivre e au safren, e à l'aillié alemandes. Oistres bis, au sel, e au pain bien levé.

Metez esturion e ceu qui ensuyt après congre. C'est droiz[1].

Quiconques veut servir en bon ostel, il doit avoir tout ce qui est en cest roulle escrit en son cuer, ou en escrit sus soi ; e qui ne l'a, il ne peut bien servir au grei de son mestre.

Ci fenist le traitié de faire, d'apareillier touz boires, comme vin, claré, mouré[2] *e toz autres, e d'apareillier e d'assavoureir toutes viandes, soronc*[3] *divers usages de divers pais.*

---

(1) L'auteur nous indique ici que la recette de l'esturgeon (p. 122), doit être placée après celle du congre (p. 125), et, en effet, cette recette n'a aucun rapport avec la cominée de poisson à laquelle elle se trouve mêlée. — (2) On appelle encore en Normandie *mouret* le fruit de l'airelle. Ces *mourets* ou *maurets* sont des baies d'un pourpre noirâtre dont on retire une eau-de-vie ; elles servent à préparer des confitures et à faire un sirop rafraîchissant. — (3) Selon.

PIÈCES JUSTIFICATIVES

PIÈCES JUSTIFICATIVES

PIÈCE N° 1

Mandement de Philippe de Valois au bailly de Rouen de payer a Guillaume Tirel son queu 228 livres 4 deniers et maille parisis a lui dus a cause de sa femme. — Roye-lès-Sainte-Geme, 12 may 1346.

Philippe, par la grâce de Dieu, Rois de France, au bailli de Rouen ou a son lieutenant, salut. Comme nous soiens tenus a Guillaume Tirel, nostre keu, en la somme de deux cens vint huit livres quatre deniers et maille parisis, laquele somme qui li appartient a cause de sa femme, fille de Jehanne, suer de feu Jaque Bronart, jadis sergent d'armes, estoit deue a yceli feu Jaque de nostre temps et du temps d'aucuns nos predecesseurs (que Dieu absoille), si comme par plusieurs escroes ou cedules vérifiées en la chambre de nos comptes, l'en dit apparoir et nous aiens autrefois mandé la dicte somme estre paiée, dont riens n'a esté fait ou préjudice de nostre dit keu qui a longuement poursui la dicte paie, si comme il dit, nous, a sa supplication, te mandons et commandons que sanz autre mandement attendre de nous, tu, veues les dictes escroes ou cedules, li paies la dicte somme ou a son certain mandement [sur les] amendes ou fourfaitures escheues ou a escheoir en ton bailliage, sur quoi nous li assignons et voulons estre paiée icel[le somme] de grâce especial par ces presentes, non contrestant ordenances, deffenses et mandemens quelconques contraires; mandons a nos amez et féaux gens de nos comptes et tresoriers a Paris qu'il n'empesche icelles assignation et paie, mais les facent tenir et accomplir et a nos dictes gens des comptes que la dite somme ainsi paiée il t'alouent en tes comptes et rabatent de ta recepte en rapportant les dictes escroes ou cedules et quittances avec les presentes. Donné a Roye lez S^{te}. Geme, le xij^e jour de may, l'an de grâce mil ccc quarante et six, souz nostre seel secret.

Pour le roy tenant ses comptes,
J. Marueil

Par le Roy,
J. Verrière   R. de Salg

Bibl. Nation., mss. français, 25698 (*Chartes royales, t. 2*), n° 140.

Pièce n° 2

Ordre itératif du même prince de payer Guillaume Tirel. — Compiègne, 24 octobre 1346.

Philippe, par la grâce de Dieu Roys de France. Au bailli de Roan ou a son lieutenant salut. Comme par noz autres lettres nous eussiens mandé a toy et a tous les vicontes de ton bailliage que a personne quelconque tu, ne les diz vicontes, paissiez aucuns deniers de la Recepte de ton bailliage, mais yceuls apportissiez a nostre tresor a Paris et pour ce as reffusé et reffuses paier certainz deniers deuz a nostre *** queu Guillaume Tirel a cause de sa femme par plusieurs cedules lesqueles tu as par devers toy avec nostre mandement : Nous te mandons que, tout ce qu'il t'apperra nous estre tenu par les dictes cedules, tu paies sanz delay a nostre dit queu nonobstant noz dictes lettres ne autre defence faite a toy ou a tes vicontes. Et tout ce que tu li aras paié, nous mandons a noz amez et féaulz genz de nos comptes a Paris que il l'alloent en tes comptes et rabatent de ta recepte sanz nul contredit. Car ainsi le voulons-nous estre fait de grace especiale. Donné a Compiengne, le xxiiij° jour d'octobre, l'an de grace mil ccc quarante six, souz nostre seel du secret.

Par le roy present l'aumosnier
VERRIÈRE

Bibl. Nation., Cab. des titres, *Pièces originales*, 2820, au mot *Thirel*, n° 2.

PIÈCE N° 3

LES TRÉSORIERS DU ROI MANDENT A G. BONNE ENSEIGNE DE PAYER A JEHANNE LA BOARDE (BELLE-MÈRE DE TAILLEVENT) 72 LIVRES 16 SOUS 9 DENIERS DUS A SON FRÈRE. — PARIS, 4 JUIN 1337.[1]

Les Tresoriers le roy nostre sire a Paris. A Guillaume Bonne Ensengne commissaire deputé a lever et exploiter plusieurs debtes deues au dit seigneur salut. Nous avons receu les lettres du Roy nostre sire par lesqueles nous est mandé que tout ce que par lettres, cedules ou escroes visiées en la chambre des comptes nous apperra estre deu a Jaques Boart jadis sergent d'armes, nous paions ou assignons a Jehanne la boarde, suer et hoir pour le tout du dit feu Jaques si comme plus a plein est contenu ou dit mandement a nous envoié sur ce: si vous mandons que la somme de lxxij livres xvj solz ix deniers oboles parisis fort quil vous apparra par une cedule ou escroe visiée en la

---

(1) Cette pièce, datée de 1337, auroit dû être placée la première ; nous ne nous sommes aperçus de notre erreur que lorsque l'Introduction étoit déjà tirée ; nous avons donc dû la maintenir à cette place qui n'est pas la sienne afin de ne pas produire de confusion, en raison des renvois aux pièces justificatives qui se trouvent dans l'Introduction.

aa i

chambre des comptes et advaluée au tresor estre deue audit Jaques pour la cause contenue en la dite cedule ou escroe, vous paiez et delivrez a la dite Jehanne ou a son certain mandement des deniers que receu avez ou recevrez des debtes deues au roy nostre sire d'iceluy temps ou du temps d'aucun de ses predecesseurs jadis roys à vous commis a lever et exploiter, ou vous li en faites tele et pour bonne assignation que bonement en soit paiée, pourveu toutefoiz que la dite somme appartiegne a la dite Jehanne seule et pour le tout, en retenant par devers vous le mandement dessus dit, ladite cedule ou escroe et lettre de quittance a ce necessaire de ce que paié ou assigné li aurez avec ces presentes par lesquesles a nous raportant ce que einssi paié ou assigné li aurez, vous sera alloué en vos comptes et rabatu de vostre recepte. Donné a Paris, le IIIJ° jour de juing, l'an de grace mil ccc trente sept.

Bibl. Nation., mss. français, *Quittances et Pièces diverses*, 25996, n° 138.

Pièce n° 4

Philippe de Valois permet a G. Tirel et a sa femme Jehanne de fonder une chapelle dotée de 24 livres de rente sur leur maison dite Larchière a S. Germain en Laye et lui donne l'amortissement de cette chapelle. — S. Léger en Iveline, octobre 1349.

Philippe par la grâce de Dieu roys de France, savoir faisons a tous presens et a venir que nous, de grace especial et de nostre plain povoir et auctorité royal, avons octroié et octroyons a nostre amé queu de bouche Guillaume Tirel autrement dit Taillevant et a Jehanne sa fame, qu'il puissent fonder toutes fois qu'il leur plaira pour le salut de leurs âmes et des leurs une chappelle, et la douer de vint et quatre livres par. de rente perpetuelle sanz fié et sanz justice a penre, les chascun an, par le chappellain de la chappelle dessus dite, sur une leur maison et les appartenances d'icelle appellée Larchière assise en la ville de S. Germain en Laye et que les chappellains qui tendront ladite chappelle ne soient tenus ni contrains de faire a nous ne a autres finance quelle que elle soit, ne ladite rente mettre hors de leurs mains : laquelle finance, nous, en ampliant nostre presente grâce avons donné et donnons ausdiz mariés pour les bons et agreables services que nous a fait ou temps passé ledit Guillaume et espérons qu'il nous face ou temps a venir. Nous avons fait mettre nostre grant seel en ces presentes sauf nostre droit ès autres choses et l'autrui en toutes. Fait et donné à S. Ligier en Yveline, l'an de grâce M. ccc xl et nuef, ou moys d'octobre.

Trés. des Chartes, reg. 78, n° 56.

PIÈCE N° 5

GUILLAUME TIREL, ESCUYER DE L'HOSTEL DU DAUPHIN DE VIENNOIS REÇOIT 15 LIVRES PARISIS SUR SES GAGES DESSERVIS ET A DESSERVIR. — SANS LIEU, 12 AOUST 1355.

Sachent tous que Je, Guillaume Tirel dit Taillevent, escuyer de l'ostel de Mons. le Dalphin de Viennois ay eu et receu de Gilles Daniel et Nicole Le Couete, thresoriers generaulz de cest present subside de gens d'armes, sus les gages desservis et a desservir de moy dessus dit Guillaume receu a monstre par les mareschalx a ce deputez sous le gouvernement de mon dit seigneur le Dalphin, le xxvj° jour de juillet derrenier passé, c'est assavoir quinze livres parisis, compté ens, pour les drois du conestable de Normandie dix solz parisis que les dis thresoriers ont receu par devers eulz, de laquele somme de quinze livres parisis je me tien pour bien paié et en quite mon dit Seigneur le Dalphin, les dis thresoriers et tous autres a qui il peut appartenir. Donné sous mon seel, le xij° jour d'aoust, l'an de grâce mil ccc cinquante cinq.

Bibl. Nation., Pièces originales, 2829, au mot *Thirel,* n° 4.

PIÈCE N° 6

GUILLAUME TIREL, QUEU DU DAUPHIN, REÇOIT 90 LIVRES TOURNOIS OU 50 ÉCUS D'OR A 36 SOUS A LUI DONNÉS PAR CE PRINCE — SANS LIEU, 19 AOUST 1355. — SCEAU A UNE TÊTE D'HOMME PORTANT SA BARBE LONGUE.

Sachent touz presens et a venir que Je, Guillaume Tirel *alias* Taillevent, queu de Mons. le Dalphin de Viennois, confesse avoir eu et receu de Gilles Daniel et Nicole Le Couete, thresoriers generaulx du subside des gens d'armes accordé audit Mons. le Dalphin pour cause de ses guerres, par la main de Estienne Dutois, receveur du dit subside en la viconté du Pont de l'Arche, la somme de quatre vins dix livres tournois, c'est assavoir en cinquante escus d'or du coing de Johan, trente sis soulz tournois pour piece, lesquiex cinquante escus d'or le dit Mons. le Dalphin m'avoit donnez a prendre sur le dit subside, si comme il appert par lettres du don sur ce faites, desquiex escus et somme d'argent, a value comme dit est, je me tien pour bien paié et en quite le dit Mons. le Dalphin, les dis thresoriers, le dit Estienne et touz ceuz a qui quitance en peut et doit appartenir. Donné sous mon seel, le merquedi xix° jour d'aoust, l'an de grace mil ccc cinquante et cinq.

Bibl. Nation., Cab. des titres, *Pièces originales*, 2829, au mot *Thirel*, n° 5.

PIÈCE N° 7

MANDEMENT DU DAUPHIN AU Vte DU PONT DE L'ARCHE DE PAYER A TAILLEVENT SON QUEU 50 FLORINS D'OR A L'ESCU POUR UN CHEVAL QU'IL LUI A VENDU. — VAL DE RUEL (VAUDREUIL), 19 SEPTEMBRE 1355.

Charles, ainsné filz et lieutenant du Roy de France, Dauphin de Viennois et Conte de Poitiers. Au viconte du Pont de l'Arche salut. Nous vous mandons que, des deniers de vostre recepte ordenaire ou extraordinaire, baillez et delivrez ou faites bailler et delivrer a nostre amé queu Taillevent cinquante florins d'or a l'escus ou la valeur, pour un cheval que nous avons eu de luy, duquel nous avons fait nostre volenté laquelle somme d'escus ou la valeur sera allée en vox comptes et rabatu de vostre recepte par nos bien amez les gens des comptes de nostre dit seigneur a Paris, sanz nul contredit, non obstant ordenances mandemens ou deffenses contraires. Donné au Val de Ruel, le xixe jour de septembre, l'an de grace mil ccc cinquante et cinq.

Par mons. le Dauphin.
SAVVOT(?)

Bibl. Nation., mss. français, 25701 (*Chartes royales*, t. 3) n° 6.

PIÈCE N° 8

GUILLAUME TAILLEVENT, ÉCUYER, REÇOIT 8 LIVRES 10 SOUS POUR SES GAGES DESSERVIS EN CES PRESENTES GUERRES. — HESDIN, 17 NOVEMBRE 1355.[1] — SCEAU PORTANT UN LIÈVRE COURANT ET TROIS ROSES.

Sachent tuit que Je, Guillaume Taillevant, escuier, ay eu et receu de Jehan Chauvel, tresorier des guerres du Roy nostre sire, en prest sur les gaiges de moi seul, desserviz et a desservir en ces presentes guerres sous le gouvernement de Mons. le Dalphin de Viennois huit livres dix solz tournois, compté ens

---

(1) Nous avons remarqué, dans l'Introduction, la différence des armes du sceau de cette pièce avec celles d'autres pièces et celles du tombeau. Nous sommes encore frappés, en la relisant, de ce titre d'écuyer pur et simple et de la profession nettement militaire de Guillaume Taillevent tandis que, lorsque Tirel est qualifié d'écuyer, c'est toujours d'écuyer de l'hôtel du Dauphin ou d'écuyer de cuisine. Nous nous demandons donc si cette pièce est bien sûrement relative à notre Guillaume Tirel. Mais la pièce n° 5, qui le concerne bien certainement, et qui est de la même année 1355, nous fait voir Taillevent reçu à montre par les maréchaux et, par conséquent, servant bien militairement; nous croyons donc devoir maintenir la pièce n° 8 comme s'appliquant à lui.

pour droiture vingt sols tournois, desquelles viij l. x s. t. je me tiegne pour bien paiez. Donné a Hesdin, soubz mon seel, le xvij° jour de novembre, l'an mil cccc cinq.

Bibl. Nation., msy. français, Coll. Clairambault, recueil 103, p. 8151, n° 8.

PIÈCE N° 9

MANDEMENT DES GENS DES COMPTES AU Vte DE ROUEN DE PAYER A GUILLAUME TIREL DIT TAILLEVENT LA SOMME CONTENUE EN LA CÉDULE ATTACHÉE A CELLE-CI. — PARIS, 8 JANVIER 1368 (1369, n. st.)

De par les gens des comptes, Viconte de Rouen, le Roy nous a mandé expressement qu'il luy plaise que Guillaume Tirel dit Taillevent, queu d'icelluy seigneur, soit paiez de la somme d'argent contenue en la cedule atachée a ceste cedule soubs un de nos signés[1] a lui deue pour la cause dont en icelle cedule est faicte mencion. Si vous mandons que icelle somme vous lui paiez par tele maniere qu'il n'ait cause de plus retourner pour ce par devers nostre dit seigneur ou par devers nous supposé que par necessité vous deussiez retrencier sur les autres a qui il est aucune chose deu sur vostre recepte pour le temps passé. Escript a Paris, le viij° jour de janvier, l'an mil cccc lx viij.

Bibl. nation., Cab. des titres, Pièces originales, 2820, au mot Thirel, n° 6.

PIÈCE N° 10

GUILLAUME TIREL, QUEU ET SERGENT D'ARMES DU ROI, REÇOIT DU Vte DE ROUEN, 54 LIVRES 18 SOUS TOURNOIS A LUI DUS POUR LES GAGES QU'IL PREND A VIE SUR CETTE VICOMTÉ. — SANS LIEU, 19 FÉVRIER 1368 (1369 n. st.)

Guillaume Tirel dit Taillevent, queu et sergent d'armes du Roy nostre sire, confesse avoir eu et receu de honnorable

---

(1) Sous l'empreinte de l'anneau de l'un des gens de comptes.

homme et saige Symon de Baigneux, viconte de Rouen, cinquante quatre livres dix huit souls tournois qui deuz lui estoient pour le demourant des gaiges qu'il prent a vie sur la viconté de Rouen pour tout le temps que le dit viconte a esté viconte de Rouen, laquelle debte il avoit baillé a court en la fin de son compte du terme de la Saint Michiel derreniere passé desquelx cinquante quatre livres dix huit souls tournois le dit Guillaume se tint a bien paié et en quitte a tousjours le dit viconte et tous autres..... Fait l'an mil ccc lx viij, le lundi xix° jour de février.

Bibl. Nation., Cab. des titres, *Pièces originales*, 2829, au mot *Thirel*, n° 7.

Pièce n° 11

LE ROI MANDE A GUILLAUME TAILLEVENT DE REMETTRE A JEHAN GENCIEN 67 FRANCS ET DEMI QU'IL A PROMIS DE PRÊTER AU ROI POUR PAYER TROIS GENS D'ARMES. — VINCENNES, 21 NOVEMBRE 1370.

Au bois de Vinciennes lez Paris,
21 novembre 1370. VII.

De par le roy.

Guillaume Taillevent, Nous vous mandons que, veues ces presentes, vous, la somme de soixante sept franz et demi pour trois paies de gens d'armes, que acordé nous avez prester pour six sepmaines, pour enforcier nostre connestable, afin qu'il puist miex et plus poissanment combatre noz ennemis, vous apportez ou envoiez par devers Jehan Gencien, bourgois de Paris, ordené et comis a ce recevoir, lequel vous bailera sur ce cedule ou escroe...

Par le roy
H. D'AUNOY

Mandements de Charles V, Delisle, p. 372, n° 729.

Pièce nº 12

GUILLAUME TAILLEVENT, QUEU DU ROI, REÇOIT 67 FRANCS ET DEMI D'OR, PAR LUI PRÊTÉS AU ROI. — SANS LIEU, JUIN 1371. — SCEAU PORTANT TROIS MARMITES ET SIX ROSES.

Sachent tous que Je, Guillaume Taillevent, queu du roy nostre sire, confesse avoir eu et receu de honnerable homme et sage Nicolas Tricart, receveur des aides ordennés pour la guerre es terres et pais que tient en douaire en Normendie Madame la Royne Blanche, la somme de soixante sept francs demi d'or qui m'estoient deus pour certain prest fait a nostre dit seigneur pour la paie de trois hommes d'armes. Si comme par mandement de nostre dit seigneur et lettre de recongnoissance de Jehan Genclen commis a recevoir les dis empruns, puet plus a plain apparoir; de laquelle somme de lxvij frans et demi pour les mois de février, mars, avril et may derreniers passés je me tiens a bien paiez et en ay quitté et quitte le roy nostre dit seigneur, le dit receveur et tous autres. Tesmoing mon seel mis a ceste quittance, le xij^e jour de juing, l'an mil ccc lx et onze.

Bibl. Nation., Cab. des titres, *Pièces originales*, 2829, au mot *Thirel*, nº 8.

Pièce nº 13

GUILLAUME TIREL, PREMIER QUEU DU ROY, REÇOIT DU Vte DE ROUEN 55 LIVRES 3 SOUS TOURNOIS POUR SES GAGES A RAISON DE 6 SOUS PAR JOUR. — SANS LIEU, 24 JANVIER 1367 (1368, n. st.) — MÊME SCEAU QUE SUR LA PIÈCE Nº 12.

Sachent touz que Je, Guillaume Tirel dit Taillevent, premier queu du Roy nostre sire, confesse avoir eu et receu de honorable homme et sage Symon de Baigneux, viconte de Rouen, la somme de cinquante cinq livres trois solz tournois qui deubz m'estoient pour cause de mes gaiges de vj s. t. par jour, que je pren par an sur la dite viconté, pour le terme de la saint Michiel ccclxxvij derreniere passé de laquelle somme de lvj l. iij. s. t. dessus dits je me tien pour bien paié et en quitte le Roy nostre sire, le dit viconte et tous aultres a qui quittance en peut et doit appartenir. Donné souz mon propre seel, le xxiiij° jour de janvier, l'an de grâce mil ccc lxx vij.

Bibl. Nation., Cab. des titres, *Pièces originales*, 2829, au mot *Thirel*, n° 9.

Pièce n° 14

Guillaume Tirel reçoit du même Vte 56 livres 8 sous pour ses gages. — Sans lieu, 12 juillet 1381.

Sachent tous que Je, Guillaume Tirel dit Taillevent, congnois avoir eu et receu de honorable homme et sage Symon de Baigneux, viconte de Rouen, la somme de chinquante six livres huit sous tournois qui deus m'estoient du terme de la saint Michiel derreniere passée pour cause de mes gaiges de vj s. t. par jour que j'ay acoustumé prendre sur la dite viconté de laquelle somme de lvj l. viij s. dessus dicte je me tien pour bien paié et en quitte le Roy nostre sire, le dit viconte et tous autres. Donné sous mon propre seel, le xij jour de juillet, l'an mil ccc iiij^{xx} et un.

Bibl. Nation., mss. français. *Quittances et pièces diverses*, 26018, n° 251.

Pièce n° 15

Guillaume Tirel dit Taillevent reçoit 8 francs pour la vente de onze barils de vins françois de festuz pour la dépense de l'hôtel du roi. — Sans lieu, 26 novembre 1388.

Saichent tous que Je, Guillaume Tirel dit Taillevent, premier escuyer de cuisine du roy nostre sire, confesse avoir eu et receu de Jehan Laubigois, maistre des garnisons de vins du Roy nostre dit seigneur, la somme de huit francs pour la vente de onze barils de vins françois de festuz[1] qui font ij muis xij setiers à la grange françoise, traiz a barils en mon hostel ou mois de Juing derrenier passé, pour la despense de l'ostel du Roy ; de laquelle somme de huit francs je me tien pour bien paié et en quitte le dit maistre des garnisons et tous aultres. En tesmoing de ce, j'ai seellé ceste quittance de mon seel. Donné le xxvj^e jour de novembre, l'an mil ccc iiij^{xx} et huit.

Bibl. Nation., Collection Clairambault, recueil 106, page 8279, n° 103.

Pièce n° 16

GUILLAUME TIREL DIT TAILLEVENT REÇOIT 54 LIVRES 12 SOUS POUR SES GAGES. — SANS LIEU, LE DERNIER JOUR DE FÉVRIER 1388 (1389, n. st.) — MÊME SCEAU QUE SUR LES PIÈCES N° 12 ET 13.

Sachent tuit que Je, Guillaume Tirel dit Taillevent, confesse avoir eu et receu de honnorable homme et sage Richart de Cormeilles, viconte de Rouen, la somme de cinquante quatre livres douze souls tournois qui me furent comptez es comptes du dit viconte du terme de St Michiel derrenier passé et qui deuz m'estoient pour mes gaiges du terme de Pasques derrenier passé : de laquelle somme de liiij l. xij s. t. dessus diz je me tieng a bien paié et en quitte le Roy nostre dit seigneur, le dit viconte et tous autres. En tesmoing de ce, j'ay seellé ceste quittance de mon propre seel, l'an de grace mil ccc iiij^{xx} et huit, le derrenier jour de février.

Bibl. Nation., Cab. des titres, Pièces originales, 2,829, au mot Thirel, n° 10.

---

(1) Le vin de festuz (de *festuca*, paille) dont il est ici question pourroit être le vin *paillet* que mentionne Le Grand d'Aussy, éd. de 1815, t. III, p. 67. D'après cet auteur, c'etoit une sorte de vin clairet qui n'étoit ni rouge ni blanc. « Il y en avoit de plusieurs nuances, écrit-il, gris, *paillet*, œil de perdrix, etc., etc. » Littré dit que *vin paillet* est synonyme de *vin de paille*. On appelle ainsi un vin fait avec du raisin muri sur la paille et ayant, de cette façon, perdu toute acidité. Nonnius, *De re cibaria*, liv. IV, p. 471, éd. de 1646, rapporte, d'après Pline et Varron, que les Romains nommoient *passum* le vin doux qu'ils faisoient avec le raisin de certaines vignes séché au soleil. Virgile fait également mention du *passum* dans les *Géorgiques*; mais le peu d'élévation du prix nous fait douter qu'il s'agisse ici de cette espèce de vin.

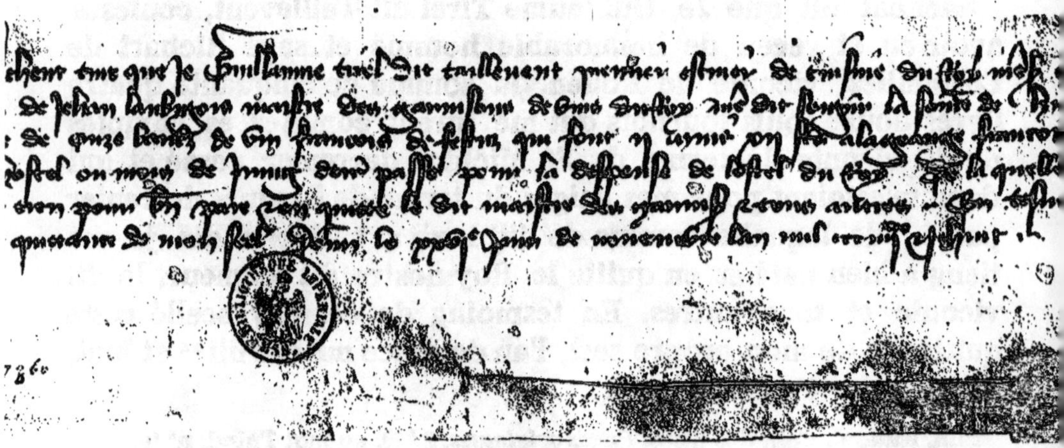

Sachent tuit que je Guillaume tuit dit tailleuent marchea[n]t [es]toier de ci[mi]tiere du chatel[et]... [illegible medieval French charter text, largely faded]

7360

... que je Guillaume tirel dit tailleuent premier escuier de cuisine du Roy nostre sire confesse
... auoir eu et receu de maistre Jehan chauuelons de Guy Bruslé nostre sire pour... la somme de ...
... liures de vin francoys de festu qui sont a cause... a la ...
... mors de Jennet... sa despence de lostel du Roy... la quelle somme...
... en tesmoing...
... de nich...? Jehan de... jour de nouembre lan mil ccc iiij xx et...

PIÈCE N° 17

LISTE DES OFFICIERS DE L'HOTEL DU ROY A QUI IL A ÉTÉ DISTRIBUÉ DES COUTEAUX PAR L'ORDRE DE GUILLAUME TIREL DIT TAILLEVENT, MAISTRE DES GARNISONS DE LA CUISINE DU ROY. — SANS LIEU, 20 JUILLET 1392. — MÊME SCEAU QUE SUR LES PIÈCES N° 12, 13 ET 16.

Ce sont les noms des officiers de l'ostel le roy ausquelz ont esté delivrés les cousteaulz de la livrée d'icellui seigneur pour le terme de Pasques mil ccc iiii^{xx} et douze, faiz par Thomas d'Orgerel, coustelier, demourant à Paris, et delivrés aux diz officiers par l'ordonnance et commandement de Guillaume Tirel dit Taillevent, maistre des garnisons de la cuisine du roy nostre dit seigneur.

Premièrement
MAISTRES D'OSTEL

Mons. le grant Maistre,
Monseigneur de Chevreuse,
Monseigneur de Novion,
Mess. Philippe des Essars,
Mess. Arnoul de Pisieux,
Mess. Guillaume de Gaillonnel,
Mess. Philippe d'Aunoy,
Mess. Jehan Braque,
Messire Taupin de Chantemelle,
Messire Gauvain de Dreux,
Messire Robert de Boissay,
Mess. Gilles Malet,
Mons. le Borgne de la Queue.
Somme : xiij paires.

LE MAISTRE DE LA CHAMBRE AUX DENIERS
LE CONTREROULEUR
Somme : ij paires.

ESCUIERS DE CUISINE

Taillevent,
Oudin de Champdivers,
Jehan de la Neufville,
Phelipot de Biauviller,
Henriet de Jaigny,
Didier Boisselin,
Canivet,
Pierre Braque,
Colin Boulart,
Geuffroy Valy.
Somme : x paires.

QUEUX

Maugart, premier,
Regnaut le Conte,
Jehan du Train,
Jehan de la Ramet,
Jehan Levesque,
Colin Lespicier.
Somme : vi paires.

CLERCS DE CUISINE
Jehan du Mès,
Jehan Marle,
Tronchay.
    Somme : iij paires.

AIDEURS
Aubon,
Homard.
    Somme : ij paires.

HATTEURS
Jehan Gautier,
Maistre Estienne,
Regnaut de la Ramet,
Jaquemart,
Jehan Petit.
    Somme : v paires.

POTAGIERS
Herbelot,
Jehan Jart,
Rayneval,
Thevenin de Poissy,
La Vielle.
    Somme : v paires.

SOUFLEURS
Jehan de la Pó,
Nichaise de Laigny,
Thomas de Senliz,
Jehan Le Riche,
Guillot Prevost,
Thevenin Billart.
    Somme : vi paires.

ENFANS DE CUISINE
Thevenin Emoinne,
Le petit tané,
Symonnet,
Jehanin Aubon,
Guillemin Petit.
    Somme : v paires.

HUISSIERS DE CUISINE
Haunaufe,
Visible.
    Somme : ij coustiaux.

LE CLERC DE LA CHAMBRE AUX DENIERS
et
LE CLERC DU CONTREROULEUR
ij paires.

Somme toute des coustiaux cy dessus escrips, lxi paire[s] qui costent, par marchié fait au dessus dit Thomas d'Orgerel, quatre vins seize livres parisis.

Je, Guillaume Tirel dit Taillevent, maistre des garnisons de cuisine du roy, certifie a tous que par l'ordonnance des maistres d'ostel du dit seigneur j'ay baillé et fait bailler les dessus diz lxi paire[s] de costeaux aux personnes cy dessus nommées, par la forme et manière que il est acostumé de faire chascun an et ce certefy-je estre vray : tesmoing mon seel mis à ce roule, le xxe jour de juillet, l'an mil trois cens quatre vins et douze.

Bibl. Nation., mss. franç., *Collect. Clairambault*, recueil 217, n° 56.

SUR LES MAITRES D'HOTEL DE CHARLES VI

Il est à remarquer qu'en général tous les officiers attachés à la personne de Charles V et de Charles VI (*ces marmousets* comme dit Froissart — quels marmousets que Jehan de Bueil, Clisson, Le Bègue de Vilaines et tous ces héros, compagnons de du Guesclin !) étoient de vaillants et renommés capitaines ou des administrateurs distingués. On va voir avec quels hommes éminents Taillevent se trouvoit en rapport.

Le Grand Maître ici nommé est le célèbre et malheureux JEHAN DE MONTAIGU, exécuté à Paris, en 1409, fondateur des Célestins de Marcoucies.

Mgr DE CHEVREUSE est Pierre de Chevreuse qui étoit, en 1362 et 1368, trésorier des aides pour la délivrance du roi Jehan. En 1377, il fut désigné pour aller avec Bureau de La Rivière et autres recevoir l'Empereur à Pont-à-Mousson, mais il revint avant l'arrivée de ce Prince. Il étoit, en 1381, au nombre des ambassadeurs devant lesquels le duc de Bretagne jura la paix de Guérande. En 1390, à l'époque (1388-92) où Charles VI se montra, par sa bonne et sage administration, le digne fils de son père, il fut chargé avec Ferry Cassinel, archevêque de Reims, puis avec le maréchal de Sancerre, d'administrer le Languedoc ruiné par le duc de Berry. Il mourut le 22 décembre 1393 ; sa postérité s'éteignit en la personne de Colart de Chevreuse, son arrière petit-fils. Voy. l'*Apparition de Jehan de Meun*, par Honoré Bonet, 1845, in-4, p. 80.

Mgr DE NOVION ou plutôt DE NOUVION est JEHAN LE MERCIER, d'origine écossoise, vrai ministre des finances de Charles V. En 1392, cédant sa place de grand maître de l'hôtel du roi à Montaigu, il étoit devenu conseiller maître d'hôtel et général visiteur sur le fait de la dépense du Roi. Cette même année, quand Charles VI eut perdu la raison, il fut emprisonné par ordre des oncles du roi et relâché seulement en 1393. Voir sur lui une histoire piquante et une très bonne note de M. Duplès-Agier dans les *Registres du Chastelet*, 1864, in-8, t. II, p. 119.

PHILIPPE DES ESSARS qui avoit servi vaillamment sous le règne de Charles V, dès 1367, en 1378 sous Bureau de La Rivière, en 1382 sous le maréchal de Sancerre, étoit maître d'hôtel du Roi depuis le mois de juillet 1380. Il est qualifié de chevalier d'honneur du roi dans l'ordonnance de l'hôtel de janvier 1386 (1387, n. st.)

Nous ne trouvons rien sur ARNOUL DE PISIEUX.

GUILLAUME DE GAILLONEL étoit, comme d'autres personnes de sa famille, très avant dans la faveur de la cour. En 1377, il reçut conjointement avec Adenet de Gaillonel, fils d'Adam de Gaillonél et *enfant servant d'escuelle* devant le Roi, 200 francs d'or pour les aider à *se monter* pour la guerre.

En 1383, le 18 août, le Roi étant à Péronne lui confioit une importante mission auprès du comte de Flandres et des villes révoltées contre lui (Bruges, Ypres, L'Escluse, Audenarde et Courtrai). Il étoit associé, pour cette mission, à Henri Le Mazier, aussi maître d'hôtel du roi, cité dans les notes sur le *Ménagier de Paris*. Ils reçurent 200 fr. d'or le

18 août de cette année. Le 17 août 1387, le Roi, étant à l'abbaye de Bonport, lui donna 500 fr. d'or pour ses bons services.

Il mourut le 21 février 1399 (1400, n. st.) et fut enterré dans le chœur de l'église Saint-Jacques de la Boucherie, à Paris. Il étoit qualifié, dans son épitaphe, de maître d'hôtel du roi et de chambellan de feu Mgr le duc d'Orléans (c'est Philippe, oncle de Charles V, et non le frère de Charles VI, Louis qui ne mourut qu'en 1407). Il était aussi chambellan du duc de Berry. Son sceau porte un sautoir.

Philippe d'Aunoy dit le Gallois, fils de Philippe d'Aunoy et d'Agnès de Montmorency, se distingua à la bataille de Poitiers. Il étoit déjà maître d'hôtel du duc de Normandie en 1361, et de Charles VI, en 1388 (et en 1392). Il mourut vers cette époque. Le duc de Bourgogne, Philippe Le Hardi, lui donna, en 1386, un fermail d'or représentant un chérubin garni d'un rubis balais, de trois saphirs et de neuf perles (*Froissart* de M. de Lettenhove).

On voit un Jehan Braque, maître d'hôtel du duc d'Anjou en 1370. Il obtint, en 1388, des lettres de rémission pour avoir frappé de son épée un sergent du roi nommé Colin Doulxami. Est-ce le même, et est-ce aussi lui qu'Eustache Deschamps, dans son *Miroir de mariage*, mentionne comme faisant partie de quarante chevaliers faits prisonniers par les Anglois, en 1358, à la prise de la bastille des Tournelles près Moret ?

On voit, au cabinet des titres, plusieurs pièces relatives à Jean dit Taupin de Chantemesle, seigneur de Laconsit. Il fut capitaine du château de Gisors, de 1362 à 1399. En 1364, il servoit sous son parent, Thibault de Chantemesle. En 1391, il avoit été envoyé en Angleterre par le roi, avec le sire de Blaru, *pour certaine grosse besongne* et avoit reçu pour cette mission 400 fr. d'or. Il étoit de retour le 20 décembre (*Cabinet des titres*).

On voit, en 1405, un Taupin de Chantemesle, écuyer, et en 1407, *Taulpinet* de Chantemesle, peut-être le même, qui étoient certainement de la famille de notre *Taupin*.

ESTIENNE DE DREUX dit GAUVAIN, d'une branche de la maison royale de France issue de Louis Le Gros, seigneur de Baussart et de Senonches, vicomte et capitaine de Dreux, étoit déjà maître d'hôtel du Roi, en 1386. Il donna son aveu de Senonches à Marie d'Espagne, duchesse d'Alençon, en 1350 et vécut fort longtemps après cette date.

ROBERT DE BOISSAY, chevalier, fit sa montre (ou revue), ayant 20 écuyers sous ses ordres, à Montereau-faut-Yonne, le 22 août 1388, devant Taupin de Chantemesle commis par le roi à la recevoir. Il est cité dans les notes de M. le baron de Lettenhove sur Froissart, t. XVI, p. 303, comme ayant été envoyé par Charles VI en Angleterre après Taupin de Chantemesle (ce pourroit être une autre mission que celle de 1391, car alors Taupin étoit accompagné de Guillaume de Cantiers et Jehan de Sains et non du sire de Blaru) pour réclamer contre la non-publication des trêves en Guyenne.

GILLES MALET est le bibliothécaire de Charles V que tous les bibliophiles connoissent. Il étoit seigneur de Soisy-sous-Étiolles.

LE BORGNE DE LA QUEUE nous paroit devoir être YON DE MAINTENON, probablement seigneur de la Queue près Houdan qui, en 1381, reçut l'aveu de Thomas de Braye, chevalier, seigneur de Villeconin pour la seigneurie du Marais. Il reçut du roi 200 fr. d'or, le 8 mars 1402 (1403 n. st.) et, en 1407, du sel pour les besoins de sa maison. Il avoit épousé Biette de Montaigu en premières noces. Antérieurement, et dès 1364, nous voyons JEHAN et non YON DE MAINTENON dit le Borgne de la Queue. Le 13 mai de cette année, il servoit, à Paris, sous le gouvernement du Prévôt (Hugues Aubriot) et reçut 112 fr. pour lui et les gens d'armes placés sous ses ordres. Peut-être, y a-t-il erreur dans le prénom et est-ce le même Borgne de la Queue que Yon et le nôtre? Jehan de Maintenon, dit cette fois le Borgne de Maintenon, est mentionné dans une montre de l'évêque de Châlons reçue à Dreux le 23 juin 1356. *(Pièces originales)*.

ADDITIONS ET CORRECTIONS

M. Arthur de la Villegille, à qui notre histoire est redevable de plusieurs très intéressantes publications, avoit projeté de donner une édition de Taillevent ; mais la mort l'a empêché de donner suite à cette intention.

Pendant l'impression de cet ouvrage, il a paru un *Inventaire des dessins* (2 vol. in-8) de la collection Gaignières, publié par M. Henri Bouchot.

Cet inventaire nous a révélé, dans le volume de *Portraits*, n° 30 (folios 114, 115, 116) de cette collection, l'existence de trois dessins *lavés* représentant Guillaume Tirel et ses deux femmes. Nous avons vu ces dessins ; ce ne sont que les figures de la pierre tombale auxquelles on a donné des attitudes de fantaisie. Nous remarquons seulement, dans le dessin représentant Isabeau le Chandelier, que le vêtement de cette dame est doublé d'une fourrure de vair qui semble exister aussi dans le chaperon dont sa tête est recouverte et peut-être même dans sa coiffure. Ces détails, n'étant plus visibles aujourd'hui sur la pierre tombale, n'ont pu être reproduits dans le dessin de Guerrier, mais on les voit dans la gravure que nous avons donnée du tombeau d'après Gaignières, à peu près aussi bien que dans le dessin lavé. Il nous semble que la coiffure d'Isabeau est singulière et que le dessinateur de Gaignières a pu la reproduire sans se rendre bien compte de ce qu'elle étoit réellement.

ADDITIONS ET CORRECTIONS

Page XLIV, note 1.

Au lieu de : *Paris, Jean Bonfons*, lire : *Paris, Vve Jean Bonfons*.

Page 74, 3e ligne.

Nous avons dit dans une note, en publiant le texte de l'édition du XVe siècle, la plus ancienne connue, que nous la reproduisions avec toutes ses fautes, typographiques ou autres. En révisant les épreuves, avant le tirage, le correcteur a cru devoir rétablir : « Pasté de *truyte* » au lieu de « Pasté de *trnyte* » qui se trouve dans l'original. Même observation pour la correction suivante.

Page 91, 18e ligne.

Au lieu de « aussitôt qu'il sera *temps* », l'original porte : « aussitôt qu'il sera *tcmps* ».

TABLE ALPHABÉTIQUE

DES MATIÈRES

TABLE ALPHABÉTIQUE

DES MATIÈRES

A

Abaisses, 77.
Abbeville, LIV, LVIII.
Ables, 27.
Additions de Pierre Gaudoul au Viandier, XL, XLIV, 103.
Adentez, expliqué, 124.
Affailiés, expl., 28.
Affectés, Affeitiés. V. Affailiés.
Affiner, expl., 7.
Agneaux. V. Aigneaus.
Aideurs, 144.
Aigneaus, 11, 48, 87, 115, 117.
Aillée à la moustarde, 47, 79
— rousse, 47, 79.

Aingneaux, Aingniaux. V. Aigneaus.
ALAIN (Pierre), XLI, LIV.
Alemandes. V. Amandes.
ALENÇON (Marie d'Espagne, duchesse d'), 148.
Almendes. V. Amandes.
Alose, 26 — fresche, 94 — (Pastés d'), 47, 74 — (Saulce à l'), 81 — Aultre saulce à l'), 81.
Alouettes (Grane d'), 46, 53.
Alouse. V. Alose.
Alouse cratonière, 30.

Amandes (Comminée d'), 6 — (Cretonnée d'), 47, 85 — (Irson d'), 46, 68.
AMELINE (Madame), femme de Robert de Meudon, XVI
AMONDEVILLE (Henri de), III.
Angoulée, 122. V. Ris.
Angoulême, XLI, LIV.
Anguille, 52, 54, 65, 76, 94, 123, 124 — (Brouet vergay d'), 20, — (Chaudumé à), 46 — fresche, 48 — à la galantine, 46, 60 — (Pastés d'), 47, 74, 125 — (Soringue d'), 46, 56.
ANSELME (Le Père), XXVII.
Appareillié, expl., 29.
Arbaleste de poisson, 46, 59.
Arceure. V. Arseure.
ARMAGNAC (Bernard d'), V.

PARDIAC, VII — (Connétable d'), VII.
Arseure (Pour oster l'), 3, 37, 47, 83.
Arsonner, expl., 12.
Asés, expl., 24.
Atornez, expl., 116.
AUBON, 144 — (Jehanin), 144.
AUBRIOT (Hugues), 149.
Audenarde, 146.
Aulx blancs, 33, 48, 95 — camelins, 33, 48, 95 — a herans frais, 33, 48, 95 — (Jance aux), 34 — vers, 33, 48.
AUNOY (H. d'), 139 — (Mess. Ph. d'), 143, 147.
Aveine mondée, 106.
Avengt, 106.
Aves privées, 119.

B

Baciner. V. Bassiner.
Bagué. V. Baquée.
BAIGNEUX (Symon de), XXVI, XXVII, 139, 140, 141.
Baissaille, 27.
BALSABIN (Guill.), LXI.
Banquet de Mademoiselle de Châteaubrun, 96 — de M^r d'Étampes, 100 — de Mr de Foix, 99 — de Mr du Maine, 96 — de Mr de la Marche, 99 — de Mademoiselle de Villequier, 97.
Banquets (Menus de), VI, VII, XLIII, 96.
Baquée, expl., 26.
Bar, 26 — d'ève douce, 126.
Barbillons, 26, 48, 94.
Barbues, 30.
BARON (M.), XIV.
Bassiner, expl., 11.
BECKFORD, LXII.

Bedtes. V. *Betes*.
Bègue de Vilaines (Le), 145.
Bergues S. Winock (Vicomtes de), VII.
Berry (Duc de), 145, 147 — (Inventaire du duc de), IV.
Bertrand (M. Alexandre), XIV.
Bessac (Olivier de), X.
Besthet (Civel de), 21.
Betes, 32, 41.
Beurre frais frit, 46, 69.
Biauviller (Phelipot de), 143.
Bibliographie des manuscrits et des imprimés du Viandier, III, XLVII.
Bibliographie gastronomique, LXVII.
Billart (Thevenin), 143.
Billeté (Fromage), 74, 75.
Blanc brouet d'Alemaigne, 45, 49 — de chappons, 47, 48, 86 — de gelines, 121.
Blanc douchet, 121.
Blanc mengier, 94, 122 — en caresme, 124 — de chapon, 8, 25 — de poisson, 45, 48, 49.
Blanche (La Reine), XXVI, 140.
Blaru (Sire de), 148.
Boarde (Jehanne la). V. Bonarde.
Boart (Jaque). V. Bonard, Bronart.

Boetius, LVIII.
Bœuf (Bouillateures de), 84 — (Char de), 115, 117, — (Nombles de), 90 — (Pastés de), 46, 71 — (Potée de langues de), 46, 66 — (Tourneaux de), 40 — (Trumel de), 40.
Boissay (Mess. Robert de), 143, 148.
Boisselin (Didier), 143.
Bois Sire Amé (Le), VI.
Bois sur la Mer (Le), VI, 96.
Bonard (Jeanne), première femme de Guill. Tirel, X, XII, XIII. V. Bonarde.
Bonarde (Jehane la), XVIII, XIX, XX, 133.
Bonet (Honoré), 145.
Bonfons (Vve Jean), XLIV.
Bonne Enseigne (Guill.), 133.
Borgne de la Queue (Le), 149. V. Maintenon.
Bouillateures de grosse char, 3, 47, 84.
Boulart (Colin), 143.
Bouler, boulier. V. *Bourbier*.
Boully lardé, 4, 47, 84 — à connin, 46, 55 — à poulaille, 46, 55.
Bourbier de sanglier, 11, 48, 87.
Bourdillon, LXIII.
Bourgogne (Philippe le Hardi, duc de), XXXVIII, 147.

dd i

Bousac de chapons, 47 — de connins, 8, 47 — de lièvre, XLII, 8, 46, 47, 59, 86.

Boutonner, expl., 12.

Boutures. V. *Bouillateures*.

BRAQUE (Mess. Jehan), 143, 147 — (Pierre), 143.

BRAYE (Thomas de), 149.

Bresme, 26, 48, 94, 126 — (Pasté de), 30, 47, 74 — en potaige, 26 — rostie sur le gril, 26.

BRETAGNE (Artus II, duc de), VII — (François de), VII — (Richard de), VII.

Brete, 39.

BRIE (Jean de), XXXVI.

Brochets, 48, 49, 50, 51, 52, 54, 60, 70, 81, 94, 126 — (Chaudumel au bescuit de), 21 — (Eaue benoiste sur), 67 — à la galantine, 46, 60 — rosti, 48 — rostis au chaudumé, 25, 93 — (Testes de), 67 — (Tripes de), 59.

Brochiez. V. *Brochets*.

Broez, 116. V. *Brouet*.

BRONART (Jacques), IX, X, 131, 133.

Brotèle, 126.

Brouet d'Alemaigne, 8, 45, 49 — de cailles, 46, 62 — de canelle, 6 — de canelle à chair, 45, 50 — blanc de chapons, 7, 45, 48, 86 — d'Engleterre, 9, 121 — blanc de gelines, 121 — georget, 6, 45, 50 — houssé à poulaille, à veau, 46, 53 — d'œufs et de fromage, 23 — à poisson, 52 — blanc de poulaille, 48 — rappé, 10, 55 — rappé à poulaille, à veau, 46, 55 — rousset, 7 — sarrasinois, 21, 123 — serrazines, 21, 123 — blanc de veau, 48 — de verjus, 9 — vergay, 9 — vergay d'anguilles, 20 — — vert d'œufs et de fromage, 23 — (Grain de) vert à poisson, 46 — vert à poulaille, 46, 52 — vert à veau, 46, 52.

Bruges, 146.

Brugnes, expl., 42.

Bruller, expl., 12.

BRUNET, cité, LVI, LXV, LXVII.

Buef. V. *Bœuf*.

BUEIL (Jehan de), 145.

BUFFAUT (Pierre), V, XXXVI, XLIII, L, 34.

BUNOUT (Mme), XIV.

Buretelée, expl., 42.

Butor, 14 — rosti, 48, 88.

C

Cailles (Brouet de), 46, 62.
Caillouat de Champagne, 118 — de Varennes, 118. V. *Quaillouel*.
Caillouel, 118.
Caluau, 118. V. *Quaillouel*.
Cameline, 32, 48, 77, 95.
CAMUS (Jehanin le), VIII.
Canars de rivière rostis, 88. V. *Malars*.
Canelle (Brouet de), 6.
Canes saulvages (Pastés de), 46, 72.
Canivet, 143.
CANTIERS (Guill. de), 148.
Caringal. V. *Garingal*.
Carpes, 26, 48, 50, 51, 52, 60, 94 — (Tripes de), 59.
Cars (chairs), 115.
CASSINEL (Ferry), archevêque de Reims, 145.
Cerf frays, 84 — (Pastés de), 46, 73 — salez, 37.
Ceucre, expl., 118.
CHAILLIAU (Pierre de), XXV.
Chalvaigne (Chaussée de), XI.
CHAMPDIVERS (Oudin de), 143.
CHANDELIER (Guillaume le), XXI, XXII — (Ysabeau le), seconde femme de Guillaume Tirel, XII, XIII, XVIII, 150 — (Procès relatif à la succession d'Ysabeau le), XXI. V. TIRELLE (La) et TAILLEVANDE (La).
CHANTEMESLE (Taupin de), 143, 147, 148 — (Taulpinet de), 148 — (Thibaut de), 148.
Chapelet fait au Bois sur la mer, 96. V. *Banquet*.
CHAPER (M.), LVIII.
Chapons, 115, 118 — (Blanc brouet de) 7, 45, 47, 48, 86 — (Blanc-menger de), 8, 25 — (Bousac de), 47 — (Coulis de), 46, 69 — (Eaue rose d'un), 24 — aux herbes, 4, 47, 84 — (Houdons de), 8, 86 — (Pastés de), 46, 71, 72 — (Pastés de halebrens de), 46, 71 — rostis, 11.
Char (Bouture de grosse), 3.
Charbonnées de lart, 122.
CHARLES IV le Bel, VIII.
CHARLES V, VIII, et *passim*.
CHARLES VI, VIII et *passim*.
CHARLES VII, VI, XL.
Chartres, LVIII.
CHASTELAIN (Georges), VII
CHATEAUBRUN (Mademoiselle de), VI, XLI, 96.
Chaudeau flament, 24, 48, 94.
Chaudin. V. *Chaudun*.

Chaudumé, 47, 54, 81 — à anguille et brochet, 46 — au bescuit de brochiez et de lusiaux, 21 — (Brochez rostis au), 93.
Chaudumel. V. *Chaudumé*.
Chaudun de porc, 4, 47, 85, 116.
CHAUSSARD (Barnabé), LXVI.
CHAUVEL (Jehan), XXIII, 137.
CHAUVIN (André), XLI, LIV.
Chaveloz (Chabots), 126.
Chevreau sauvaige, 4, 47, 84, 120 — en pasté, 4, 120. V. *Chevreul*.
Chevreaus, 11, 48, 115, 117 — en pasté, 72 — rostis, 87.
Chevrel. V. *Chevreaus*.
Chevreul aux souppes, 46 — (Venoison de), 56. V. *Chevreau sauvaige*.
CHEVREUSE (Colart de), 145. — (Mgr de), 143, 145.
Chevriaux (chevennes), 27.
Chevriaux sauvaiges. V. *Chevreau sauvaige*.
Chien de mer, 28, 126.
Chirurgie (Traité de), III.
Ciconant, non expl., 120.
Cignes, 12, 120 — (Entremès de), 19 — rosti, 88.
Cigognes, 13 — rosties 48, 88.
Cine. V. *Cignes*.
Civé, *civel*. V. *Civet*.

Civet, 86, 116 — d'Almengne, 23 — de besthet (beschet), 21 — de connins, 10, 47, 87 — (Hanons au), 126, — de lièvre, 10, 46, 47, 53, 87 — de menus oisiaux, 7 — d'œufs pochés en huille, 22 — d'oistres, 22, 48, 93, 128 — de veau, 38 — de veau roussy, 84.
Claré, XLI, 48, 98.
CLAUDIN (M.), LVIII.
Clerc (Le) de la chambre aux deniers, 144 — du contrerouleur, 144.
Clercs de cuisine, 143.
CLISSON, 145.
CŒUR (Jacques), VI.
Colère, expl., 108.
Collandes, 116, 119.
Cominé. V. *Comminée*.
Commencement de poisson, 93.
Comminée d'almendes, 6 — de gelines, 121 — de poisson de mer et d'ève douche, 20, 122 — de poulaille, 5.
Compiègne, X, 132.
Conflans, XXV.
Congordes, 47, 83.
Congre, 28, 128 — frès, 125 — (Pastés de), 47, 74.
Conis. V. *Connins*.
Connins (Boully lardé à), 46, 55 — (Brouet de), 8 — (Civé de), 10, 47, 87 — (Bousac de)

8, 47 — jeunes, comment cuits, 73 — (Pastés de) 46, 73, 120 — en rost, 11, 120 — (Saupiquet sur), 47, 80 — (Semée à), 46 — vieulx, comment cuits, 73.
CONTANT D'Orville, VIII.
CONTE (Regnaut le), 143.
Contrerouleur (Le), 143.
Corées, 110.
Cormarans. V. *Cormorans*.
CORMEILLES (Richart de), XXIX, 142.
Cormorans, 14 — rostis, 48, 88.
COSTE (M.), LXVI.
COSTE (Thomas), VIII.
COUETE (Nicole le), XXIII, 135, 136.
Couleis. V. *Coulis*.
Coulis, 70 — de chapon, 46, 69 — pour malades, 46, 69 — de perche, 25, 48, 94 — de poisson, 46, 69 — d'un poulet, 24.
Couller, expl., 6.
Coulons ramiers (Pastés de), 46, 72.
Courtrai, 136.

COUSINOT (Guill.), VI.
Crappois, 39.
Cresme fricte, 46, 62. — (Darioles de), 47, 77. — (Estoille de), 47, 75.
Cresson (Porée de), 32.
Cretonnée d'amandes, 47, 85 — d'Espaigne, 46, 51 — de fèves nouvelles, 5, 45, 47, 51, 85 — de pois nouveaux, XLII, 5, 45, 47, 51, 85 — à poisson, 46, 52 — de poulaille, 47, 85.
Cuisine (Clercs de), 144 — (Le grand cuisinier de toute), XLIV — (Escuiers de), XXXVIII, 143 — (Huissiers de), 144 — (Mestres de la), XXXVII — (Traité de) écrit vers 1300, III, XLIV, 115.
Cuisinier (Le Grand) de toute cuisine, XLIV, et *passim*.
Cuysine (Livre de) tres utile, LXVII — (Livre fort excellent de), LXVII.
Cyvé. V. *Civet*.

D

Dalles (darnes), 29.
DANIEL (Gilles), XXIII, 135, 136.
Darioles de cresme, 47, 77.
Dars, 48, 94.

DAUBRÉE (M.), LV, LVI.
Daulphins, 47, 75.
DELISLE (M. Léopold), XXVI.
DESCHAMPS (Eustache), 147.

Désert (Le), ix.
Dessaler tous potaiges (Pour), 3, 83.
Doctrine des Princes (La), liv.
Dodine, 13 — de lait, 48, 79 — rouge, 14 — de verjus, 80.
Dorée verde, 17.
Dorées (Pour faire les), 17.
Douet d'Arcq (M.), iii, 115, 121.
Doulxami (Colin), 147.
Dreux (Estienne de), dit Gauvain, 143, 148.
Dreux, 149.
Drexel (M. Theod.), lxiii.
Drois de poulaille (Menus), 56, 57.
Duplès-Agier (M.), 146.
Dupré (Jehan), liv.
Duquesnoy, lxii.
Dutois (Estienne), 136.

E

Eaue benoite, 46 — sur brochet, 67 — rose d'un chapon ou poulle, 24 — (Paires d'), 16.
Écrevisses. V. *Escrevisses*.
Écuyers de cuisine, xxxviii, 143.
Emoinne (Thévenin), 144.
Emplez, expl., 17.
Enfants de cuisine, viii, 144.
Enhastés, expl., 12.
Entremés (Chapitre d'), 14 — de cigne, 19.
Epices (Menues), 59 — (Poudre d'), 26 — du Viandier, 34, 96.
Epitaphe de Taillevent, xviii.
Escharder, expl., 29.
Eschevelée, expl., 122.
Escluse (L'), 146.
Escrevisses, 28 — de mer, 32 — (Grane d'), 46, 53.
Esfondéez, expl., 120.
Esleu, expl., 15.
Espagne (Marie d'), duchesse d'Alençon, 148.
Espaillés. V. *Espouilliés*.
Espaule de mouton, 63 — farcie, 46.
Espaulte, 106.
Espellens, 126.
Espic, expl., 123.
Espingiés, expl., 31.
Espinoches (épinards), 41.
Espouillié, expl., 15.
Espreignez, expl., 41.
Esquerdez, expl., 124.
Essars (Mess. Philippe des), 143, 146.

Essarts (Pierre des), VIII.
Essue, expl., 14.
Estienne (Maistre), 144.
Esturjon, 30, 122, 128.
Esturgon de chair, 65 — à poisson et à chair, 46.

Estoille de cresme fricte, 47, 75.
Étampes (Comte d'), VII, 100 — (Comté d'), VII.
Eustache (Jean), XXXIII.
Évreux (Jeanne d'), reine de France, VIII, IX, XXX, XXXI.

F

Fac simile de l'édition du Viandier de la Bibl. de Grenoble, LIX — de l'édition la plus ancienne connue, LIII — de la fig. sur bois de l'édition du Viandier de 1545, LXVIII.
Fagot, XXXVII.
Faisans, 13 — armés, 46, 65 — rostis, 48, 88.
Fais belons, 47, 75.
Farce (Pour faire la), 16.
Fasolz, 109.
Faulx-grenon, 46, 48, 56, 89, 119.
Faus Guernon. V. Faulx-Grenon.
Fayenne, 46, 66.
Fees, expl., 119.
Fervent, expl., 109.
Feurre, expl., 126.
Fèves nouvelles (Cretonnée de), 5, 45, 47, 51, 85 — fraisées, 47, 82 — fresées en potaige, 108 — frites, 109.
Flais, 29.

Flandre (Comte de), 146.
Flaons, 48, 93 — en caresme, 31, 124 — (Aultre manière de), 31.
Fleurs de lys, 47, 75.
Flondres, 127.
Flons. V. Flaons.
Foix (Comte de), VI, VII, XLI, 99.
Formentée. V. Fromentée.
Frache. V. Fraise.
Fraise de poisson, 46, 67 — de veau, 10, 48, 87.
France (Madeleine de), VI.
Fraze. V. Fraise.
Fremiant, expl., 16.
Fressure, 118.
Frioler, expl., 6.
Friquassée, 46, 70.
Frire, 4.
Fritel, 42.
Froide saulce à garder poisson de mer, 33, 95.

Froide sauge, 20, 46, 48, 57, 92. V. *Froide saulce*.
FROISSART, XXXIII.
Fromage (Brouet d'œufs et de), 23 — de gain, 14.
Fromage de sanglier, 63 — de teste de sanglier, 46.
Fromentée, 15, 48, 90, 107.
Fruites, 30.
Frusure. V. *Fressure*.

G

GAIGNIÈRES (M. de), XII, XIII, XV, XVI, XIX, XX, 150.
GAILLONEL (Adam de), 146 — (Adenet de), 146 — (Guillaume de), 143, 146.
Gain (Fromage de), expl., 14.
Galanga. V. *Garingal*.
Galentine d'anguilles, 60 — de brochet, 60 — à lamproie, 123 — à luis, 123.
GALERNE, VIII.
Galimafrée, 46, 70.
Gantes, 13, 116, 119.
Garingal (galanga), 8.
GAUDOUL (Pierre), LXIV — Additions qu'il a faites au Viandier, XL, XLIV, 103.
GAUTIER (Jehan), 144.
Gavion (gosier), 16.
Gelée, 58 — (Cent platz de), 48, 92 — de char, 17, 46 — de poisson, 48, 89, 124 — de poisson qui porte lymon, 17, 91.
Gélines, 11, 115, 118 — (Blanc brouet de), 121 — (Cominée de), 121 — sauvages, 116, 119, 120.
GENCIEN (Jehan), XXVI, 139, 140.
Georget (Brouet), 6, 45, 50.
GÉRARD (Pierre), LIV.
Gibelet d'oiseaulx de rivière, 46, 55.
GILLEVANT, XXIV. V. TAILLEVENT.
Ginsiers. V. *Jusiers*.
Gisors (Château de), 148.
GIRY (Petronille de), XI, XII — (Pierre de), XII — (Simon de), XII.
GODEFROY (D.), XXVII, XXVIII.
Gorgié (Brouet). V. *Georget*.
Gornars. V. *Gornault*.
Gornault, 28, 48, 94, 127 — (Pastés de), 47, 74.
GOSSELIN (M.), XV.
GOUJON (M. Abel), IX, X.
Gournaulx. V. *Gornault*.
Grain, expl., 4 — de brouet vert à poisson, 46.
Graine de paradis, 6 et *passim*.

Graingne. V. *Grane.*
Grainne. V. *Grane.*
Grane d'alouettes, 46, 53 — d'escrevisses, 46, 53 — de loche, 21 — de menus oiseaus, 47, 122 — de petis oiseaulx, 86 — de perche, 23 — de poisson, 45, 50.
Gratusiez, expl., 41.
Grave. V. *Grane.*
Grenoble, LVII, LVIII.
Grimodin, 28.
Groing de porc, 116.

Grosse char (Bouillateures de), 84.
Grues, 13, 116.
Gruen. V. *Gruiau.*
Gruiau d'orge, 25, 106.
GUÉGAN (M.), XVII.
Guemmual, 27.
Guérande, 145.
Guernes, 119.
GUERRIER (M. Ernest), XV, 150.
GUESCLIN (Du), XXVI, 145.
Guisiers. V. *Jusiers.*
Guisses (guisiers ?), 14.

H

Halebrans de chapons (Pastés de), 46, 71.
Hannemont. V. Hennemont.
Hanons, 32, 95 — au cyvé, 126.
Harens, 48 — frès, 127 — de gernemus, 127.
Haricoq brun, 46. V. *Hericoq.*
HARRISSE (M.), LXII.
Hastes de porc (Menues), 58.
Hatteurs (Hâteurs), 144.
HAUNAUFE, 144.
Haye-du-Puits (Journal de la recepte de la terre et baronnie de la), V, XLII, XLIV, LI.
HEMARD, 144.
Hennemont (Chapelle d'), XVI — (Château d'), XIV — (Notre Dame d'), XI — (Prieuré d'),
XI, XV, XVI, XX — Sainte-Marie d'), XXI.
HERBELOT, 144.
Hericoq de mouton, XLII, 4, 47, 62, 84.
Herison de mouton. V. *Hericoq* de mouton.
Haron. V. *Héron.*
Hayron. V. *Héron.*
Héron, 13, 116, 119 — rosti, 48, 83.
Hesdin, XXIII, 137.
HESTOMESNIL (Jean de), XXXVI.
Hétoudiaux, 11.
Hochepot de poulaille, 9.
HONGRIE (Le roi Ladislas de), VI.
Houdet. V. *Houdons.*
Houdons de chappons, 8, 86.
Huissiers de cuisine, 144.

ee i

I

Imprimés du Viandier (Bibliographie des), LII.
Infondir, expl., 109.
Inspargir, expl., 106.

Introduction, I.
Inventaire du duc de Berry, IV.
Irson d'amandes, 46, 68.

J

JAIGNY (Henriet de), 143.
Jambons au sucre, 101.
Jance, 47, 48, 78, 96 — aux aulx, 34 — de gingembre, 34 — au lait de vache, 34.
JANNOT (Denis), LXV.

JAQUEMART, 144.
JART (Jehan), 144.
JEAN (Le roi), XXV, XXXIII, XXXVIII.
Joyenval (Abbaye de), IX.
Jusiers (gésiers), 15, 57, 119.

L

LABORDE (Marquis de), XXIX.
Laceiz, 122.
LACROIX DU MAINE, XXXIV.
LAIGNY (Nichaise de), 144.
Lait lardé, 46, 61.
Lamprée. V. *Lemproie*.
Lamprions. V. *Lemproyons*.
Lemproie, 94 — franche à la saulce chaude, 18, 48 — fresche, 48 — fricte à la saulce chaulde, 92 — en galentine 19, 123 — en pasté, 47, 74.
Lemproyons, 27, 94.

Larcher (Cour), X, XJ.
LARCHER (Regnault), X, XI.
Larchière (Maison), X, 134.
LAUBIGOIS (Jéhan), XXVIII, 141.
LEGRAND D'AUSSY, VI, XXVII, XXXVIII, 142.
Leitenches (laitances), 125.
LERMITE (Frère Jehan), XXI.
LESPICIER (Colin), 143.
Let de Provence, 123.
LETTENHOVE (B[on] de), 147, 148.
LEVESQUE (Jehan), 143.
Lievrat, 73.

Lièvre (Bousac de), XLII, 8, 46, 47, 59, 86 — (Civé de), 10, 46, 47, 53, 87 — en pasté, 11, 46, 73, 120 — en rost, 11, 120.

LIGNEROLLES (M. de), LIV, LV, LVI, LVII.

Limande, 48, 95.

Livre de cuysine tres utile et proffitable, LXVII — fort excellent de cuysine, LXVII — de honneste volupté, LXVII.

Loche, 39, 126, — (Grane de), 21.

Loingne. V. *Longe*.

Longe de porc, 116.

Lorais (Pastés de), 46, 73.

LOTRIAN (Alain), LXV.

LOTTIN, LXII.

Louche. V. *Loche*.

LOUIS LE GROS, 148.

LOUIS VIII, x.

LOUIS X le Hutin, XXXVII.

LOUIS XI, VII.

LOUIS XIV, XI.

LOUVOIS (Mis), XI.

Louvre (Ordonnance du), XXVII.

LUCE (M. Siméon), XXXIII.

Lucydayre, LX.

Luis, 25, 48, 94, 125 — au bescuit, 125 — (Blanc douchet de), 121 — à la galantine, 123, 125 — à la sausse verte, 125.

Lus, lux, luz. V. *Luis*.

Lusiaux (Chaudumel au bescuit de), 21.

Lyon, LVIII, LXI.

M

MACER, de virtutibus herbarum, LX.

Macis, 32.

Macrolles, 116, 119.

MAIGNELAIS (Antoinette de), dame de Villequier. V. ce nom, VI.

MAIGNIEN (M.), LVII.

Maigre potaige, 45, 51.

MAINE (Comte du), VI, VII, XLI, 96.

MAINTENON (Jehan de), 149 — (Yon de), 149. V. QUEUE (Le Borgne de la).

Maison Larchière, x, 134 — Taillevande, XI.

Maistre (Le) de la chambre aux deniers, 143 — (Le grand), 143, 145. — queux, ses attributions, XXXVIII.

Maistres d'ostel de Charles VI,

143, 145 — de la cuisine, xxxvii.

Malars privés, 115, 119 — de rivière, 13 — rostis, 48 — sauvages, 115, 119. V. *Canars*.

Malet (Mess. Gilles), 143, 149.

Mallarz. V. *Malars*.

Mandements de Philippe de Valois, 131 — du Dauphin de Viennois, 136 — de Charles V, 139 — des gens des comptes, 138.

Manuscrits du *Viândier* (Bibliographie des), xlix — de la Bibliothèque Nationale, 1, — de la Bibliothèque Mazarine, 35 — du traité de cuisine écrit vers 1300, 113.

Maquereaux frais, 29, 48, 95.

Marche (Comte de la) vii, xli, 99.

Marcoucies, 145.

Marie (Jehan), 144.

Marly (Forêt de), ix.

Marsouin, 28.

Maruel (J.), 132.

Maugart, 143.

Mauvis (Pastés de), 46.

Mazarine (Ms. de la Biblioth.), 35.

Mazier (Henri le), 146.

Meaux, xi.

Mellens frès, 127.

Melun, xxiv.

Ménagier de Paris (Le), xxxix, et *passim*.

Menestrier (Le Père), vii.

Menue hate (ou haste), expl., 7.

Menues espices, 59.

Menuise, expl., 125.

Menus. V. *Banquets*.

Menus d'oies, 15.

Menus droits de poullaille, 56, 57.

Menus oiseaulx (Grane de), 47, 86, 122 — rostis, 12, 48, 88.

Mercier (Jehan le), 146.

Merles (Pastés de), 46, 72.

Merlus, 79.

Mès (Jehan du), 144.

Mestres de la Cuisine, leurs attributions, xxxvii.

Meudon (Henry de), xvi — (Robert de), xvi — (Tombes des), xvi.

Meun (Apparition de Jehan de), 145.

Millet, millot, 16 — en potage, 107.

Minciés, expl., 10.

Moelle (Pastés de), 46, 73.

Moieux d'œufs, 5.

Mollue. V. *Morue*.

Monnoye (M. de la), xxxiv.

Montaigu (Biette de), 149 — (Jehan de), 145.

Montereau-Faut-Yonne, 148.

Montet (Regnault du), iv.

Mortain (Vicomté de), xxxv.
MONTMORENCY (Agnès de), 147.
Moret, 147.
Morterel, 46, 61.
Morue franche, 29 — fresche, 48, 95, 127.
Most Jehan, 48, 80.
Moteaulx, 64.
Motte (Fief de la), xxxv.
Moues d'oves, expl., 118.
MOUILLIÉ, LXIII.
Moules, 32.
Mouré, expl., 128.
Moust, expl., 11.

Mouton (Char de), 115, 117 — (Bouillateures de), 84 — (Espaule de), 63 — (Espaule farcie de), 46 — (Hericoq de), XLII, 4, 47, 62, 84 — au jaunet, 40 — (Pastés de gigotz de), 47, 74 — (Pastés de), 72 — à la ciboule, 46 — (Panses de), 69 — (Poictrines de), 62 — rosty, 11, 48, 87.
MOYNE (Colette le), xxxv.
Mulet (Pastés de), 47, 73.
Myeux d'uef. V. *Moieux*.

N

NAILLAC (Maison de), VII.
NAVARRE (Jeanne de), reine de France, XI.
Nef des folz du monde (La grande), LXI.
NEMOURS (Duc de), VII.
NEUFVILLE (Jehan de la), 143.
NIVERD (Guill.), LXII, LXIII, LXIV.
Noieas, expl., 122.

Nois mugaites, expl., 9.
Nombles de bœuf, 90 — de sanglier, 90.
Nomblet, 117.
Noncelles, 116, 119.
NORMANDIE (Duc de), XXII, et *passim*.
NOVION (Mgr de). V. NOUVION.
NOUVION (Mgr de), 143, 146.

O

Oe, oees. V. *Oies*.
Œufs, 117 — (Brouet d') et de fromage, 23 — (Brouet vert d'), 23 — (Civé d') pochés en huille, 22 — rostis en la broche, 46, 68 — de truyte, 111.

Officiers de l'hôtel de Charles VI, 143.
Oies, 48, 115, 119 — (Menus d'), 15 — en rost, 11, 87 — à la trayson, 46, 59.
Oiseaux (Civé de menus), 7 — (Graine de menus), 7 — (Menus), 12 — sauvages, 119.
Oiseaux de rivière (Dodine de lait sur), 48, 79 — (Dodine de vert jus sur), 80 — (Gibelet d'), 46, 55.
Oison (Pastés d'), 46, 72.
Oïstres (Civé d'), 22, 48, 93, 128.
Ordenner les viandes (Pour), 3.
Ordonnances du Louvre (1386-7), xxvii; 146 — de Vernon, (1388-9), xxviii.

Oreilles de porc, 116.
Orge (Gruiau d'), 25 — mondé, 25, 46, 70.
Orgerel (Thomas d'), xxix, 143, 144.
Orilles. V. *Oreilles*.
Orléans (Duc d'), 147 — (Marguerite d'), vii.
Orvale, 42.
Oster l'arseure (Pour), 3.
Otembre, (octobre), 120.
Oublies, 76.
Ouefs. V. *Œufs*.
Oues, V. *Oies*.
Ous, oves. V. *Œufs*.
Oysiaux. V. *Oiseaux*.
Oystres. V. *Oïstres*.

P

Paielle, expl., 24.
Pain ars, expl., 116.
Paires d'eaue, expl., 16.
Pans. V. *Paons*.
Panses de mouton, 69.
Paons, 13, 120 — armés, 46, 65 — en rost, 48, 88.
Pardiac (Bernard d'Armagnac, comte de), vii.
Paris, lxii, et *passim*.
Passereaulx (Pastés de), 46, 72.

Pastés, xlii — d'alose, 47, 74 — d'anguilles, 47, 74 — de bœuf, 71 — de bœuf à la saulce chaulde, 46 — de bresme, 47, 74 — de canes saulvages, 46, 72 — de caresme, 125 — de cerf, 46, 73 — de chapons, 71, 72 — de chevreau, 72 — de congre, 47, 74 — de connins, 46, 73 — de coulons ramiers, 46 —

de gigotz de mouton, 47, 74 — de gornault, 47, 74 — de halebrans de chapons, 46, 71 — de lemproye, 74 — de lièvre, 46, 73 — de lorais, 46, 73 — de merles et de mauvis, 46, 72 — de moelle, 46, 73 — de mouton à la ciboule, 46, 72 — de mulet, 47, 73 — d'oison, 46, 72 — de passereaux, 46, 72 — de perdris, 46, 73 — de poires crues, 47, 77 — en pot, 46, 76 — de poulaille à la saulce Robert, 46, 72 — de pyjons, 46, 72 — de rougetz, 47, 74 — de sanglier, 46, 73 — à la saulce chaulde, 71 — de saulmon, 47, 74 — de truyte, 47, 74 — de turbot, 47, 74 — de vache, 47, 74 — de veau, 10, 46, 71 — norreis, 125.

Pastiaux de garde (guaide), expl., 17.

PAULMY (Mis de), VIII.

PÉ (Jehan de la), 144.

Perches, 26, 31, 49, 70 — (Coulis de), 25, 48, 94 — (Blanc douchet de), 121 — (Grane de), 23 — à la sausse de vin, 125.

Perdris, 116, 119 — (Pastés de) 46, 73, 120 — rosties, 12, 48 — (Trimolete de), 46, 54.

Peres. V. *Poires*.

Péronne, 146.

Pertussiez, expl., 37.

Pessevelez, non expl., 48.

Pesson. V. *Poisson*.

Pétail, expl., 15.

PETIT (Guillemin), 144 — (Jehan), 144.

PHILIPPE-AUGUSTE, X.

PHILIPPE le Bel, III, XI — de Valois, IX et *passim* — le Hardi, duc de Bourgogne, XXXVIII.

PICHON (Bon Jérôme), VIII, XXIX, LIV, LXII, LXIII.

Pièces justificatives, 129.

Piez de porc, 116.

Pilieux, expl., 41.

Pimperniaux, 27.

PISIEUX (Mess. Arnoul de), 143, 146.

Plaiz. V. *Plies*.

Pleis. V. *Plies*.

Pleumé, expl., 24.

Plies, 29, 48, 95, 127.

Plouviers, 116, 119 — rostis, 12, 48.

Pluvion, 116, 119.

Plye. V. *Plies*.

Poiras, expl., 116.

Poirée. V. *Porée*.

Poires (Pastés de) crues, 47, 77 — de Quaillouel, 118 — de Saint-Ruille, 118 — à l'ypocras, 99.

Pois nouveaux (Cretonnée de), XLII, 5, 45, 47, 51, 85 — au lart, 109.

Poisson (Arbaleste de), 46, 59 — (Blanc menger à), 45, 48, 49 — (Brouet de), 51, 52 — (Chapitre de) d'eaue doulce, 25, 48, 94 — (Chapitre de) de mer, 95 — de mer plat, 29 — de mer ront, 28 — (Commencement de), 93 — (Comminée de) 20, 122 — (Coulis de), 46, 69 — (Cretonnée à), 46, 52 — (Esturgon à), 46 — (Fraize à), 46, 67 — (Froide saulce à garder), 95 — (Gelée de), 17, 48, 89, 124 — qui porte lymon, 91 — (Grain de brouet vert à), 46 — (Grane de), 45, 50.

POISSY (Thevenin de), 144.

Poitrines de mouton, 62.

Poivre jaune, 48 — jaunet, 33, 96 — noir, 34, 48, 95.

Polmons, 110.

Pommes de choux, 47, 83 — de Grenade, 25, 94 — (Tartres de), 47, 76 — sauvages, 117.

Pont à Mousson, 145.

Pont de l'Arche (Vicomte du), 136.

Porc (Bouillateures de), 84 — (Char de), 115, 116 — (Chaudun de), 4, 47, 85, 116 — (Groin de), 116 — (Haste menue de), 58, 116 — (Oreilles de), 116 — (Piez de), 116 — rosty, 10, 48, 87.

Porc de mer, 28, 48, 94.

Porceaus (Char de), 115.

Porcelez, porcellet. V. *Pourcelet*.

Porée, 47, 82 — de cresson, 32.

Porreaux, 47, 82.

Port au Pecq, XI.

Potages, de caresme, 48, 93 — de chair, 110, — (Pour dessaler tous), 3, 47, 83 — (Fève fraisée en), 108 — jaunet, 23 — lians, 4, 20, 47, 85 — (Maigres), 45, 51 — (Millet en), 107 — de pain gratusé, 107 — de trippes, 110 — appelé versuse, 108.

Potagiers, 144.

Potée de langues de beuf, 46, 86.

Poudre d'épices, 26.

Poulaille, 48 — (Boully lardé à), 46, 55 — (Brouet blanc de), 8, 48 — (Brouet houssé à), 46, 53 — (Brouet rappé à), 46 — (Brouet vert à), 46 — (Comminée de), 5 — (Cretonnée de), 47, 85 — farcie, 16, 48, 89 — (Hochepot de), 9 — (Pastés de) à la saulce Robert, 46.

Poules hochées, 48 — au gingembre, 90 — (Pastés de), 72 — rosties, 87.
Poulet (Couleis d'un), 24.
Pouletz, 11 — farcis, 46.
Poulettes de mer, 99.
Pourcel farci, 14 — (Soulz de), 20.
Pourcelet, 14 — (Char de), 118 — farcy, 48, 89.
Pourreaulx. V. *Porreaux*.
Pourri de cuire, expl., 24.

Poussins (Coulis de), 69 — à l'estuvée, 67 — farcis, 46, 64 — (Roussé à), 46 — (Sabourot de petis), 46, 62 — (Violé à), 46, 57.
Pré (Jean du), LVIII.
Prevost (Guillot), 144.
Prost (M. Bernard), IX, XXII, XXIX.
Puy (Joann. du), L.
Pujons (Pastés de), 46, 72 — rostis, 12, 48, 88.

Q

Quaillonel (Poires de), 118.
Quérard (M.) LXVII.
Queue (Le Borgne de la), 149. V. Maintenon.

Queux, 143.
Quittances de Taillevent, 135, 136, 137, 138, 140, 141, 142, 144.
Qules, 126.

R

Rabelais, XXXIV.
Raie, 30, 48, 95, 126.
Raisins de karesme, 40.
Ramet (Jehan de la), 143 — (Regnault de la), 144.
Rappé, 10 — (Brouet), 10, 46, 55.
Rayneval, 144.
Rays. V. *Raie*.
Recettes du *Viandier* (1490) (Table des), 45.
Recloses (Guillaume de), VIII.

Refraîche, expl., 108.
Regnault, aubergiste, XVI.
Remanant, expl., 31.
Remedium contra pestem, LX.
Ressuir, expl., 18.
Retenuer, expl., 13.
Ribelette, 12.
Riche (Jehan le), 144.
Rigaud (Benoît), LXVII — (Pierre), LXVII, LXVIII.
Ris, 46, 59 — engoullé, 19, 48,

92 — en quelque jusque soit, 108. V. *Angoulée*.
RIVIÈRE (Bureau de la), 145, 146.
Rogès. V. *Rougetz*.
ROLOT (M.), XVII.
Romany, 42.
Rost (Chapitre de), 10, 48, 87.
ROUARD (M.), LXVI.
Rouen (Bailli de), X — (Vte de), XXIX, 138, 140, 141 — (Vte de), XXVI, 139.

Rougé. V. *Roussé*, 57.
Rougetz, 28, 48, 94 — (Pastés de), 47, 74.
Roussé à poussins ou à veau, 46.
Roux d'œufz, 106.
ROYE (Barthélemy de), IX.
Roye-lès-Sainte-Geme, IX, 131.
RYMER, XXXIII.

S

Sabourot de petis poussins, 46, 62.
SAINS (Jehan de), 148.
Saint-Éloi (Hôpital), X.
Saint-Germain-en-Laye, X et *passim*.
Saint-Jacques de la Boucherie (Église de), 147.
Saint-Léger-en-Yveline, X, 134.
Saint-Lô, LI.
SAINT LOUIS, X.
Saint-Rieul. V. Saint-Ruille.
Saint-Rigle. V. Saint-Ruille.
Saint-Ruille (Poires de), 118.
Sainte-Catherine du Val des Écoliers, XI.
Sainte-Céline de Meaux, XII.
Salamine, 45, 49.
SALG (R. de), 132.

Salmonde. V. *Sanemonde*.
SANCERRE (Maréchal de), 145, 146.
Sanemonde, 33.
Sangler. V. *Sanglier*.
Sanglier (Bourbier de), 11, 87 — frais, 4, 47, 84 — (Fromage de teste de), 46, 63 — (Nombles de), 90 — (Pastés de), 46, 73 — salez, 37 — aux souppes, 46 — (Venoison de), 46, 56.
Sarraginée, 123.
Saulce à l'alose, 47, 81 — (Aultre) à l'alose, 81 — — d'aulz, 47 — d'aux au lait, 78 — cameline, 32, 47, 48, 77, 95 — chaulde, 48, 90 — jaunete, 23 — madame,

47, 78 — most Jehan, 48, 80
— au moult, 47, 81 — poitevine, 34, 47, 48, 78, 96 — à garder poisson de mer, 33, 95 — rappée, 47, 79 — verde, 33, 48, 95 — vert d'espices, 33.

Saulces, 39 — boullies, 33, 48, 95 — non boullies, 32, 48, 95.

Saumon, 95 — frais, 29, 125 — (Pastés de), 47, 74.

Saupiquet sur connins, 80. — sur aultre rost, 47.

Savors (sauces), 115, 117.

SAVYOT (?), 137.

SCHENCK (Pierre), LVI, LVIII.

Segoine. V. Sogoingnes.

Seiches, 48, 95, 127.

Semée, 55 — à connins, 46.

SENLIZ (Thomas de), 144.

Serfz. V. Cerf.

SERGENT (Pierre), LXVII.

Seurfrire. V. Suffrire.

Signe. V. Cigne.

SIGNY (Renaud de,) XXXVII.

Sigoignes. V. Cigognes.

Silique, 100.

SIVRY (M. de), XVII.

Sogoingnes. V. Cigognes.

Soles, 29, 48, 95.

SOREL (Agnès), VI.

Soringue, 21. — d'anguilles, 46, 56.

Sormontaing, 120.

Sorvige. V. Soringue.

Soucié, 33.

Soufleurs, 144.

Soulz de porc, 116 — de pourcel, 20.

Souppe à moustarde, 22, 46, 54 — à l'oignon, 47, 83 — vermeille, 40.

Soutil brouet d'Engleterre, 9, 121.

SOUVRÉ (Anne de), XI.

Souz. V. Soulz.

STRAPT (Jehan), VII.

Succession d'Isabeau le Chandelier, XXI, XXII.

Suffrire, expl., 4.

Suors. V. Savors.

Sutil. V. Soutil.

SYMONNET, 144.

T

Table des recettes contenues dans l'édit. la plus ancienne connue du Viandier, 45.

TABOUROT, LI.

Taillés, 16.

TAILLEVANDE (La), XXI. V. CHAN-

DELIER (Ysabeau le) et TI-
RELLE (Ysabeau la).
TAILLEVENT, *Introduction* pas-
sim — (Armoiries de), XII —
(Etats de services de) XXX
— (Maison de), XI — (Pièces
relatives à), 129 — (Sceaux
de) XXIII, XXIV, XXVI, 136,
137, 140, 142, 143 — (Repro-
duction des sceaux de), XXII,
XXVII — (Tombeau de), XII,
XIII, XVI, XVII, XVIII, XXII — Re-
production du tombeau de),
en regard du titre, XVI, XVIII
— (*Viandier* de), 1, 35, 43. V.
GILLEVANT et TAILLEVENTER.
TAILLEVENTER, XXIV. V. TAILLE-
VENT.
Talemose, 47, 75.
Taleonise. V. *Talemose*.
Tallevende, XXXV.
TALLŒIETUS, XXXIV. V. TAILLE-
VENT.
Tanches, 38, 65.
TANÉ (Le petit), 144.
Tartes, XLII, 48, 93 — bourbon-
naise, 47, 75, 77 — couvertes
communes, 47, 75, — des-
couvertes, 47, — jacopine,
47, 75, 76 — jacopine bien
farcye, 47 — de pommes,
47, 76 — en quaresme, 31
— à deux visaiges, 47, 75,
76.

Teste de veau, 65.
TESTU (Séraphin), X.
Tetyne de vache, 46, 66.
THIERRY-POUX (M.), LVIII.
THIREL. V. TIREL.
TIREL (Fief), XXXV — (Guill.),
seigneur de la Rahonnière,
XXXV — (Richard) XXXV.
TIREL (Guillaume). V. TAILLE-
VENT.
TIRELLE (Jehanne la), première
femme de Taillevent, XVIII,
XXXIII — (Ysabeau la), se-
conde femme de Taillevent,
XVIII, XX, XXI, XXII, XXXI, V.
CHANDELIER (Ysabeau le)
et TAILLEVANDE (La).
Toie, expl., 118.
Tombeau de Taillevent (Des-
cription du), XII.
Tostées, 52.
Toumeaux de beuf, 40.
Tourboz. V. *Turbot*.
Tourte (Pour faire une), 41.
Tourterelles, 116, 119 — en
pasté, 120 — rosties, 12, 48,
88.
TRAIN (Jehan du), 143.
TREPPEREL (Jehan II), LXIV.
TRICART (Nicolas), XXVI, 140.
Trimolete de perdris, 46, 54.
Tripes, 59 — (Potaiges de),
110.
TRONCHAY, 144.

TROUSSEAU (Artault), VI.
Truite, 27 — (Œufs de), 111 — (Pastés de), 47, 74 — (Potaige des trippes ou entrailles de la), 110.
Trumel de beuf, 40.

Truterelles, turterelles. V. Tourterelles.
Tuel, expl., 16.
Tuesterelles. V. Tourterelles.
Turbot, 30, 48, 95, 124 — (Pastés de), 74.

U

Uefs. V. Œufs.

Ursulines (Rue des), XI.

V

Vache (Pastés de), 47, 74 — (Tetyne de), 46, 66.
VAL (Colin du), XXI, XXII, XXXI.
Val de Ruel (le). V. Vaudreuil (le).
Val des Écoliers (Religieux du), XI.
VALLET DE VIRIVILLE (M.), VI.
VALLIÈRE (Duc de la), LXVI — (Duchesse de la), X.
VALY (Geuffroy), 143.
Vaudreuil (Le), XXIII, 136.
VAUX (Colette de), VI.
Veau, 4, 115, 117 — (Brouet blanc de), 48 — (Brouet houssé à), 46, 53 — (Brouet rappé à), 46 — (Brouet vert à), 46 — (Civé de), 38, 47, 84 — (Fraise de), 10, 48, 87 — aux herbes, 47, 84 — en pasté, 10, 46, 71 — rosti, 10,

48, 87 — (Roussé à), 46 — (Teste de), 65 — (Violé à), 46, 57.
Veel. V. Veau.
Venoison de chevreul, 46, 56 — fresche, 12, 88, 120 — de sanglier, 46, 56 — aux souppes, 46, 55.
Vergus. V. Verjus.
Verjus (Brouet de), 9 — vert, 48, 96.
VERMANDOIS (Comte de), X.
Vernon (Ordonnance de), XXVIII, XXIX, XXX.
VERRIÈRE (J.), 132, 133.
Viandes de caresme, 31, 48, 93 — (Pour ordonner les), 3.
Viandier (Additions que Pierre Gaudoul a faites au), XL, XLIV, 103 — (Bibliographie

des manuscrits et des imprimés du), XLVII — *Facsimile* du), LIII, LIX — (Manuscrits du), 1, 35 — Placards du), LV — Réimpression de l'édition la plus ancienne connue du), 43.

Videcocqs rostis, 12.

VIELLE (La), 144.

VIENNOIS (Dauphin de), XXII et *passim*.

VILAINES (Le Bègue de), 145.

VILLEQUIER (Mademoiselle de), VI, 96. V. MAIGNELAIS (Antoinette de).

VILLON (François), XXXIX.

Vin françois de festuz, 141 — plain, 22.

Vinaigrete, 7, 46, 58.

Vincennes, XXVI, 139.

Vinée de chair, 46, 68.

Violé à poussins et à veau, 46, 57.

Vire (Vicomté de), XXXV.

VISIBLE, 144.

Vistardes, 13.

Voltaire (Rue), XI.

Volupté (Livre de honneste), LXVII.

Y

YEMENIZ (M.), LXVI.

Ypocras, XLI, 48, 98 — (Poires à l'), 99.

Ypres, 146.

CETTE ÉDITION A ÉTÉ TIRÉE
A TROIS CENT CINQUANTE EXEMPLAIRES

NUMÉROTÉS A LA PRESSE

dont

CINQUANTE EXEMPLAIRES
de format petit in-4°, sur papier de Hollande
N°⁵ 1 à 50

TROIS CENTS EXEMPLAIRES
de format in-8°, sur papier vélin du Marais
N°⁵ 51 à 350

―

*Il a été tiré, en outre, un exemplaire sur vélin
et trois exemplaires sur papier de Hollande, de format petit in-4°,
non numérotés et non mis dans le commerce.*

N° 301

ACHEVÉ D'IMPRIMER

LE 20 NOVEMBRE 1891

POUR

H. LECLERC ET P. CORNUAU

Successeurs de Techener

219, RUE SAINT-HONORÉ, A PARIS

PAR

JOSEPH PIGELET

IMPRIMEUR A CHATEAUDUN.

SUPPLÉMENT

LE MANUSCRIT

DE LA

BIBLIOTHÈQUE DU VATICAN

AVANT-PROPOS

Notre édition du *Viandier de Taillevent* venoit à peine d'être mise en vente que nous apprenions par une lettre de M. Siméon Luce, membre de l'Institut et chef de section aux Archives nationales, que, contrairement à ce que nous avions avancé, il existoit à la Bibliothèque du Vatican un manuscrit du traité culinaire de Guillaume Tirel.

Cette communication nous étonna d'autant plus qu'avant de mettre en œuvre les pièces nombreuses que nous avions recueillies sur Guillaume Tirel et de publier les textes de son remarquable traité, nous avions tenu, comme c'étoit notre devoir d'éditeurs, à nous assurer qu'en dehors des trois manuscrits que nous avons utilisés il n'en existoit point d'autres. C'est alors que nous nous étions livrés à des recherches personnelles au *British Museum* et dans les principaux dépôts publics de la Belgique et de la Hollande, sans trouver d'ailleurs aucun document, tant imprimé que manuscrit, relatif à notre sujet. Nous nous étions également adressés à des bibliothèques d'Italie, et, tandis que M. Henri Leclerc faisoit des recherches à Venise, dans la Bibliothèque Saint-Marc, nous écrivions à Rome où la présence d'un manuscrit du *Viandier* dans l'un des fonds de la Bibliothèque Vaticane nous apparoissoit comme probable.

Nous avions eu recours, en cette circonstance, à l'obligeance d'un attaché de l'ambassade de France auprès du Saint-Siège, M. le vicomte de Fontenay, qui, avec une excessive bonne grâce dont nous devons le remercier ici, s'étoit chargé non seulement de transmettre notre demande à qui de droit, mais encore avoit bien voulu suivre attentivement cette affaire. En effet, quelques jours plus tard, l'administration de la Bibliothèque Vaticane nous faisoit parvenir sa réponse. Cette réponse étoit négative, et, en présence de la négation qu'elle contenoit, nous avions cru pouvoir imprimer dans l'une des notes [1] de notre

---

(1) Voir p. XLIX.

ouvrage qu'il n'existoit point au Vatican de manuscrit du *Viandier*[1].

Nous avions d'autant plus de raisons pour émettre cette assertion que Montfaucon[2] ne mentionne pas l'œuvre de Taillevent au nombre des manuscrits faisant partie de la Bibliothèque Vaticane.

Lorsque M. Siméon Luce nous eût écrit qu'il possédoit une copie du manuscrit de Rome, nous dûmes constater avec regret que nous avions été induits en erreur et, sans perdre de temps, nous nous mîmes en mesure de nous procurer cet important document. Et comme nous avions souci de publier un texte aussi exact et fidèle que possible, nous avons pensé que le plus sûr moyen, pour arriver à ce résultat, étoit d'avoir

---

(1) Voici la lettre adressée par le Préfet de la Bibliothèque à M. le B⁻⁻ Pichon :

Rome, 16 août 1891.

BIBLIOTHECA APOSTOLICA VATICANA

Monsieur,

Je regrette beaucoup de donner une réponse négative à votre lettre si obligeante du 1ᵉʳ courant. J'aurais été, croyez-moi, bien content de vous venir en aide avec un beau manuscrit pour l'édition du *Viandier* de Taillevent dont vous vous occupez en ce moment.

Mais, ayant bien cherché dans nos inventaires, au moins dans l'état où ils se trouvent, je n'ai rien pu trouver. Cependant si, par hasard, je trouvais quelque chose, je serais bien content de vous le communiquer tout de suite.

Agréez, Monsieur, l'hommage des sentiments très respectueux avec lesquels j'ai l'honneur d'être, Monsieur, votre très humble et dévoué serviteur.

Signé : CAN. ISIDORO CARINI,
Préfet de la Bibl. apost.

(2) Bibliotheca bibliothecarum manuscriptorum nova... *Paris*, 1739, 2 vol. in-fol.

recours à la photographie. Grâce à l'aimable intervention du premier secrétaire de l'Ambassade auprès du Vatican, M. le comte de Navenne, nous avons pu obtenir, sans retard, de l'administration de la Bibliothèque l'autorisation de faire photographier le manuscrit, et c'est à l'aide de ces précieuses épreuves photographiques [1] que nous publions aujourd'hui ce texte de la plus haute importance.

Le manuscrit, conservé à Rome, est postérieur à celui que Pierre Buffaut achetoit en 1392 et qui, après avoir fait partie de la Bibliothèque de Saint-Germain-des-Prés, se trouve actuellement à la Bibliothèque Nationale. On peut dire qu'il est de la première moitié du xve siècle et non du commencement du xive comme l'écrit M. E. Langlois [2]. Si l'écriture du manuscrit n'étoit un des moyens d'attester son âge, il suffiroit, pour prouver que son origine est infiniment moins ancienne que ne le pense M. Langlois, de faire remarquer que Guillaume Tirel, désigné simplement

---

(1) Nous devons remercier ici le Révérend Père Ehrle, de la Compagnie de Jésus, qui a bien voulu se charger de surveiller le classement des épreuves photographiques (les feuillets n'étant numérotés qu'au recto) et faire, pour nous, dans les notes conservées au Vatican sur les manuscrits de la Reine Christine, des recherches desquelles il résulte que le manuscrit du *Viandier* n'y est pas cité.

(2) *Notices et extraits des manuscrits de la Bibliothèque Nationale et autres bibliothèques*, publiés par l'Institut national de France, faisant suite aux notices et extraits lus au Comité établi dans l'Académie des Inscriptions et Belles-Lettres. Tome trente-troisième. *Paris, Imprimerie Nationale*, 1889, in-4, p. 55.

alors sous le sobriquet de Taillevent, n'étoit encore, en 1326, qu'enfant de cuisine au service de la reine Jeanne d'Évreux. Il n'avoit donc pu acquérir, à cette époque, la haute expérience culinaire qui a consacré plus tard sa réputation, il n'avoit donc pas pu, en 1326, formuler les recettes qu'il nous a laissées.

Le manuscrit du Vatican est très important, car, outre qu'il est plus étendu que ceux de la Bibliothèque Nationale, de la Bibliothèque Mazarine et des Archives de la Manche (ms. de la Haye-du-Puits), il est infiniment plus correct.

Mais, avant d'examiner en détail la valeur du texte, il convient de donner quelques renseignements sur sa physionomie extérieure.

Le manuscrit du *Viandier*, conservé dans le fonds de la reine Christine de Suède sous le n° 776 (anciennement 233 et 2159), est sur papier; haut de 0 m. 210, large de 0 m. 152, il se compose de 85 feuillets; il est relié en parchemin. Les ff. 1 r° à 46 v° contiennent le « Jugement des songes énigmatiques »; le f. 47 (r° et v°) est blanc; les ff. 48 r° à 85 r° sont occupés par le *Viandier de Taillevent*. Le texte de ce dernier ouvrage commence au recto et en haut du f. 48 par le titre de départ suivant :

Cy cōmence le viandier || tailleuent maistre queux du Roy de france ou || quel sont contenues les choses qui sensuiuent.

Il prend fin au bas du f. 85 r°; le v° de ce f. est blanc; il comprend donc 38 ff. de 27 et 28 lignes à la page; il est orné, au f. 48 r°, ainsi qu'on le pourra voir par la reproduction en *fac-simile* que nous donnons ici, de deux charmantes lettres ornées, noires rehaussées de rouge. L'écriture est belle et, bien qu'il y ait un certain nombre de ratures, il est évident que ce manuscrit est l'œuvre d'un scribe soigneux et expérimenté dans l'art de l'écriture.

Si nous examinons maintenant le texte du *Viandier*, une première observation s'impose, et cette observation présente un intérêt capital. On a vu plus haut que le traité de Taillevent occupoit les ff. 48 r° à 85 r° du volume; or, sur ces 38 feuillets, les 24 premiers (48 r° à 71 v°) contiennent le texte du *Viandier* que nous connoissons déjà, mais offrant, toutefois, de nombreuses et d'importantes variantes avec le texte de la Bibliothèque Nationale; les 14 autres feuillets (72 r° à 85 r°), nous donnent un texte absolument nouveau dont il n'existe aucune trace dans les trois manuscrits que nous avons eus à notre disposition.

Mais procédons par ordre et occupons-nous seulement, pour l'instant, du *Viandier* tel que nous le connoissions jusqu'à présent et que, pour plus de clarté, nous désignerons désormais sous le nom de « Première partie » par opposition à la « Deuxième partie » qui contient le nouveau texte.

AVANT-PROPOS

Nous avons très attentivement comparé les recettes du manuscrit de Rome avec celles du manuscrit de la Bibliothèque Nationale et nous avons pu constater que, si le plus grand nombre de ces recettes étoient communes aux deux manuscrits, il s'en trouvoit d'autres qui ne figurent pas dans le manuscrit de la Bibliothèque nationale. En revanche, certaines recettes qui sont contenues dans ce dernier, telles que les *Saulces boullues* par exemple, sont totalement passées sous silence dans le manuscrit du Vatican. Le tableau suivant permettra au lecteur de saisir d'un simple coup d'œil les principales différences qu'offrent les deux textes :

Recettes du ms. de la Bibliothèque Nationale ne figurant pas dans le ms. du Vatican

Fruites.
Gantes.
Jance aux aulx.
Jance au lait de vache.
Jance de gingembre.
Poivre jaunet.
Poivre noir.
Saulce à garder poissons de mer.
Saulce poitevine.
Saulce verte.

Recettes du ms. du Vatican ne figurant pas dans le ms. de la Bibliothèque Nationale

Aigreffins.
Allouetes.
Anguille renversée.
Barbe Robert, (Sauce).

Braytte.	Merluz.
Brouet sarrasinois.	Moruaulx.
Cailles.	Plouviers et videcoqz en pasté.
Chappons de haulte gresse.	
Dorée.	Poches.
Esperlans.	Porc en pasté.
Grappois, (Crappois).	Sarcelle.
Lappereaulx.	Tanche.
Loche.	Trippes.
Lymande.	Truitte saumonneresse.

Il faut remarquer que de nombreuses variantes, souvent très considérables, se rencontrent entre les deux textes; quelquefois même, au point de vue purement technique, nous sommes en présence de notables modifications et c'est ainsi que telle épice indiquée dans le *Viandier* de la Bibliothèque Nationale est remplacée par une autre dans celui de la Vaticane.

Mais ce qu'il importe de bien faire ressortir, c'est que le manuscrit de Rome est toujours beaucoup plus correct que l'autre et que les recettes y sont formulées dans une langue meilleure et d'une façon toujours plus intelligible. Dans ce manuscrit, nous devons aussi signaler un perfectionnement qu'y a apporté l'auteur, et qui consiste dans la table des matières, ou, pour mieux dire, dans la liste méthodique des différents mets contenus dans son ouvrage. Il ne faudroit cependant pas exagérer les mérites de cette sorte de table, car elle est loin d'être exacte puisque certains plats y sont annoncés dont il n'est pas question dans le traité et que d'autres, au contraire, figurent dans le texte sans être consignés dans la table. Quant à la liste qui clôt cette première partie du manuscrit et qui renferme la nomenclature des « espices qu'il fault à ce present viandier » et des ingrédients nécessaires pour « verdir » et pour « destremper », elle est infiniment plus complète que celle qui termine le manuscrit de la Bibliothèque Nationale.

En somme, on est autorisé à dire que les deux manuscrits se complètent l'un l'autre, puisque telle recette n'est pas dans le premier qui est dans le second et réciproquement. Il faut cependant noter que l'avantage est toujours du côté du manuscrit du Vatican.

Passons maintenant à la « deuxième partie », c'est-à-dire au texte contenu dans les feuillets 72 recto à 85 recto. Nous avons déjà dit qu'il n'avoit rien de commun avec celui déjà connu de Taillevent et que nous le rencontrions, pour la première fois, dans le manuscrit du Vatican. Or, c'est un fait certain que cette deuxième partie est excessivement importante. Elle est annoncée au recto et en tête du feuillet 72 sous le titre suivant : *S'ensuivent aucuns remedes et experimens touchans le fait des vins et aultres choses.*

En premier lieu se trouvent plusieurs recettes pour soigner et guérir les vins avariés [1] ; puis viennent ensuite d'autres recettes de cuisine et enfin un chapitre qui nous paroît des plus intéressants, consacré aux « entremetz de paintrerie », à ces fameux entremets qui, dès le XIIIe siècle et surtout au XIVe et au XVe, et même pendant une grande partie du XVIe, ont été si fort en honneur à la Cour et chez quelques grands seigneurs [2].

A première vue, les recettes culinaires de cette deuxième partie nous sembloient avoir quelque analogie avec celles du *Ménagier de Paris* et du *Taillevent* imprimé [3]. Mais il résulte de l'examen attentif auquel nous nous sommes livrés qu'elles diffèrent essentiellement les unes des autres et que les titres de plusieurs d'entr'elles sont seuls communs au manuscrit et aux deux ouvrages que nous venons de citer.

La rédaction de ce nouveau texte, comme celle de la

---

(1) L'usage de mettre les vins en bouteilles ne date que du commencement du XVIIIe siècle, et on comprend que des vins que l'on tiroit au tonneau étoient sujets à s'avarier. Les mêmes vins différoient souvent suivant l'endroit du tonneau où la consommation les avoit mis. De là la facétieuse comparoison de *la fille à la vigne et selon le bon vin*..., de 23 à 24 ans, c'est vin en broche; de 25 à 26 ans, c'est vin au-dessous de la barre (milieu du tonneau); de 28 à 29 ans, c'est vin vieux (nos pères préféroient le vin nouveau); de 29 à 30, c'est vin bouté ou poussé, etc.

(2) V. La Curne de Sainte-Palaye, *Mémoires sur l'ancienne chevalerie*, Paris, Vve Duchesne, 1781, t. I, p. 245.

(3) En parlant du *Taillevent* imprimé, nous voulons désigner le texte imprimé sous le nom de Taillevent et dont nous n'avons rencontré aucune trace dans tous les manuscrits que nous avons eus sous les yeux. V. p. XLI.

première partie, c'est-à-dire du *Viandier* proprement dit que nous serions presque tentés d'appeler le « Viandier classique », est très bonne et très claire.

Mais nous n'avons encore accompli jusqu'ici que la partie la plus aisée de notre tâche, car si l'on considère les différences considérables que nous venons de signaler entre le texte du Vatican et celui de la Bibliothèque Nationale, nous nous trouvons en présence d'un problème difficile à résoudre et que nous pouvons énoncer ainsi :

1º Faut-il attribuer à Taillevent les modifications relevées dans la première partie du manuscrit de Rome ?

2º Taillevent est-il l'auteur de la seconde ?

En ce qui concerne la première proposition du problème, il semble qu'on peut, sans témérité, attribuer les modifications dont il s'agit au queu de Charles V et de Charles VI. Nous avons supposé, et cela paroît très probable, que Guillaume Tirel avoit composé son *Viandier* entre 1373[1], date à laquelle nous le trouvons, pour la première fois, investi des fonctions de premier queu du roi (maître queux) et 1380, époque de la mort de Charles V sur l'ordre duquel il l'auroit écrit. Or, nous savons aujourd'hui, grâce à une pièce dont il sera question plus loin, que Taillevent, très probablement mort en 1395, l'étoit certainement en 1398. Entre 1373

---

(1) Voy. p. xxxix.

et 1395, c'est-à-dire dans l'espace de vingt-deux ans, mettons vingt en chiffre rond, les goûts se modifient ; cela se voit continuellement aujourd'hui, et toutes les *Cuisinières bourgeoises* dont les éditions se succèdent les unes aux autres annoncent sur leur titre qu'elles sont « mises au goût du jour ». Qui nous dit que Taillevent, lui aussi, dont le *Viandier* est le prototype de ces mêmes *Cuisinières bourgeoises* n'a pas remanié son traité, ne l'a pas revu, corrigé et augmenté, ne l'a pas « mis au goût du jour » ? Cela n'auroit, en somme, rien que de très vraisemblable.

Autre détail qui nous paroît à peu près, pour ne pas dire tout à fait concluant : à l'article *D'autres menuz potaiges*, l'auteur, après avoir énuméré un certain nombre de mets qu'il regarde comme trop connus pour en donner les recettes, ajoute : *et des trippes que je n'ay pas mises en mon viandier, sçait-on bien comment elles se doibvent mengier.*

Ces trois mots *en mon viandier* ne sont-ils pas très caractéristiques ? et pouvons-nous admettre que vingt, trente ou même quarante ans après la mort de Taillevent, mis en évidence par les fonctions importantes qu'il avoit remplies auprès de plusieurs rois de France, et dont la réputation culinaire étoit telle que François Villon y faisoit encore allusion en 1456, pouvons-nous admettre qu'un cuisinier se soit permis d'apporter à l'œuvre du célèbre maître-queux et sous le nom de ce dernier les modifications qu'il auroit personnellement faites ? Auroit-il osé, se substituant à Taillevent, écrire *mon viandier* et n'auroit-il pas de préférence, s'il eût voulu corriger ou augmenter l'œuvre de son fameux prédécesseur, écrit tout simplement : *et des trippes qui n'ont pas été mises en ce viandier....* ?

On a cependant fait de pareilles interpolations dans les imprimés, mais un siècle s'étoit écoulé depuis la mort de Taillevent puisque la plus ancienne édition connue a été publiée vers 1490.

Cet argument seul seroit assez concluant, et nous croyons qu'il faut attribuer à Taillevent les améliorations que présente le texte du Vatican, améliorations qui sont l'œuvre d'un homme expert en la matière.

Taillevent est-il l'auteur de la seconde partie du manuscrit ? Cette question est plus délicate à traiter que la première et nous devons, pour être consciencieux, exposer les raisons qui militent en faveur de l'attribution de cette œuvre si curieuse à Guillaume Tirel comme celles qui pourroient lui être défavorables.

On peut d'abord se demander si le titre : *S'ensuivent aucuns remedes et experimens touchans le fait des vins et aultres choses* n'indique pas qu'il s'agit d'un traité indépendant du *Viandier*. Si ce titre ne mentionnoit que les recettes relatives aux vins, il seroit tout naturel de le considérer comme un simple chapitre du *Vian-*

dier, mais les mots *et aultres choses* paroissent bien, dans la circonstance, se rapporter aux « potaiges et entremetz » qui font suite à l'article des vins. Or, puisque Taillevent remanioit son premier *Viandier* pour y apporter des améliorations qu'il jugeoit nécessaires, pourquoi supposer qu'il ait agi sans une certaine méthode en séparant ses recettes de cuisine par des remèdes pour guérir les vins ? Pourquoi n'auroit-il pas fait figurer dans son *Viandier* tous les renseignements purement culinaires avant la liste des épices qui clôt son traité ? Voilà autant d'objections que l'on pourroit nous opposer ; mais nous serions alors en droit de répondre que les remaniements de la première partie peuvent très bien avoir été opérés à une certaine époque, et la seconde partie composée à une époque ultérieure, constituant ainsi une sorte de complément au *Viandier*. Cette hypothèse n'auroit assurément rien d'invraisemblable.

On pourroit aussi prendre comme argument contre l'attribution de cette œuvre à Guillaume Tirel la différence très sensible qui se manifeste dans la rédaction des deux parties du manuscrit du Vatican, dans les tournures de phrases et dans les expressions employées. C'est ainsi que le mot *competemment* que nous n'avons pas rencontré une seule fois dans le manuscrit de la Bibliothèque Nationale, non plus que dans la première partie du manuscrit du Vatican, revient assez fréquemment dans la seconde. De même, pour cette formule : *Les convient eschauder, les convient..... etc.*

Mais rien n'empêche de supposer que le mot *compe-temment* est un mot que Taillevent aura connu dans sa vieillesse et dont il se sera servi volontiers.

D'autres circonstances militent sérieusement en faveur de l'attribution de la seconde partie à Guillaume Tirel. Nous avons vu, en effet, Taillevent, premier écuyer de cuisine, chargé, en 1386, par l'ordonnance du Louvre, de gouverner les garnisons de l'hôtel du roi. Une pièce originale, datée du 26 novembre 1388 [1] nous l'a montré donnant reçu à Jehan Laubigois, maître des garnisons de vins, d'une somme de huit francs pour la vente de onze barils de vin, ce qui tendroit à prouver que Guillaume Tirel qui, en sa qualité de gouverneur des garnisons, avoit probablement sous ses ordres ledit Laubigois, s'est occupé plus ou moins directement de la cave du roi. Et, dans ces conditions, qu'y auroit-il d'étonnant à ce qu'étant maître de toutes les garnisons il ait ajouté à son œuvre quelques-unes des recettes qu'il employoit lui-même ou faisoit plus vraisemblablement employer sous ses yeux pour guérir les vins malades confiés à sa garde et à ses soins ?

Voici encore un argument qui n'est pas moins sérieux que le précédent pour permettre d'attribuer à Taille-

---

(1) *Pièces justificatives*, n° 15.

vent le traité culinaire que renferme la seconde partie du manuscrit du Vatican.

Il est évident que les quelques recettes données dans ce traité ne sont pas des recettes à l'usage de tous; outre qu'elles paroissent assez recherchées — bien que nos estomacs modernes ne s'en accommoderoient guère — elles dénotent, de la part de leur auteur, un certain raffinement, du moins quant à la manière de dresser les mets. Certains passages prouvent surabondamment que ce traité a été écrit à l'usage de queux attachés à la maison du roi ou de quelque prince, et il seroit assez logique de supposer que Taillevent, devenu vieux et ne prenant plus une part active à la préparation des mets servis sur la table royale, ait voulu léguer, avant de mourir, à ses successeurs quelques bons enseignements, fruits de sa longue expérience.

Prenons, à l'appui de notre thèse, quelques exemples. Page 258, nous trouvons le *Brouet de daintiers de cerf*; si nous en croyons l'auteur du *Ménagier*, les *daintiers* comme les *neux*, le *jargeau*, le *franc-boyau* constituoient les menus droits ou morceaux qui étoient réservés au seigneur [1]; page 259, à l'article *Doreures*, il est question d'un *Convy de prince*; page 261, l'auteur donne la recette des *Coqz heaumez* que l'on recouvre, pour les seigneurs, de feuilles d'or

---

(1) V. *Ménagier de Paris*, t. II, p. 156.

ou d'argent. Enfin, page 262 — et c'est là l'exemple le plus frappant que nous puissions choisir — l'auteur du traité recommande de « mettre en chascun pasté iii ou iiii quartiers de poullaille pour fichier les bannieres de France et des seigneurs qui seront en la presence. » On ne sauroit mettre en doute qu' « en la présence » signifie bien ici *en la présence du roi*; autrement dit, on devra placer, en outre des bannières fleurdelysées, les bannières des seigneurs invités à s'asseoir à la table royale.

Quant aux « entremetz de paintrerie » ils nous rappellent bien ceux que les rois et princes faisoient figurer sur leurs tables. La Curne de Sainte Palaye rapporte que ces entremets, dont l'usage s'étoit vraisemblablement introduit avant le règne de Saint Louis, furent employés aux noces de son frère Robert, à Compiègne, en 1237. Les *Chroniques de Saint-Denis* nous donnent la relation des entremets qui furent donnés, en 1378, au banquet offert par Charles V à Charles IV, empereur des Romains; mais il s'agissoit là de véritables divertissements qui, s'ils avoient lieu entre chaque service ou chaque mets comme on disoit alors, se passoient dans la salle du festin mais non pas sur la table où le couvert étoit dressé [1].

---

(1) *Mémoires sur l'ancienne chevalerie. Paris, veuve Duchesne*, 1781, t. I, p. 245. — *Hist. de la vie priv. des Franç.*, éd. de 1815, t. III, p. 273.

En 1378, Taillevent qui étoit soit premier queux, soit écuyer de cuisine[1], avoit certainement dû ou participer à la préparation du banquet donné par le roi en l'honneur de l'Empereur, ou accompagner les plats que l'on présentoit sur la table royale ; il avoit donc vu ces divertissements d'un nouveau genre, et peut-être lui est-il venu l'idée de faire en petit ce qu'il avoit vu exécuter en grand, d'où ces si curieux « entremetz de paintrerie » que le manuscrit du Vatican enseigne à confectionner.

Il s'agit plus loin d' « entremetz plus legiers » ; ces entremets nous font songer à nos pièces montées modernes, mais différentes d'elles en ce sens qu'elles étoient faites de matières qui ne se pouvoient manger.

Enfin — mais ce seroit entrer tout à fait dans le champ trop vaste des conjectures, et nous ne nous le croyons pas permis — une coïncidence singulière nous a frappés. On a vu que le duc de Berry possédoit dans sa « librairie » une copie du *Viandier de Taillevent*[2], mais on ne sait ce qu'est devenu le gros volume « à quatre fermouers de cuivre et V gros boullons de mesmes sur chascune aiz » qui le renfermoit. Ne peut-

---

(1) La dernière pièce nous montrant Taillevent premier queu du roi porte la date de 1377, et la première où il figure comme écuyer de cuisine est de 1381. Nous ne savons donc si, en 1378, il étoit encore premier queu ou s'il étoit déjà écuyer de cuisine.

(2) Voy. p. IV.

on pas supposer que le manuscrit du Vatican soit une copie de celui du frère de Charles V? L'auteur du traité mentionne, c'est là une particularité à noter, les *Buignetz et roysolles de mouelle*, mais il n'en donne pas la recette. Peut-être aussi n'est-ce qu'une simple omission du scribe? Or, nous voyons, dans le *Ménagier de Paris*[1] que « à la court des seigneurs comme Monseigneur de Berry, quant l'en y tue un beuf, de la mouelle l'en fait rissolles ». Mais, nous le répétons, nous ne voulons pas nous lancer dans les conjectures, et nous n'avons fait que signaler cette coïncidence sans vouloir en tirer un argument.

Nous avons exposé les raisons qui plaident en faveur de l'attribution de la seconde partie du manuscrit de Rome à Taillevent en même temps que nous avons relevé celles qui lui sont contraires, et il s'agit maintenant de tirer une conclusion. Nous croyons que l'on doit plutôt considérer Guillaume Tirel comme l'auteur de ce traité, mais nous ne pouvons pas l'affirmer positivement.

Il est, toutefois, un fait indéniable et sur lequel tout le monde sera évidemment d'accord, c'est la réelle supériorité du manuscrit de Rome sur celui de la Bibliothèque Nationale, dont on ne peut cependant pas contester la grande valeur ; car il offre ceci de précieux

---

(1) T. II, p. 226.

que la date qu'y a inscrite un de ses possesseurs, Pierre Buffaut, nous prouve péremptoirement qu'il est contemporain de Taillevent. La première partie du manuscrit du Vatican nous donne une excellente leçon du *Viandier*, et la deuxième partie, inconnue jusqu'à ce jour, contient un texte des plus importants pour l'histoire de nos mœurs épulaires. C'est, probablement, le seul traité de ce genre qui enseigne la manière d'exécuter les entremets. Or, à supposer même, ce qui n'est pas notre avis, que ce ne soit pas l'œuvre du maître queux de Charles V, ce manuscrit ne peut qu'ajouter un réel intérêt à notre publication.

Dans un autre ordre d'idées, nous avons, depuis l'apparition de notre édition du *Viandier*, eu connoissance de trois nouvelles pièces concernant Guillaume Tirel.

Les deux premières, que nous devons à l'obligeante érudition de M. Bernard Prost, sont datées l'une de 1330, l'autre de 1364. La première [1], qui nous fait connoître Taillevent « vallet de cuisine de bouche » de la reine Jeanne de Bourgogne, est la donation par Philippe de Valois à Guillemin Tirel d'un quartier de terre sis en l'issue [2] de Saint-Germain-en-Laye et de sept chênes secs qui s'y trouvent.

---

(1) *Pièces justificatives*, n° 18.
(2) A la sortie.

A l'époque où il reçut ce cadeau du roi en récompense de ses agréables services, Tirel étoit encore jeune et le nom de *Guillemin,* diminutif de Guillaume, confirme cette opinion ; mais on ne peut guère supposer qu'il eût alors moins de vingt ans, peut-être vingt-et-un ou vingt-deux, car il faut admettre qu'il avoit servi quelque temps la reine pour avoir pu rendre au roi les services dont il est parlé dans la charte.

La date de 1310 que nous avons indiquée comme celle de sa naissance[1] est très rationnelle, mais, si elle n'étoit pas exacte, il faudroit plutôt la reculer, et Taillevent, quand il étoit enfant de cuisine, en 1326, avoit nécessairement bien plus de onze ans ; il en avoit au moins seize et il en résulte que, lorsqu'il mourut en 1395, il avoit atteint l'âge de 85 ans. Cela n'a rien d'impossible. D'autre part, on ne peut supposer que ce *Guillemin* Tirel soit un autre personnage que notre Guillaume, car l'intitulé de la charte porte : Donatio facta *Guillelmo* Tirel. Or, *Guillelmus* est bien Guillaume.

La seconde pièce est une charte de Charles V[2] qui nous confirme que Guillaume Tirel, queux du duc de Normandie, est resté au service de ce prince après son avènement au trône, et le roi y parle avec reconnois-

---

(1) Voy. p. xxxi et suivantes.
(2) *Pièces justificatives,* n° 19.

sance des services rendus par son queux au roi Philippe, son aïeul.

Dans ces lettres, datées de Pontoise au mois de juin 1364, et scellées à l'original du sceau dont Charles V se servoit avant son avènement au trône, le roi permet à Tirel d'acquérir de qui il voudra et de donner à quelque église ou à quelque ecclésiastique que ce soit, pour fonder des services pour le repos de son âme, et de l'âme des siens, 24 livres parisis de rente, le tout sans payer aucune finance au fisc. Déjà, en 1349, Philippe de Valois avoit accordé gratuitement à Taillevent l'amortissement de pareille rente de 24 fr.[1]. Il est bien permis de supposer que la première rente fut donnée pour le repos de l'âme de Jehanne la Bonarde, première femme de Taillevent, et que la seconde étoit destinée à une fondation de Taillevent faite pour lui-même.

La troisième et dernière des nouvelles pièces[2] que nous avons à ajouter aux dix-sept autres a été portée à notre connoissance par un article que M. Siméon Luce a bien voulu consacrer, dans la *Romania*[3], à notre publication.

Il s'agit de la vente faite par Isabeau le Chandelier, veuve de Guillaume Tirel, de deux maisons assises à

---

(1) Voir *Pièces justificatives*, n° 4.
(2) *Pièces justificatives*, n° 20.
(3) *Paris, Bouillon*, livraison d'avril, 1892, p. 307.

Paris devant la Croix-Neuve[1], tenant à Jean Dufaux, en la censive de Mgr l'évêque de Paris. Cette vente eut lieu le dernier jour d'avril 1398, c.-à-d. trois ans après la mort de Taillevent si, comme cela est très probable, la date de 1395 que nous croyons avoir lue sur sa pierre tombale est exacte. Ce fut Jacques Lefer, procureur en Parlement, qui se rendit acquéreur de ces deux immeubles.

Cette pièce est assez importante en ce sens qu'elle corroborre, sinon totalement, du moins en partie notre opinion au sujet du décès de Guillaume Tirel et, en outre, qu'elle nous apprend que Taillevent avoit conservé ses fonctions de sergent d'armes, lorsqu'il étoit devenu premier écuyer de cuisine du Roi.

---

(1) Nous voyons à Paris, à cette époque, deux croix portant le nom de Croix-Neuve.

La première, que nous ne croyons pas être la nôtre, étoit située près de Saint-Martin des Champs et, au xve siècle, hors des murs de Paris (Jaillot, quartier Saint-Martin, p. 14), d'où il résulte que les maisons d'Isabeau le Chandelier, étant à Paris, ne pouvoient être devant la croix en question.

La seconde *Croix-Neuve* étoit placée *devant l'église Saint-Eustache*, c'est-à-dire devant l'entrée principale où est aujourd'hui le portail. Sauval dit qu'en 1300 elle portoit le nom de Croix-Bigne (T. II, p. 336). Jaillot confirme le dire de Sauval et donne des détails intéressants sur l'emplacement de la rue de la Croix-Neuve à qui la croix avait donné son nom et qui fut supprimée pour augmenter l'église dans la première moitié du xvie siècle (Jaillot, quartier Saint-Eustache, pp. 31, 36, 46, 47, etc.) Ajoutons que l'évêque de Paris avoit dans ce quartier de nombreux cens (Jaillot, *Ibid.*, 34, 47). C'est donc, suivant toute apparence, devant cette croix, devant le portail Saint-Eustache qu'étoient situées les maisons d'Isabeau Le Chandelier.

M. Luce incline à croire que Tirel étoit originaire de Normandie et c'est dans la pièce de 1330, au bas de laquelle figure le nom de G. Bertran, qu'il puise un des arguments qu'il émet à l'appui de sa pensée. D'après le savant membre de l'Institut, Guillaume Bertrand, vicomte de Roncheville, second fils de Robert Bertrand VII*e* du nom, baron de Bricquebec, et de Marie de Sully, premier président du Parlement en 1340, sembleroit avoir été l'un des protecteurs du jeune Guillemin Tirel. « Or, continue M. Luce, quatre ans auparavant, ce même Guillemin figurait encore, avec le sobriquet de Taillevent, parmi les enfants de cuisine de la reine Jeanne d'Évreux dont la dot était assise sur les plus beaux domaines du duché de Normandie et en particulier du Cotentin. » La présence d'une copie du *Viandier* dans le fonds de la baronnie de la Haye-du-Puits, de même que le « nom de *videcoq* donné dans l'ouvrage du queux de Charles V à une variété de l'espèce bécasse » sont encore pour M. Luce deux raisons de nature à lui faire croire que Taillevent étoit normand.

Il est à remarquer, en effet, que Guillaume Tirel avoit des rentes sur la vicomté de Rouen et il peut avoir été normand d'origine [1]. Mais le mot « videcoq » est le nom que portoit la bécasse en France, et non

---

(1) V., p. xxxv, ce que nous disons d'un autre Tirel.

pas seulement en Normandie, au xɪvᵉ siècle. Dans le *Ménagier de Paris*, on ne voit pas une seule fois le mot « bécasse », tandis que « videcoq » y est deux fois. Dans les manuscrits du *Roi Modus*, un videcoq auquel un chasseur affublé d'un camail passe un lacet au cou est une vraie et simple bécasse.

Pour nous résumer, nous connoissons donc aujourd'hui quatre copies du *Viandier* :

1º Le ms. de la Bibliothèque Nationale ;

2º Le ms. de la Bibliothèque du Vatican ;

3º Le ms. de la Bibliothèque Mazarine ;

4º Le ms. des Archives de la Manche (ms. de la Haie-du-Puits).

Ces quatre copies nous ont été heureusement conservées ; quant au manuscrit du duc de Berry, dont nous trouvons la mention dans un inventaire de 1416, on ne sait ce qu'il est devenu, non plus que celui qui figure dans l'*Inventaire des livres* que possédoit, en son château de Jaligny, Guichard Dauphin, deuxième du nom, gouverneur du Dauphiné et grand-maître de l'hôtel du Roi[1]. Cet inventaire avoit été dressé le

---

(1) Guichard Dauphin, deuxième du nom, seigneur de Jaligny et de La Ferté-Chaulderon, étoit fils de Guichard Dauphin, grand-maître des arbalétriers, et d'Isabeau de Sancerre. M. Le Roux de Lincy a publié dans le *Bulletin du Bibliophile* de novembre 1843, p. 518, un catalogue des livres de Guichard Dauphin II, rédigé par lui-même en 1413, et dont une grande partie sans doute avoit appartenu au *chevalier plein d'honneur*, comme l'appelle Hardouin de Fontaine-Guerin, auteur du *Trésor de Vénerie*. — V. aussi Baluze, *Histoire généalogique de la maison d'Auvergne*, et le Père Anselme, *Histoire généalogique*, t. vɪɪɪ, p 51.

6 juin 1413 et comprenoit 82 ouvrages. *Taillevent* y est inscrit sous le numéro 80.

Quoi qu'il en soit, le nouveau manuscrit que nous publions aujourd'hui présente un intérêt qui n'échappera à personne ; il étoit le complément indispensable de notre édition du *Viandier*.

MANUSCRIT

de la

BIBLIOTHÈQUE DU VATICAN

FAC-SIMILE

DU

MANUSCRIT DE LA BIBLIOTHÈQUE VATICANE

Cy commenz[c]e[nt] viandes c[om]-
munement mettes pour du Roy de France, on
quel sont contenues les choses qui s'enfuiuent

Et premierement

Pour dessaler toutes manieres de potaiges
Pour oster la graisse des potaiges q[ue] les diz noms
Souppes de gresse chair
Poiree de mouton bouilly lardé
Venoison de cerf et de chevreau sauvaige
Venoison de sanglier
Chappons aux herbes

Potaiges lians

Chauldun de porc
Costonnes de pois nouveaux et de feves nouvelles
Commee d'amendes
Brouet de canelle
Brouet georgé
Brouet vergay
Une mangois
Brouet de menue oiseaulx
Blanc brouet de chappons
Souspe de lievre
Houdons de chevrons

Cy commence le viandier Taillevent, maistre queux du Roy de France, ouquel sont contenues les choses qui s'ensuivent :[1]

Et premièrement :

Pour dessaler toutes manières de potaiges.
Pour oster l'arsure des potaiges que l'en dit aours.[2]
Bousture de grosse chair.
Hericoc de mouton ; boully lardé.
Venoison de cerf et de chevreau sauvaige.
Venoison de sanglier.
Chappons aux herbes.

(1) Nous avons imprimé en lettres italiques les titres des recettes qui, annoncées dans cette sorte de table, ne figurent pas dans le corps du manuscrit. Cette table, incomplète d'ailleurs, puisque certaines recettes données par l'auteur n'y sont pas mentionnées, n'a trait qu'aux matières contenues dans les ff. 48 recto à 71 verso du dit manuscrit que nous appelons « première partie. » — (2) Brûlés.

POTAIGES LYANS

Chaudun de porc.
Cretonnée de poys nouveaux et de fèves nouvelles.
Comminée d'almendes.
Brouet de canelle.
Brouet georgié.
Brouet rousset.
Une vinaigrete.
Grané de menuz oiseaulx.
Blanc brouet de chappons.
Boussac de lyèvres.
Houdons de chappons.
Brouet d'Almaigne.
Hochepot de poulaille.
Soutif brouet d'Angleterre.
Brouet de verjus.
Brouet de vertgay.
Rappé.
Civé de veel.
Civé de lièvres.
Civé de connins.
Mouton et beuf à la porée.
Le janbon de porc à la rappée.
Le chappon au vertjus.
Le chappon et le trumel de beuf au jaunet.
Le janbon sallé avec l'eschinée et les andoylles aux pois ou au poreaulx.
Le janbon bruslé fraiz aux poreaulx, mengié au poivre chault.

ROSTZ

Chevreaux.
Aigneaulx.
Oes, porc.
Veel.
Frase de veel.
Mouton.
Poullés.
Chappons.
Gelines.
Hettoudeaulx.
Connins.
Lyèvres.
Bourblier [1].
Sanglier.

---

(1) Il doit y avoir une faute du copiste qui a écrit *Bourblier* et *Sanglier* comme si c'étoit deux recettes distinctes. C'est *Bourblier de sanglier* qu'il faut lire.

Toute venoison.
Piguons.
Menuz oyseaulx.
Plouviers.
Videcocz.
Perdriz.

Gelée de chair.
Gelée de poisson.

Tourtourelles.

Cynes.
Paons.
Faisans.
Cycongnes.
Hérons.
Oetardes [1].
Malars.
Butors.
Buhoreaulx.
Cormorans.
Pourcellés farcies.

ENTREMETZ

Faulx grenon.
Menuz droiz.
Froumentée.
Froyde sauge.
Soux.
Tuilleiz [2].

Millet.
Poulaille farcie.
Lamproye fresche.
Lamproye en galentine.
Ris engoulé.
Entremetz d'un cine revestu.

POTAIGES LYANS SANS CHAIR

Comminiée de poisson.
Brouet vertgay d'anguilles.
Grane de loche.
Chaudumé au bescuit.
Brouet sarrasinois.

Civé d'oestres.
Souppe en moustarde.
Civé d'œufz.
Brouet d'Alemaigne.
Layt lié.

(1) Outardes. — (2) Faute pour *Tailleiz* ou *Taillis*, voyez note 1, p. 16.

e ij

Brouet vert d'œufz.
Sausse jaunete.
Grane de perches.

Poivre civé de poisson [1].
Layt de Provence.

POUR MALADES

Coulleiz d'un poullet.
Eaue rose.
Chaudeau flamment.
Ung gruyau d'orge.

Ung coulleiz de perche.
Blanc mengier de chappon
Comminiée de poisson.

POISSONS D'EAUE DOULCE

Luz.
Brochet.
Barbillons.
Carpes alozées.
Perches.
Tenches.
Bresmes.
Rossaille.
Loche.
Chevesneaulx.
Anguilles.

Trutes.
Pinperneaulx.
Gaymel.
Lamproyons.
Setailles [2].
Ables.
Escrevisses.
Alozes d'eaue doulce.
Vendoises.
Gardons.

---

(1) Il est difficile de lire autre chose que *poivre civé* ou *poivre curé*; nous connoissons pas ce plat. — (2) C'est *setoilles* et non *setailles* qu'il faut lire. setoille, sautoille ou satouille (V. Godefroy, Dictionnaire de l'anc. lang. franç est la lamproie de rivière.

POISSON DE MER RONT

Porc de mer.
Gourneaulx.
Congre.
Mellanz.
Chiens de mer.
Maquereaulx.
Saumon.
Mulet.
Morue.
Angrefin [1].
Grappois.
Orfin.

Brete.
Trute saumonneresse.
Aloze de mer.
Fuccus [2].
Ables.
Esturjon.
Seiche.
Hannons.
Moules.
Lamproyes.
Grimondins.
Rouget.

POISSON DE MER PLAT

Pleiz.
Balaine.
Flez.
Solles.

Raye.
Turbot.
Barbue.
Bresme.

(1) Faute pour *Aigrefin*. On appelle plus communément aujourd'hui Aiglefin ce poisson qui ressemble à la morue, quoique plus petit, et se pêche surtout dans la mer du Nord. — (2) Le ms. porte bien *Fuccus*; mais ce mot a été très vraisemblablement mal écrit pour *Fruites* (*Fuites* dans le *Ménagier*). Ces poissons se trouvent ici placés entre l'alose et les ables, comme dans le ms. de la Biblioth. Nationale. Voyez p. 30. Nous n'avons, du reste, pas trouvé quel étoit ce poisson à moins que ce ne soit la grive de mer dont parle Belon et qui se nomme en latin *Phuca* et *Phycis*.

Sancte [1]. Dorée [3].
Tune [2]. Carreletz.
Lymande.

SAUSSES NON BOULLUES

Cameline. Aux aux harens fraiz.
Aux camelinez. Sausse vert.
Aux blans. Une soussie [5].
Aux vertz. Une bonne sausse de jance
Rappée.   pour morue aux aulx.
Aux atout la cotelle [4].

SAUSSES BOULLUES

Poivre jaunet. Janse aux aux.
Poivre noir. Une poitevine.
Janse de lait. Porée de cresson.
Jance de gingenbre sans aux.

Pour faire flans et tartes en karesme.
Pour faire aultres flans et tartes.
Pour faire pastés en pot.

---

(1) Nous ne savons quel est ce poisson. — (2) Probablement le thon, du latin *Thynnus* (Tunno, en italien). Ce n'est pas un poisson plat, mais la baleine non plus et cependant cette dernière figure dans la liste des poissons de mer plats. — (3) Dorade. — (4) Avec leur enveloppe, c'est-à-dire sans les éplucher. — (5) V. note 4, p. 33.

Cy après s'ensuit comment on fait les chosses dessusdictes :

Premièrement.

POUR DESSALLER TOUTES MANIÈRES DE POTAIGES qui seroient trop sallez, sans y rien mettre ne oster, prenez une nappe bien blanche et la mettez sur vostre pot, et la retournez souvent ; et convient traire le pot loing du feu.

POUR OSTER L'ARSURE d'un pot que l'en dit aours, prenez ung pou de levain et le liez en ung drappelet blanc, et gectez dedans le pot ; et ne luy laissiez guaires demourer.

BOULTURE DE GROSSE CHAIR, si est beuf, porc et mouton ; cuit en eaue et en sel, et se mengue, le beuf aux aulx vertz, en esté, blans en yver, et le porc et le mouton aussi à bonne sausse vert où il n'y ait point de vin, se la chair est freische, et, se elle [est] sallée, à la moutarde.

HERICOT DE MOUTON. Prenez vostre mouton et le mettez tout cru soubzfrire en sain de lart, et soit despecié par menuez pièces, des ongnons menuz meiciez[1] avec, et deffaictes de boullon de beuf, et y mettez du vin, et du verjus, et macis, ysope et sauge, et faictes bien boullir ensemble.

BOULY LARDÉ. Prenez vostre grain, entens que c'est ma chair ou ma veneison, et le lardez, et le mettez cuire en eaue ou en vin, et mettez du macis seullement, et du saffrain qui veult.

(1) Écrit *minctés*, ce qui paroît plus correct, dans le ms. de la Bibliothèque Nationale ; on trouvera ce même mot plus loin écrit indifféremment *mictés*, *missés*, *misslés*, c'est-à-dire coupés par petites rondelles.

VENOISON DE CERF ET DE CHEVREL SAUVAIGE FRESCHE. Pourboullue et lardée au long, et du macis, et du vin grant foisson; bien cuire et mengier à la cameline; et mise en pasté, pourboullie et lardée, et mengée à la cameline.

VENOISON DE SANGLIER FREZ. Cuit en vin et en eaue, à la cameline et au poivre aigret; le salé, à la moustarde.

CHAPPONS AUX HERBES OU VERI. Mettés les cuire en eaue, lart, persil, saugé, ysope, coq[1], vin, vertjus, saffran et gingembre, se vos voulez.

POTAGES LYANS

CHAUDUN DE PORC. Cuisiez le en l'eaue, et puis le decoupez par morceaulx, et frisiez en sain et en lart; puis prenez gingenbre, poivre long et saffran, et puis prenez pain hallé, et mettez tremper en boullon de beuf, car son boullion sent le fiens, ou, se vous voulez, en lait de vache, et passez parmy l'estamine; puis prenez vertjus de grain cuit en eaue, et mettez les grappes en vostre potaige sur le point de servir, et fillez moyeulx d'œufz dedans, et faictes boullir.

CRETONNÉE DE POYS NOUVEAULX. Cuisiez les jusques au purer, et puis les purez, et les frisiez en sain de lart; puis prenez lait de vache et le boulliez une onde, et mettés tremper vostre pain dedans le lait, et faictes gingenbre

---

(1) *Coq* ou *cost des jardins* dont le nom scientifique est *Tanacetum Balsamita* (Linné). Cette plante croit en Suisse, en Italie et dans nos provinces méridionales. On emploie encore, en Italie, les feuilles de balsamite pour assaisonner les salades et relever le goût des sauces.

et saffran brayer [1], et le deffaictes de vostre lait ; et faictes boullir, et puis prenez poulles cuites et [2] eaue, et les despeciez par quartiers et les frisiez, puis mettez boullir avecques, puis traiez arrière du feu, et y fillez grant foison de moyeulx d'œufz.

CRETONNÉE DE FÈVES NOUVELLES. Ainsi comme celles de poys cy devant.

COMMINÉE DE POULLAILLE. Cuissiez la en vin et en eaue, et puis la despeciez par quartiers et frisez en sain de lart, puis prenez ung pou de vin et en trempez vostre boullon, et le coulez, et le mettez boullir avec vostre grain ; puis prenez bien pou de gingenbre et de commin deffait de verjus et de vin, puis prenez moyeulx d'œufz grant foison, et les batez bien, et les fillez en vostre potaige arrière du feu ; et gardez qu'il ne tourne.

COMMINÉE D'AMENDES. Cuisiez bien vostre poulaille en eaue, et la despeciez par quartiers, et friolez en sain de lart ; puis prenez amendes et les brayés, et les deffaictes de vostre boullon, et mettez boullir sur vostre grain, et prenez gingenbre et commin deffait de vin et de verjus ; et tousjours se lye elle mesme.

BROUET DE CANELLE. Cuissiez vostre poulaille en vin ou en eaue, ou tel grain comme vous vouldrez ; et le despeciez par quartiers, et friolez, puis prenez amendes toutes seiches, et cuisez sans peler, et de canelle grant foison, et brayez, et

---

(1) Le copiste de ce ms. ayant écrit le plus souvent *brayer* au lieu de *broyer*, nous avons cru devoir maintenir ce mot tel qu'il l'a écrit, mais il est évident qu'il faut lire partout *broyer*. — (2) Faute pour *en eaue*.

coullez, et le deffaictes de vostre boullon de beuf, et faictez bien boullir avecques vostre grain, et du verjus, et prenez girofle et graine de paradiz, braiez, et mettez emsemble; et soit lyant et fort.

BROUET GEORGIÉ. Prenez tel grain vollaille que vous vouldrez, et la despeciez, et prenez persil effeullié, et ongnons menuz missiez, et mettez souffrire en sain de lart; puis prenez des foyes et pain hallé, et deffaictes de vin et de boullon de beuf, et faictes bien boullir tout ensemble; puis affinez gingenbre, saffren, deffaictes de verjus; et que vostre boullon soit blanc brun et lyant comme une soringue.

BROUET ROUSSET. Prenez tel grain comme vous vouldrez, et ongnons missiez par rouelles, et persil effueillié, et mettez souffrire en sain de lart, et puis pain et foyes, et coulez en boullon de beuf et en vin, et mettez boullir avec vostre grain, et puis affinez gingenbre, canelle, girofle, graine, fleur de canelle, et deffaictes de vertjus; et soit roux.

UNE VINAIGRETTE. Prenez la menue haste du porc, et mettez rostir, et ne la laissiez mie trop cuire; puis la decouppez, et ongnons par rouelles, et mettez souffrire en son saing ou en aultre dedans ung pot sur le charbon, et hochez le pot bien souvent; et, quant il sera bien souffrit, si y mettez boullon de beuf et du vin, et mettez boullir sur vostre viande; puis affinez graine de paradiz et ung pou de saffren, et deffaictes de vinaigre, et mettez boullir tout emsemble; et se doibt lyer de luy mesmes et estre brunet.

GRANE DE MENUZ OYSEAULX ou telle viande comme vous vouldrez. Mettez souffrire en sain de lart très bien, puis prenez pain brulé, et deffaictes de boullon de beuf, coullez, et mettez avec vostre viande, puis affinez gingenbre, canelle, et ung pou de vertjus, et faictes boullir ensemble; et doibt estre tendre et non pas trop lyant.

BLANC BROUET DE CHAPPONS. Cuis en vin et en eaue, puis despeciez par membres, et frisiez en sain de lart, et puis brayez amendes et des brahons[1] de voz chappons, et des foyes, et deffaictes de vostre boullon, et mettez boullir sur vostre viande; puis prenez gingenbre, girofle, garingal, poivre long, grainne de paradiz, et deffaictes de vinaigre, et faictes bien boullir ensemble, et y fillez moyeulx d'œufz bien batuz; et soit bien lyant.

BOUSSAC DE LIÈVRES OU DE CONNINS. Hallez les en broche ou sur le grail, puis les decouppez par membres, et frisiez en sain de lart; puis prenez pain brullé, du boullon du beuf, et y mettez du vin, et coullez, et faictes boullir ensemble, et puis prenez gingenbre, canelle, girofle, graine de paradiz, et deffaictez de vertjus; et soit brun noir et non pas trop lyant.

HOUDONS DE CHAPPONS. Cuisiez les en vin et en eaue, et despeciez par membres, et les friolez en sain de lart; et prenez ung pou de pain qui soit brullé, deffait de vostre boullon, et faictes boullir avec vostre viande, puis affinez gingenbre, canelle, girofle et grainne de paradiz, et deffaictes de vertjus; et ne soit mie trop lyant.

BROUET D'ALLEMAIGNE DE CHAIR, DE CONNINS ET DE POULLAILLE. Prenez vostre chair, et la despeciez, et la mettez souffrire en sain de lart, et de l'ongnon menu missié; puis

---

(1) V. note 2, p. 8.

f ij

affinez amendes grant foyson, et destrempez de vin et de boullon de beuf, puis faictes boullir avec vostre grain; puis affinez gingenbre, canelle, girofle, grainne de paradiz, noiz muguetes, bien peu de saffran; et soit sur le jaune et lyant, deffait de verjus.

HOCHEPOT DE POULLAILLE. Prenez vostre poullaille et la despeciez par membres, et la mettez souffrire en sain de lart : puis prenez ung pou de pain brullé et des foyes de la poullaille, et deffaictes de vin et de boullon de beuf, et mettez boullir avec vostre grain; puis affinez gingembre, canelle, et grainne de paradiz, et deffaictes de vertjus; et doibt estre claret noir et non pas trop.

SOUSTIL BROUET D'ANGLETERRE. Prenez chastaignes cuites pellées, et moyeulx d'œufz cuis en vin, un pou de faye[1] de porc, et broyez tout ensemble, et destrempez d'un pou d'eaue tyède, puis coullez; affinez gingenbre, gyrofle et saffran pour donner coulleur, et faictez boullir ensemble.

BROUET DE VERJUS DE POULLAILLE OU DE TEL GRAIN COMME VOUS VOULDREZ. Cuisiez en vin, en eaue et en verjuz tellement que le goust du verjus passe tout l'autre, puis broyez gingenbre et des moyeulx d'œufz tous cruz grant foison, et passez tout parmy l'estamine ensemble, et mettez boullir; puis gectez sur vostre grain, quant il sera friolé, et mettez du lart, au cuire, pour luy donner goust.

BROUET VERTGAY. Cuisiez tel grain comme vous vouldrez en vin et en eaue et en boullon de beuf, et de lart pour luy donner goust, puis convient bien frioler vostre grain; puis

---

(1) Foie de porc.

affinez gingenbre, saffren, persil, ung pou de sauge qui veult, et des moyeulx d'œufz tous cruz, et du pain tout passé parmy l'estamine, deffait de vostre boullon; et i fault ung pou de verjuz et de bon froumage qui veult.

Râppé. Mettez vostre grain souffrire en sain de lart, puis prenez du pain, et mettez tremper en boullon de beuf, et passez parmy l'estamine et gectez sur vostre grain; puis affinez gingenbre, deffaictes de verjus et de vin, et mettez sur vostre grain; puis prenez de groiselles ou du verjus en grain, et mettez dedans.

Civé de veel [1]. Rosti en broche ou sur le greil sans trop laissier cuire, decouppez par pièces et mettez souffrire en sain, et couppez ongnons bien menuz, frire avec, puis prenez pain brullé deffait de vin et de boullon de beuf ou de purée de poys, et faictes boullir avec vostre grain; puis affinez gingenbre, canelle, girofle, grainne de paradiz, et saffran pour luy donner couleur, et le deffaictes de verjus et de vinaigre; et soyt liant, et assez d'ongnons, et que le pain soit brun, et agu [2] de vinaigre et fort d'espices; et doibt estre jaunet.

Civé de lièvre. Doibt estre noir, et le pain bien brullé pour luy donner couleur; et se fait de telles estoffes [3] que celuy de veel; et ne fault point laver le lyèvre.

Civé de connins. Doibt estre fort, et non mie si noir comme celuy de lyèvre, ne sy jaune comme celuy de veel, mais entre deux, et se fait de teles estoffes comme cellui de veel.

(1) Veau. — (2) Piquant. — (3) Matières.

Cy ensuivent les rostz de chair

Rost de porc. Se mengue au verjus; et aucuns y mettent des aulx en la lechefricte avec le sain qui chiet [1] du rost, des ongnons, du vin et du verjus, et en font saulse.

Aussi porc mis en pasté; se mengue au verjus.

Veau. Fort pourboully et lardé; se mengue à la cameline.

Et en pasté, mettez-y de la pouldre d'espices, du lart et du saffren; et se mengue au verjus.

Pour faire frase de veel que l'en appelle charpie. Prenez vostre grain, s'il est tout cuit, et decouppez bien menu, puis le frisiez en sain de lart, et puis brayez gingenbre, saffren, et batez des œufz tous cruz, et les fillez sur vostre grain ou sain, brayez espices, mettés de la pouldre d'espices, combien que aucuns n'y en veullent point et le menguent au verjus vert.

Mouston en rost. Au sel menu, à la cameline ou au verjus.

Chevreaux, aigneaux. Reffaictes les en eaue boullant, et les tirez tantost hors, et les hallez ung pou en la broche, et puis les lardez; et mengiez à la cameline.

Pourcelet ou cochon farsy. Soit eschaudé, et bien lavé, et mis en la broche, la farce faicte des yssues du cochon et de chair de porc cuite, et des moyeulx d'œufz, de fromage de gain, de chastaignes cuites, pelées, et de bonne pouldre d'espices; et mettez tout ou ventre du pourcelet et cousez [2]

---

(1) Tombe. — (2) Le copiste avoit d'abord écrit *pinsez la fente*, puis s'apercevant de son erreur, il a écrit au-dessus du mot *pinsez* ces trois lettres *cou* et il a omis de rayer *pin*. C'est donc, le sens l'indique suffisamment, *cousez* qu'il faut lire.

la fente, et mettez en rost, et bacinez à la cuillier, en tournant le rost, de vinaigre et de bon sain boullant; et le mengiez au poivre jaunet tout chault; et aucuns pareceulx [1] le menguent à la cameline.

OES ET OYSONS EN ROST. Se menguent aux aulx blans ou vers, ou poivre noir, ou à la jance; et aucuns les menguent à la saulse Saint Merry, c'est assavoir aulx destrempez à la petite oue ou que on a d'aultre eaue grasse [2]. Et sont aucuns bons frians, quant l'oe ou l'oyson sont rostiz, qu'ilz les portent aux oyers Saint Merry ou au carrefour Saint Sevrin ou à la porte Baudés coupper et les despecier par lesdiz oyers qui les mettent tellement que par morceaulx et par lez que, en chascun morcel, a pel, chair et os, et le font très gentement [3].

(1) Paresseux qui ne veulent pas prendre la peine d'exécuter la recette ci-dessus. — (2) Ou d'une autre sorte de bouillon. — (3) Les *oyers* ou rôtisseurs furent réunis en confrérie par Etienne Boileau, prévôt de Paris, qui, en 1268, leur dressa des statuts ainsi qu'aux autres marchands, sur l'ordre de saint Louis. On les nommoit *oyers* parce que l'oie étoit une des pièces de volaille les plus estimées et de celles qu'ils vendoient davantage. Peu à peu, les oyers qui vendoient, les jours maigres, des légumes et des poissons cuits renoncèrent à ce dernier commerce et se restreignirent à la seule vente des chairs rôties, ce qui les fit appeler *rôtisseurs*. C'est ainsi qu'ils sont désignés dans une ordonnance du Prévôt de Paris en 1468. Les *oyers* ont donné leur nom à la rue dans laquelle ils établirent leur commerce, la *rue aux Oues* (aujourd'hui rue aux Ours); mais on voit qu'ils ne se cantonnèrent pas toujours dans ce quartier de Paris puisqu'en dehors de la rue ou porte Saint-Merry, située tout près de la rue aux Oues, il s'en étoit établi au carrefour Saint-Severin et à la porte Baudés (qui se trouvoit sur l'emplacement actuel de la place Baudoyer). V. Legrand d'Aussy, *Hist. de la vie priv. des Franç.*, éd. de 1815, t. I, p. 320 et 358, Delamare, *Traité de la police*, t. III, p. 782, et *Livre des métiers d'Étienne Boileau* (éd. Lespinasse) p. 145, titre LXIX.

POULLES ET POUCINS. Se menguent à la froyde saulge, ou en rost, ou en pasté, au verjus vert en esté, ou sangle[1] en yver.

CHAPPONS, GELINES, HETTOUDEAULX EN ROST. A la saulce de moulst, en esté, ou à la poitevine en yver, ou à la jance. Et si fait l'en bien celle saulce comme de moulst en yver, c'est à savoir de vin et de succre bolu ensemble.

CONNINS, LAPPEREAULX. Soient pourbouliz et lardez, et mis en rost, et mengiez à la cameline; et, en pasté, soient pourbouluz et lardez, et mis tous entiers ou par grans pièces, en pasté et y mettre de la pouldre d'espices; et soient mengiez à la cameline ou au verjus.

CHAPPONS DE HAULTE GRESSE. En pasté, sans larder, vuidiez la gresse en ung plat, et y faictes faire la dodine en la gresse mise et boullye en paelle de fer, et du persil, du vin et du verjus; et puis y faictes des souppes[2] longuetes ou platés ou autres petites, sans toster.

LIÈVRES EN ROST. Sans laver, lardez le, et le mengez à la cameline ou au saupiquet, c'est assavoir en la gresse qui en chiet en la lechefricte, et y mettez des ongnons menuz couppez, du vin et du verjus et ung pou de vinaigre, et le gectez sur le lièvre, quant il sera rosti; ou mettez par escuelles.

Et, en pasté, par grans pièces soient pourboulues et puis lardeez, à la cameline; et aucuns les bacinent de telle saulce comme ung bourblier de sanglier, quant ilz sont en rost.

(1) *Simple*, c'est-à-dire sans sauce. — (2) Tranches de pain. *Sans toster*, c'est-à-dire sans les faire griller.

BOURDIER DE SANGLIER FREZ. Premièrement, il le convient mettre en eaue boullant et bien tost retraire, et mettre rostir, et baciner de saulse faicte d'espices, c'est assavoir gingenbre, canelle, girofle, grainne de paradiz, et mieulx qui peult, du pain bruslé destrempé de vin et de verjus et de vinaigre, et l'en baciner, et puis, quant il sera cuit, si bacinez tout ensemble; et soit clairet et noir.

TOUTE VENOISON FRESCHE. Sans baciner, à la cameline.

PIJONS ROUSTIZ atout les testes et sans les pietz, au sel menu.

Et, en pasté, au sel menu, ou au vin, ou à la ciboule, avec la gresse du pasté.

MENUZ OYSEAULX COMME ALLOUETES, CAILLES, MAUVILZ ET AUTRES. Soient plumez à sec sans eaue, puis les boullez ung pou, et les enhastez atout les testes et les pietz par de costé, et non pas de long, et mettés des lesches ou ribeletes de lart ou des tronsons de saulcisses entre deulx; et les mengiez au sel menu, et, en pasté, au fromage de gain mis ou ventre.

PLOUVIERS ET VIDECOQZ. Plumez à sec, et laissiez les testes et les pietz; enhastez de long; et soient mengiez au sel menu; et aultres y veullent la cameline.

Et, en pasté, au sel menu, sans y mettre point de fromage.

PERDRIZ. Plumez à sec, et reffaictes en eaue boullant, puis lardez, et ostez testes et piez; au sel menu; et aucuns, en pasté, au sel menu. Et aucuns les despiècent, et detranchent par menuz morceaulx et mettent entre deulx platz avec de l'eaue froide et du sel, et puis mettent eschauffer sur le charbon tant que l'eaue boulle, et puis les menguent; et dient que c'est très bonne saulce.

gi

TURTURELLES. Plumez à sec et reffaictes en eaue boullant sans larder, au sel menu, et, en pasté, sans teste; et qui veult, soit doré, et au cuer soit fendue en la gorge de la teste jusquez aux espaules; et soit mengié au poivre jaunet.

PAON, CINE. L'en tue comme ungne oue, et laissiez la teste et la queue; soit lardé ou arçonné, et soit rosti doré, et soit mengié au sel menu. Et dure au loings bien ung moys depuis qu'il est cuit[1]; et feust ores moisy dessus, ostez le moysy, vous le trouverez blanc, bon et sade[2] par dessoubz.

FAISANS. Plumez à sec, boutonnez[3] ou arçonnez, et qui veult, soit reffait en eaue chaude, et soit rosty atout la teste, sans plumer, et atout la queue; envelopez de drappeaulx moulliez qu'ilz ne ardent. Et, se vous voullez, ostez la teste, la queue et les ailles, et rostissiez sans larder, s'il est gras et bon, et, au mettre ou plat, ataichiez à buchettes[4] la teste, la queue et les ailles en leurs places; et mengiez au sel menu.

SIGONGNES. Soient plumées aussi comme une oue, et laissiez les pietz et la queue et la teste; et soient mises en rost, arçonnées et flambées, au sel menu.

HÉRON. Soit seigné ou fendu jusques aux espaules comme dit est du cine et du paon; et soit appareillié comme la sigongne; au sel menu ou à la cameline.

OUTARDES. Comme la sigongne, au sel menu; et grues semblablement.

---

(1) C'est-à-dire qu'à partir du jour de la cuisson on peut le conserver un mois sans qu'il se gâte tout à fait; l'auteur ne nous paroît pas bien dégoûté. — (2) Agréable. — (3) Le ms. écrit bouconnez, mais c'est boutonnez qu'il faut lire. — (4) Avec de petites tiges de bois.

MALARTZ DE RIVIÈRE. Plumez à sec et mis en broche sans teste et sans pietz; et recueillez la gresse pour faire la dodine, et la faictes de lait, ou de vin, ou de verjus, avec du persil et souppes longuetes, tenues, brullées; et soit mengié au sel menu.

BUTOR. Comme la sigongne, au sel menu.

CORMORANT. Aussi comme le héron, au sel menu.

POCHES[1] ET TELLES MANIÈRES D'OISEAULX DE RIVIÈRE. Ainsi comme le héron.

SARCELLE. Semblablement ainsi comme le mallart de rivière.

ENSUIVENT LES ENTREMEZ.

FAULX GRENON. Cuisiez en vin et en eaue des foyes, des juisiers de poulaille, ou de chair de veel; puis la hachiez bien menu, et frisiez en sain de lart, et puis broyez gingenbre, canelle, giroffle, grainne de paradiz, et destrempez de vin, verjus et boullon de beuf, et du boullon mesmes des foyes, juisiers et veel, et des moyelz d'œufz grant foison; et coulez dessus vostre grain, et faictes bien boullir ensemble; et y mettent aucuns ung pou de pain et de saffran; et doibt estre bien lyant, sur jaune couleur, aigret de verjus, et, au dressier par escuelles, mettez dessus pouldre de canelle.

MENUZ PIEZ, FOYES ET JUISIERS. Mettez cuire en vin et en eaue très bien, et les mettez en ung plat, et du persil, et du vinaigre par dessus.

---

(1) La *poche* est un oiseau de rivage de la famille des échassiers que l'on nomme aujourd'hui, à cause de la forme de son bec, la spatule.

Froméntée. Prenez fourment et l'appareillez, et lavez très bien; puis le mettez cuire en eaue, et, quant il sera cuit, si le purez, puis prenez lait de vache boully une onde, et mettez le froment dedans, et faictes boullir une onde, et tirez arrière du feu, et remuez souvent, et fillez dedans moyeulx d'œufz grant foison; et aucuns y mettent espices et saffren, et de l'eaue de la venoison; et doit estre jaunette et bien liante.

Tailliz. Prenez figues, roisins et lait d'amendes boully, eschaudez, galettes et crouste de pain blanc couppé menu par petiz morceaulx quarrez, et faictes boullir vostre lait, et saffren pour luy donner couleur, et succre, et puis mettez boullir tout ensemble tant qu'il soit bien lyant pour taillier; et mettre par escuelles.

Milet. Moulliez le en trois paires d'eaue chaude, puis le mettez en lait de vache fremiant, et n'y mettez point la cullier jusquez ad ce qu'il ait boully, et puis le mettez jus de dessus le feu, et y mettez ung peu de saffren, et puis le mettez boullir tant qu'il soit assez, et puis le dreciez par escuelles.

Poullaille farcie. Prenez vos poullez et leur couppez le gavion, puis les eschaudez et plumez, et gardez que la peau soit sainne et entière, et ne la reffaictes point en l'eaue, puis prenez ung tuel de chaume ou autre, et le boutez entre cuir et chair, et l'enflez, puis le fendez entre les espaules et n'y faictes pas trop grant trou, et laissiez tenant à la peau les cuissétes, les ailles et le col atout la teste, et les pietz aussi. Et, pour faire la farce, prenez chair de mouton, de veel, de porc, du brun [1] des poulletz, et hachiez tout ensemble tout cru ; puis les broyez en ung mortier, et des œulfz tous cruz avec de bon frommaige de gain, et de bonne pouldre d'espices, et ung bien pou de saffren, et sallez à point, puis emplez vos poullez, et recousez le trou ; et du remenant de vostre farce faictes en pommez comme parciaulx [2] de guede, et mettez cuire en boullion de beuf et en eaue boullant, et du saffran grant foison, et qu'ilz ne boullent mie trop fort qu'ilz ne se despiècent ; puis enhastez voz poulletz en une broche de fer bien liées, et les pommes aussi. Et, pour les dorer ou couvrir de vert ou de jaune : pour le jaune, prenez grant foison de moyeulx d'oefz et les batez bien, et ung pou de saffren avec, et mettez la doreure en ung plat ou autre vaissel. Et qui veult doreure verte, si braye la verdure avec les œufz. Et après ce que vostre poulaille sera cuite et voz pommes, drecieez vostre broche ou vaissel où vostre doreure sera, et gectez tout du long vostre doreure, et remettez au feu affin que vostre doreure se preigne par deux fois ou par trois ; et gardez que vostre doreure n'ait grant feu qu'elle ne arde.

Rix engoullé a jour de mengier chair. Eslisiez le rix et le lavez très bien en eaue chaude, et le mettez essuyer [3] contre le feu, puis le mettez cuire en lait de vache fremiant, puis broyez du saffren pour le roussir ; et qu'il soit deffait de vostre lait, et puis mettez dedans du gras boullon du pot.

---

(1) Le mot *brun* semble avoir été mis ici par opposition au mot *blanc* et vouloir désigner les pilons et les cuisses du poulet. — (2) V. note 3, p. 17. — (3) Sécher.

Entremez d'un cigne revestu en sa peau atout sa plume. Prenez le cigne et l'enflez par entre les espaulles, et le fendez au long du ventre; puis ostez la peau atout le col couppé emprès les espaules, les piez tenans au corps, et puis mettez en broche, et l'arçonnez, et dorez, et, quand il sera cuit, soit revestu en sa peau, et le col soit bien droit ou plat; et soit mengié au poivre jaunet.

Une froide sauge. Prenez vostre poulaille et la mettez cuire en eaue, puis la mettez reffroidier, et puis broyez gingenbre, fleur de canelle, grainne et girofle, sans couller, puis broyez pain, persil, et sauge, et ung pou de saffren en la verdeur, qui veult, pour estre vertgay, et le coulez par l'estamine; et aucuns y coullent des moyeulx d'œufz cuis durs, et deffaictes de vinaigre, et despeciez vostre poulaille par moittiée, par quartiers, ou par membres, et mettez par platz, et la saulce dessus. Et, se il y a eu des œufs durs, despeciez par morceaulx au coustel et non mie à la main.

Gelée de poisson a lymon et de chair. Mettez le cuire en vin, et en verjus, et en vinaigre; et aucuns y mettent de l'eaue ung pou; puis prenez gingenbre, canelle, girofle, grainne de paradiz, poivre long, et deffaictes de vostre boullon, et passez parmy l'estamine; puis mettez boullir avec vostre grain, puis prenez feulles de lorier, espic, garingal et maciz, et les liez en vostre estamine sans la laver, sur le marc des autres espices, et mettez boullir avec vostre grain, et le couvrez tant comme il sera sur le feu, et, quant il sera jus du feu, si l'escumez jusqu'à tant qu'il sera drecié. Et puis, quant il sera cuit, si purez vostre boullon en ung net vaissel de boys tant qu'il soit rassiz, et mettez vostre grain sur une nappe blanche. Et, se c'est poisson, si le pelez et nettoiez, et gectez voz pelleures en vostre boullon jusqu'à tant qu'il soit coullé la dernière foiz, et gardez que vostre boullon soit cler et net. Et puis dreciez vostre grain par escuelles [1], et après remetez vostre boullon sur le feu en ung vaissel cler et net, et faictes boullir, et en boullant, gectez sur vostre grain, et pouldrez sur vos platz ou escuelles où vous avez mis vostre grain, et vostre boullon, de la fleur de canelle, et du macis, et mettez voz plas en lieu froit pour prendre. Et qui veult faire gelée, il ne fault pas qu'il dorme. Et se vostre boullon n'est bien net et cler, si le coulez parmy une nappe blanche en deulx ou en trois doubles, et sur vostre grain mettez colz et pietz d'escrevisses et loche cuite, se c'est poisson.

LAMPROYE FRESCHE A LA SAULCE CHAUDE. Soit seignée par la gueulle, et luy ostez la langue; et convient boutter une broche pour mieulx seigner, et gardez bien le sang, car c'est la gresse, puis la convient eschauder comme une anguille et rostir en une broche bien deliée; et doibt estre mise et percée de travers en guise de une ou de deux [2]; puis affinez gingenbre, canelle, girofle, grainne de paradiz, noix muguetes et ung peu de pain brulé trempé ou sang et en vinaigre, et, qui veult, ung pou de vin, et en deffaites tout

---

(1) Dans la recette correspondante du ms. de la Bibl. Nation. (v. p. 18), il est dit : *Dressiez vostre grain pessevelez;* nous n'avions pu trouver le sens du mot *pessevelez* qui doit certainement avoir été mal écrit par le copiste pour *par escuelles*.
— (2) Le mot *fois* est sous-entendu; cela veut dire qu'il faut que l'anguille soit percée une ou deux fois de même que, lorsqu'on fait griller un poisson, on lui fait des entailles.

ensemble et faictes boullir une onde, et puis mettez vostre lamproye avec toute entière; et ne soit mie la saulce trop noire et c'est quant la saulce est clere; mais quant ell'est espesse que l'en l'apelle boe[1], elle doibt estre noire; et aussi n'est pas necessité que la lamproye soit boullye avec la saulce. Ainsois, on apporte la lamproye toute seiche devant la table, et puis met-on la saulce clere ou la boe sur la lamproye, ou par escuelles; et se doibt coupper la lamproye par pièces de long et envoyé en platz par la table. Et, touteffoiz, aucuns frians la veullent avoir toute seiche avec la saulce de la lechefricte et de sa sueur, au sel menu, ou plat mesmes où elle a esté aportée.

Lamproye en galantine. Seignez la comme devant, gardez le sang, puis la mettez cuire en vinaigre et en vin et en ung pou d'eaue; et, quant elle sera cuite, si la mettez refroidier sur une nape; puis prenez pain brulé, et le deffaictes de vostre boullon parmy une estamine, et puis mettez boullir le sang avec et mouvez bien qu'il ne arde; et, quant il sera bien boullu, si versez en ung mortier ou en une jatte nette, et mouvez tousjours jusquez ad ce qu'il sera refroidié, puis affinez gingenbre, fleur de canelle, giroffle, grainne de paradis, noys muguettes, poivre long, et deffaictes de vostre boullon, et mettez dedans, et puis vostre poisson avec, dedans une jatte comme devant, et la mettez en vaissel de fust[2] ou d'estain. Si avez bonne galentine.

Soux de pourcel. Faictes ainsi comme une froide sauge.

---

(1) Boue. — (2) De bois.

sanz mettre saffren ne nulz œufz; et qu'il y ait moins de sauge que de persil.

Comminée de poisson. Cuit en eaue ou frit en huille; affinez amendes de vostre boullon, de purée de poys ou d'eaue boullye, et faictes lait; puis affinez gingenbre et du commin deffait de vin et de verjus, et mettez boullir avec vostre lait. Et pour malades, il y fault du succre.

Brouet vertgay d'anguilles escorchées ou eschaudées. Mettez cuire en vin et en eaue, et puis broyez pain, persil, saffren bien pou, en la verdeur pour le faire vertgay, et le destrempez de vostre boullon, et puis broiez gingenbre deffait de vostre verjus, et tout boullez ensemble; et y met-on de bon frommage despecié par bons loppinetz quarrez, qui veult.

Grane de loche. Prenez pain hallé, du vin, de la purée de pois ou eaue boullie, et passez tout parmy l'estamine, et mettez boullir, puis affinez gingenbre, canelle, girofle, graine, saffran pour luy donner couleur, deffait de vinaigre, puis des ongnons missez et friz en huille, et mettez boullir tout ensemble, et frisiez vostre loche sans farine, et ne la mettez point boullir, mais la mettez par escuelles, et dreciez vostre graine; et doibt estre jaune.

Chaudumel au bescuit. Rotissiez vostre poisson, puis prenez pain, purée de pois ou eaue boullie, vin, verjus, gingenbre et saffren, coulez et faictes boullir, puis gectez sur vostre grain, et, qui veult, ung bien pou de vinaigre; et soit jaunet.

Une soringue. Eschaudez ou escorchez l'anguille, puis couppez par tronçons, et missiez ongnons par rouelles, et persil effusilié[1], et mettez tout souffrire en huille, puis prenez pain hallé, purée de poys ou eaue boullie, et du vin plain; coullez et mettez avec boullir, puis prenez gingenbre, canelle, girofle, grainne de paradiz, et saffren pour luy donner couleur, et deffaictes de verjus, et mettés avec boullir, et la savourez[2] de vinaigre.

BROUET SARGASINOIS. Prenez canelle, poivre long, et saffren pour luy donner coulleur, deffait de vin et de verjus, et faictes tout boullir ensemble, et vos anguilles avec; et ne soit pas trop liant; car il se lye de luy mesmes.

CIVÉ D'OISTRES. Eschaudez les et les lavez bien, et frisiez en huille, et puis prenez pain hallé, purée de poys ou de l'eaue des oistres où elles auront esté eschaudées ou d'autre eaue boullue chaude, et du vin plain, et coullez; puis prenez canelle, gingenbre, girofle et graine de paradiz, et saffren pour coulourer, deffait de vinaigre, et ongnons friz en huille, et faictes boullir ensemble; et soit bien lyant; et aucuns n'y mettent pas boullir les oistres.

SOUPPE DE MOUSTARDE. Prenez de l'uille en quoy vous avez frit ou poché voz œufz, et du vin, et de l'eaue, et boullez tout en une paelle de fer, et puis prenez la crouste du pain et mettez haller sur le grail, puis en faictes morceaulx quarrez, et mettez boullir avec. Après, purez vostre boullon et ressuyez vostre souppe, et la versez en ung plat, puis mettez en vostre paelle de vostre boullon, ung pou de moustarde bien espesse et faictes tout boullir.

---

(1) Faute pour *effeuillé*. — (2) Et l'assaisonnez avec du vinaigre.

Civé d'œufz. Pochez en huille, après frislez oingnons en huille par rouelles, et mettez boullir avec du vin, du verjus et du vinaigre, et faictes boullir tout ensemble ; et, quant vous drecerez vostre boullon, si le dreciez sur vostre grain ; et ne soit pas lyant ; et puis faictes des souppes en moustarde comme devant.

Brouet d'almaigne d'œufs. Pochez en huille, layt d'amendes boully et oingnons par rouelles friz en huille, et mettez boullir ensemble, puis affinez gingenbre, canelle, girofle, grainne de paradiz et ung pou de saffren deffait de verjus, et mettez avec sans trop boullir ; et soit bien lyant, et non pas trop jaune, et la souppe en la moustarde qui veult.

Lait lyé de vache. Soit boully une onde, et puis mis hors du feu, puis y fillez des moyeulx d'œufz grant foyson ou par l'estamine, et soit bien lyant sur jaune coulleur, et non pas trop, puis pochez des œufz en eaue, et les mettez avec sans boullir [1].

Brouet vert d'oefz et de frommage. Prenez persil et ung pou de sauge et bien pou de saffren en la verdeur et pain trempé, et deffaictes de purée ou d'eaue boullie, et puis gingenbre deffait de vin, et mettez boullir, puis mettez le frommage dedans et les œufz, quant ilz seront pochez en eaue ; et soit lyant vertgay ; et aucuns n'y mettent point de pain, mais y mettent layt d'amendes.

Une saulce jaunette de poisson froit frit en huille sans farine. Affinez amendes, deffaictes de vin le plus et de verjus,

---

(1) Dans le ms. de la Bibl. Nation., cette recette est, par erreur, réunie à la précédente sous le titre de *Civé d'Almengne* (V. page 23).

et les coulez, et faictes boullir, puis affinez gingenbre, girofle, grainne de paradis et ung pou de saffren et deffaictes de vostre boullon, et mettez bien boullir, et du succre avecques; et soit bien lyant.

GRANE DE PERCHE. Soit cuite, pelée et fricte, sans farine; et de poisson froit ainsi frict fait comme de loche, non pas si jaune, mais roux et bien lyant.

VIANDES POUR MALADES, BROUETZ ET AUTRES CHOSES

COULEIZ D'UN POULET. Cuisiez le en eaue tant qu'il soit ainsi comme tout pourry de cuire, et le broyez atout les os en ung mortier, puis deffaictes de vostre boullon, et coulez, puis le mettez boullir, et qui veult, il y met pouldre de succre par dessus; et ne soit mie trop lyant.

EAUE ROSE D'UN CHAPPON OU POULLE. Mettez vostre poulle ou chappon tout à sec en ung pot de terre tout neuf qui soit plommé [1] et bien net, et couvrez bien le pot tellement qu'il n'en puisse rien yssir [2], et mettez vostre pot dedans une paellée d'eaue, et faictes boullir tant que vostre chappon soit cuit dedans le pot, puis ostez vostre chappon, et ostez l'eaue du pot qui sera yssue et venue du chappon tout à sec, comme dit est, et donnez au malade; car ell'est très bonne pour reconforter, et tout le corps y prent substance.

CHAUDEAU FLAMENT. Mettez ung pou d'eaue boullir, puis prenez moyeulx d'œufz batus sans l'aubun [3], et destrempez

---

(1) Émaillé. V. note 3, page 24. — (2) Sortir, s'échapper. — (3) Sans le blanc.

de vin blanc, et versez à fil en vostre eaue, et remuez très bien qu'il ne tourne, et y mettez du sel arrière du feu ; et aucuns y mettent du verjus ung bien pou.

Ung gruyau d'orge mondé. (Et, s'il n'estoit mondé, appareillez le.) Pillez bien comme fourment en ung mortier, et le mettez cuire, et le purez, et le mettez boullir avec lait d'amendes et y mettez du sel et du succre ; et aucuns le broient et coullent ; et ne doibt mie estre trop lyant.

Ung coulriz de perche. Cuisiez la en eaue et gardez le boullon, puis broiez amendes, et de la perche avec, et deffaictes de boullon, et mettez tout boullir, et coullez, et y mettez du succre ; et doibt estre liant et claret ; et y met-on ung pou de vin blanc, qui veult.

Blanc mengier d'un chappon pour ung malade. Cuisiez le en eaue tant qu'il soit bien cuit, et broiez amendes grant foison, et, avec ce, du braon du chappon, et qu'il soit bien broyé, et le deffaictes de vostre boullon, et passez tout parmy l'estamine, et puis mettez boullir tant qu'il soit bien liant comme pour le taillier, puis versez en une escuelle, et puis mettez frioler demie douzainne d'amendes pelées, et les asseez sur le bout en la moittié de vostre plat, et en l'autre, des pepins de pomme de Grenade, et les succrez pardessus.

Comminée de poisson. Querez ès potages lyans sans char.

S'ensuit des poissons d'eaue doulce

Lux. En eaue, à la saulce verte, ou, en galentine, comme bonne cameline soit faicte.

Brochet. Rosty, au chaudumé, et le frit, en potage ou à la jance.

Bar. Cuit en eaue, à la saulce vert.

Barbillons. En eaue, au poivre aigret, et les rostiz au verjus, et, les friz, au potaige à la jance.

Aloze. Soit baconnée, salée et cuite en eaue, à la moustarde ou à la ciboule, et au vin, et à la saulce vert, et la rostie, à la cameline.

Et la cuite au four, à ung pou de vin blanc et de pouldre d'espices mis cuire avecques la lecchefrite au four; et aucuns y mettent de la cameline et non autre chose.

Carpes. Cuites en eaue, à la saulce vert autelle[1] comme lamproye.

Perche. En eaue, et pelée, au vinaigre, et au percil ou au couleiz et la fricte, au grane.

Tanche. Eschaudée en eaue, à la saulce verte et la fricte au potaige, et la renversée, rostie et pouldrée de pouldre de canelle, et soit plungée en vinaigre et ung pou d'uille.

Bresme. Cuicte en eaue, à la saulce verte, et la rostie au verjus et, en pasté, pouldrée d'espices, au sel menu.

Rossaille. En eaue, à la saulce vert; en rost, au verjus.

Anguilles. En eaue, aux ailletz vertz; la salée, à la moustarde, et, en rost, aux aulx blans.

La renversée[2], à la saulce chaude comme une lamproye, et, en pasté, pouldré d'espices, aux aulx blans et auccuneffoiz au potaige comme dessus ès potaiges.

---

(1) Pareille à la sauce qui se mange avec la lamproie. — (2) Retournée. L'auteur du *Ménagier de Paris*, t. II, p. 191, explique ce que c'est que « renverser une anguille. » Voici la recette qu'il donne : « Prenez une grosse anguille et l'estauvez, puis la fendez par le dos au long de l'areste d'un costé et d'autre, en telle manière que vous ostiez d'une part l'areste, queue et teste tout ensemble, puis

TRUITE. En eaue, à la cameline, et, en pasté, au sel menu.

PINPERNEAULX. Eschaudez, rostiz, au verjus vert.

LOCHE. En eaue, à la moustarde ; et y met-on du frommage.

Et la fricte en potaige, et du frommaige, au cuire, qui veult.

GYMIAU [1]. En eaue, et de l'ongnon missié, à la moustarde.

MEINUISE [2]. En eaue et de l'ongnon missé à la saulce vert ou aux bons aulx.

ABLES. En eaue, à la moustarde.

LAMPROYONS. A la saulce chaude comme lamproye, en eaue à la moustarde, et, en pasté, pouldré d'espices, à la cameline, gectée dedans les pastez.

SAUTOILLES [3]. Au brouet comme en potaige, à la cameline gectée ès pastez.

ESCREVISSES. Cuites en eaue et en vin, au vinaigre.

POISSON DE MER RONT

PORC DE MER. Fendu au long par le dos, puis soit cuit en eaue, et puis taillié par lesches comme venoison, puis pre-

---

lavez et ploiez icelle à l'envers, c'est assavoir la char par dehors, et soit liée loing à loing : et la mettez cuire en vin vermeil, puis la traiez et couppez le fil à un coustel ou forcettes, et mettez reffroidier sur une touaille ; puis aiez gingembre, canelle, clo de girofle, fleur de canelle, graine, noix muguettes, et broyez, et mettez d'une part ; puis aiez pain brulé et broyez très bien et ne soit point coulé, mais deffaites du vin où l'anguille aura cuit, et boulez tout en une paelle de fer, et y mettez du vertjus, du vin, et du vinaigre, et gettez sur l'anguille. »

(1) Faute pour *Gaymeau*. Voyez note 5, p. 27. — (2) *Menuise*, fretin. — (3) C'est la *setoille* ou *satouille* ou *sautuelle*, (v. note 2, p. 216) lamproie de rivière.

nez du vin et de l'eaue de vostre poisson, et après affinez gingenbre, canelle, giroffle, grainne de paradiz, poivre long et ung peu de saffren, et faictes bon boullon claret ; et ne soit mie trop jaune ; et en sert l'en ainsi comme par manière d'un entremez avec ung blanc mengier.

GOURNAULT, ROUGET, GRIMONDIN. Affaittiez par le ventre et lavez très bien, et puis mis en la paelle, et du sel dessus, et de l'eaue après, et mettez cuire, et mengiez à la cameline. Et, se vous le voulez mengier en rost, soient les espaules fendues au long du dos, et puis lavez, et mettez rostir, et puis les plungez en verjus bien souvent, et pouldrez de pouldre d'espices par dessus ; et soient mengez au verjus et, qui les veult en pasté, à la cameline.

CONGRE. Eschaudé comme une anguille, cuit en l'eaue, et sallé comme ung rouget ; et aucuns, quant il est cuit, le rotissent sur le grail ; et se mengue à la saulce, ou mis ou four, qui veult.

MERLUZ [1]. Mettez tremper trois jours en eaue, et puis le lavez très bien, et frisiez en huille sans farine, et le mengiez aux aulx de la roye [2] ; et aucuns le menguent à son eaue mesmes, comme l'en fait venoison, à la moustarde.

CHIEN DE MER. Affaitté comme le rouget et cuit en eaue, et, quant il sera cuit, soit pellé comme roye et mengié aux aulx camelins.

(1) Le *merlaz*, ainsi que les poissons cités plus loin, *moruaulx, aigreffins, grappois, orfin, colin, truitte saumonneresse* (truite saumonée), *dorée* (dorade), *limande esperlans* et *seiche* ne figurent pas dans le manuscrit du *Viandier* conservé à la Bibliothèque Nationale. — (2) Raie.

SAUMON FREZ. Baconné, et gardez l'eschine pour rostir, puis le depeciez par dalles, et soit cuit en eaue, et du vin, et du sel au cuire ; et soit mengié au poivre jaunet ou à la cameline ; et le mettent aucuns ressuyer sur le grail, au mengier, et, en pasté qui veult, pouldré d'espices, et soit mengié à la cameline.

Et, s'il est sallé, soit cuit en eaue sans sel, et mengié au vin et à la ciboule miciée.

MAQUEREL FREZ. Affaittié par l'oreille et rosty sur le grail, à la cameline, et, en pasté, pouldré d'espices, à la cameline; et, s'il est sallé, cuit en eaue, et mengié au vin et à la ciboule ou à la calongne [1], ou à la moustarde.

MULET. Ainsi comme le maquerel.

MORUE FRESCHE. Appareillée et cuite comme ung rouget, et du vin au cuire, mengée à la jance ; et y met l'en, qui veult, des aulx et aucuns non.

La salée, à la moustarde ou beurre fraiz fondu.

MORUAULX ET AIGREFFINS. Comme la morue, et aigreffins soient appareilliez.

GRAPPOIS. Leschié tout cru [2], et cuit en eaue, pour servir avec les poys comme de lart ; et aucuns l'essuyent ung pou sur le feu. Et qui met l'eaue ès poys, ilz en vallent mieulx.

ORFIN. Affaittié par l'oreille ; en rost, à la cameline.

BRAYTTE. Cuite comme une raye.

COLIN. Comme morue.

TRUITTE SAUMONNERESSE. Tronçonnée, cuite en eaue et en vin, à la cameline.

---

(1) Ecrit plus loin *escaloigne*, échalotte. — (2) C'est-à-dire mis par lesches, coupé en morceaux longs.

Poissons platz de mer

Pleys. Affaittiez par devers le doz dessoubz l'oreille, bien lavée, cuicte comme ung rouget à saulse de vin et de sel, et, qui veult en potaige, soit cuite sans farine.

Flaiz. Appareilliée comme pleiz à la saulce vert, cavelée[1] comme la pleiz.

Solles. On les doit eschauder, et puis cuire, et affiner comme la pleiz en eaue, et mengier à la saulce vert; et, en rost qui veult, sans eschauder, au verjus; et escorchent aucuns le dos, et la fricte, sans eschauder, en huille.

Roye. Appareilliée par endroit le nombril, et gardez le foye, et la despeciez par pièces, et la cuissiez comme une pleiz, et puis la pelez, et la mengiez tyède aux aulx camelins; et du foye aucuns font des tostées, et mettent du frommage de gain bien tenue pardessus; et est bonne viande et bien friande.

Turbot. Appareillié et cuit comme une pleiz, et puis pelé par devers le doz; et doit estre par pièces, et mengié à la saulce vert ou en souz.

Barbue. Appareilliée comme turbot, et puis, qui veult, pelée comme roye, et se mengue à la saulce vert ou en souz.

Dorée. Appareilliée et cuite en eaue comme barbue, à la saulce de cameline.

Et, en rost, fendue par la teste au long, au verjus, et, en pasté, poudré d'espices, à la cameline.

Bresme. Eschaudée, et cuite en eaue comme turbot, et

---

(1) Nettoyée, grattée.

mengée à la cameline ; et, en rost, sans eschauder, au verjus, et, en pasté, eschaudée, pouldrée d'espices ; et se mengue à la cameline.

Lymande. Appareilliée et cuite comme une pleiz, et mengée à saulce de vin et de sel, ou faictes en grane.

Truitte saumonneresse. Doibt estre pellée, et teste et tout, et cuicte en eaue, ou en rost ; et menger au verjus.

Aloses. Comme dit est dessus avec le poisson ront, et frit comme alozes.

Alles de mer. Rosties en filopant, à la moustarde ou à la sausse de vin.

Esperlans. En pasté, et puis ostez hors du pasté, et enfarinez, et les frisiez en huille, et les mengez à la jance ou aux aulx vertz, ou, tous friz, à la moustarde.

Esturjon. Eschaudez le et le fendez par le ventre, et la teste couppée et fendue en deulx, et tous les autres tronçons fendus qui se pourront fendre, et soit cuit en vin et en eaue, et que le vin passe, et puis le traiez, et laissiez reffroidir, et après le mettez en vinaigre et en persil.

Seiche. Soit pellée, et par morceaux despeciée, puis la mettez en une paelle de fer et du sel avec, mettez sur le feu, remuez et la retournez souvent tant qu'elle soit bien nettoiée, et puis la mettez en une nappe, et l'espreignez tant qu'elle soit assez seiche, et puis la frisiez en huille aux ongnons qui ne soient pas si tost mis en la paelle comme les morceaulx de la seiche, car ilz seroient trop roux ; et, au dressier, y mettez la pouldre d'espices sus, et soit mengée aux aulx blans deffaiz de vinaigre ; et si la peult-on mengier au grane ou potaige, qui veult ; et l'enfarinent aucuns.

i ij

OESTRES. Cuites en eaue, et puis frictes en huille avec ongnons; et mengié au civé, ou à la poudre, ou aux aulx.

MOULES. Cuites en eaue, et du vinaigre avec, et de la mente, qui veult; et puis, au drecier, de la pouldre d'espices; et aucuns y veullent du beurre; mengier au vinaigre, ou au verjus vert, ou aux aulx vertz; et si en fait-on du civé, qui veult.

HANNONS. Soient bien esleuz, eschaudez et lavez, et après friolez en huille et en ongnons miciez avec pouldre d'espices; et mengiez aux bons aulx blans.

ESCREVICES DE MER. Cuites en vin et en eaue, ou mises ou four; et mengiez en vinaigre.

POUR FAIRE FLANS OU TARTRES EN KARESME. Prenez tenches, lux, carpes et amendes, et broyez tout ensemble, et du saffren pour ung pou coulourer; puis deffaictes de vin blanc, et puis emplez voz flans et tartes, et, quant ilz seront cuitz, mettez du succre dessus.

PORÉE DE CRESSON. Prenez vostre cresson, et le faictes boullir, et une pongnée de betfes, et mettés avec, puis la miciez et friolés en huille, et puis la mettez boullir en lait, si vous la voulez telle.

Ou, en charnage, en l'eaue de la chair, ou au beurre, ou au frommage, ou toute crue sans riens y mettre, se vous la voulez ainsi; et est bonne contre la gravelle.

D'AUTRES MENUZ POTAIGES, comme porée de bettes, chouz, navetz, poreaulx, veel au jaunet, et potaiges de ciboulles sans autre chose, poys, fèves frasées, pillez ou coullez, ou atout le haubert[1], chaudun de porc, brouet aux yssues de porc, femmes en sont maistresses, et chascun le sçait faire; et des trippes, que je n'ay pas mises en mon viandier, sçait-on bien comment elles se doibvent mengier [2].

Saulces non boullues et comment on les fait.

Pour faire cameline. Prenez gingenbre, canelle, et grant foison girofle, grainne de paradiz, mastic, poivre long, qui veult; puis coullez pain trempé en vinaigre, et passez, et sallez bien à point.

Aulx camelins. Broyez aulx, canelle et pain, et deffaictes de vinaigre.

Aulx blans. Broyez aulx et pain, et deffaictes de verjus.

Aulx vers. Broiez aulx, pain et verdeur, et deffaictes ensemble.

Aulx a harens frez. Deffaictes de moult ou de verjus.

La barbe Robert autrement appelée la Taillemaslée [3].

Espices qu'il fault a ce present viandier

Gingenbre.
Canelle.
Giroffle.

Graine de paradis.
Poivre long.
Espic.

---

(1) Avec leur vêtement, écorce. — (2) L'auteur fait ici une énumération de différents potages et plats qui lui paroissent trop connus pour qu'il en donne la recette. — (3) Voici, d'après le *Grand Cuisinier*, Douay, Jean Bogart, 1583, f. 68 r°, la recette de la *sauce Barbe Robert* : « Prenés oygnons menus fris en sain de lard, ou beurre selon le jour, verjus, vinaigre et moustarde menue espice et sel, & faictes bouillir tout ensemble. Cette sauce sert à connils rostis, & poisson frit, tât de mer que d'autres, & œufs frits. »

Poivre ront.
Fleur de canelle.
Saffren.
Noiz muguettes.
Feulles de lorier.
Garingal.
Mastic.
Lores[1].
Commin.
Succre.
Amandes.
Aulx.
Ongnons.
Ciboules.
Escaloignes.

S'ensuit pour verdir.
Persil.
Salmonde.
Oseille.
Fueille de vigne ou bourjons.
Groseillier.
Blé vert en yver.
Pour destremper.
Vin blanc.
Verjus.
Vinaigre.
Eaue.
Boullon gras.
Layt de vache.
Layt d'amendes.

(1) Nous n'avons pu trouver quelle pouvoit être cette épice ou plante.

S'ENSUIVENT AUCUNS REMÈDES ET EXPERIMENS TOUCHANS LE FAIT DES VINS ET AULTRES CHOSES.

Premièrement :

POUR ADMENDER[1] ET FAIRE VERMEULX MOUST OU VIN NOUVEL POUR VENDRE TANTOST. Mettez, en ung muy de vin à la mesure de Paris, iii deniers pesant de saffren moullu et destrempé du moust mesmes, et, en chascun muy, plain pot de miel qui tiengne ii deniers de vin à xvi deniers, boully en une paelle, et le faictes très bien mouvoir, et puis le laissiez reffroidir ; et, ce fait, prenez une plainne escuelle de farine de fromment, et destrempez ces trois choses emsemble. Si sera bel et bon pour boire et vendre tantost.

POUR GARDER VIN D'ENGRESSER ET D'ESTRE TROUBLE. Mettez, en ung muy de vin, plaine escuelle de pepins de vin rouge seichiez et puis boulliz, et prenez lye de vin blanc et la faictes seichier, et puis l'ardez tant qu'elle deviengne cendre, et en prenez plainne escuelle, et mettez ou vaissel sans riens mouvoir.

POUR TOUS VINS DEGRESSER. Prenez une escullée de pepins de vin rouge, seullement seichiez et molluz, et de la gresse de la manière ou couleur du vin plaine escuelle, et ung levain de paste de ung denier[2], et demie livre d'alun, et deux cloches de gingenbre et ung pou de cendre gravelée[3],

---

(1) Pour rendre meilleur. — (2) La quantité de levain semble désignée ici par le prix payé. Voir plus loin, note 1, p. 268. — (3) Cendre de lie de vin.

toutes ces vi choses bien moulues et bien batues mettez ou vaissel, et puis mouvez bien d'un court baston fendu devant le bout en quatre tant que l'escume en saille; et ne soit le baston que ung pié dedans le vaissel, et puis le vertochiez[1].

Pour garir vin boutté[2]. Pour ung muy de Paris, mettez plain pot de forment boullir tant qu'il soit baien[3], puis le purez, et mettez reffroidir, et prenez des aubuns d'œufz bien bastus, et escumez, et mettez tout ou vaissel, et mouvez à ung court baston fendu en iiii au bout qui n'aviengne[4] pas à la lye qu'elle ne trouble, et mettez avecques une livre de surmontain moulue, et soit pendue à ung fillet en ung sachet de toile au bondon du vaissel.

Pour garir vin bouté ou qui sente le fust, le mugué ou le pourry. Prenez deux denrées[5] de gingenbre et deulx denrées de citail[6], et soient bien batuz emsemble, puis mettez celle poudre boulir en ii quartes de vin, et l'escumez bien, puis le mettez chault ou vaissel et le mouvez bien jusques au fons, puis l'estouppez bien[7], et le laissiez reposer tant qu'il soit rassiz.

Pour garir vin qui trait a aigreur[8]. Prenez, pour ung

---

(1) D'après Du Cange, *vertoquer* voudroit dire « mettre un tonneau en état de servir », mais cela ne signifieroit rien dans le cas présent. Voy. aussi *Gloss. lat.* le mot *vertebrum* employé comme terme de tonnelier. Nous ne pouvons donc donner une explication satisfaisante de l'emploi de ce mot par l'auteur. — (2) Le vin bouté est le vin qui tourne au gras. — (3) Crevé. — (4) Qui n'arrive pas jusqu'à la lie. — (5) D'après Du Cange ce mot désigne une certaine mesure. — (6) C'est le *citoual*, sorte de zédoaire. Dans le *Petit traité de cuisine* écrit vers 1300 (v. p. 120), le copiste du ms. avoit écrit *citeonant* au lieu de *citouaut* qu'il faut lire. — (7) Bouchez bien. — (8) Qui tourne à l'aigre.

muy de vin, une pinte du vin qui sera du vaissel mesmes et mettez boulir, et mettez demye once de baye [1] moulue et la destrempez de vin tout chault, et mettez ou vaissel sans le mouvoir ne tant ne quant [2], et le vertochez.

Pour garir vin enfusté. Prenez, pour ung muy, demie livre de succre et deux onces de succre, demie once de baye moulue, et destrempez tout ensemble, et mettez ou vaissel sans le mouvoir. Ou, aultrement, prenez charbons tous vifz et les mettez ou tonnel, puis l'estouppez très bien, et le laissiez trois jours en ce point.

Pour vin qui a la seive brisiée [3]. Prenez plainne escuelle de tan et plain poing de pois et les meslez ensemble, et mettez ou vaissel, et le vertochez sans mouvoir.

Pour esclarcir vin roux en yver. Mettez, en ung muy, demie livre d'amendes nouvelles et les destrempez du vin mesmes, et les mettez ou vaissel sans mouvoir. Et à vin roux desroussir en esté, prenez deux pongnées de feulles de franc meurier pour ung muy, et les mettez ou vaissel sans le mouvoir, et puis le vertochez.

Pour vin vermeil esclarcir. Mettez dedans le tonnel xl aulbuns d'œufz batuz et bien escumez, et, avec ce, plain poing de sel et deux onces de poivre moulu, et destrempez tout ensemble du vin mesmes, et mettez ou vaissel, et mouvez tout ensemble, lye et tout, et puis vertochez, et laissiez reposer.

---

(1) Peut-être s'agit-il de la baie de genièvre ou autre baie analogue? — (2) Ni peu, ni beaucoup. — (3) Dont la séve est corrompue?

C'est ce qui appartient qui veult faire potaige appellé menjoire.

Premièrement, le grain qui y fault, paonneaulx, faisans ou perdriz, et, qui n'en peult finer, plouviers, grues, allouettes ou autres menuz oiseaulx ; et fault rostir ledit grain en la broche, et quant il sera près [1] cuit, especiallement comme grands oyseaulx, paonneaulx, faisans ou perdriz, fault les mettre par membres, et les frire en saing de lart en une paelle de fer, et puis les mettre ou pot ouquel on vouldra faire son potaige. Et pour faire ledit boullon, fault le boullon d'un trumeau de beuf, et du pain blanc hallé sur le grail, et mettre tremper pain, et semez [2] du dit boullon, et coullez par l'estamine, puis fault fleur de canelle, cynamome, gingenbre de mesche [3], ung pou de girofle, de poivre long et graine de paradiz, et de l'ypocras selon la quantité que on veult faire du potaige, et deffaictes lesdictes espices et ypocras emsemble, et gectez dedans le pot avec le grain, et le boullon, et tout fere boullir ensemble, et y mettre ung bien pou de vinaigre, et qu'il ne boulle guaires ; et y mettre du succre compettemment ; et selon les faisans [4], convient mettre sur ledit potaige hosties dorées, quant il est drecié, ou annis blanc ou vermeil ou pouldre de grenade.

---

(1) Sur le point d'être cuit. — (2) Séparez-le du bouillon. — (3) L'auteur du *Ménagier*, t. II, p. 230, indique les différences qui existent entre le gingembre de mesche et le gingembre coulombin. « Le gingembre de mesche, écrit-il, a l'escorce plus brune, et si est le plus mol à trenchier au coustel et plus blanc dedans que l'autre ; *item*, meilleur et tousjours plus cher ». — (4) *Selon les faisans* ne veut-il pas signifier ici : suivant le goût des cuisiniers qui exécutent la recette ?

Et qui le vouldroit faire à jour de poisson, convient prendre amendes entières sans peler, et les laver très bien, et puis broyer et affiner en ung mortier, et couler parmy l'estamine; et, s'il n'y a assez liqueur, prendre ung pou de pain blanc ou de la chappleure de deux ou de trois pains blans pour avoir ung pou de purée clere dont les poys ne soient pas trop boyans [1], et ung pou de vin blanc ou vermeil, et ung pou de verjus, et deffaire lesdictes amendes et pain, tout couler par l'estamine; et fault autelles espices comme à celuy devant dit, et le grain, c'est assavoir perches, brochetons, colz d'escrevisses et loche la plus belle qu'on peult finer. Et fault frire tout ledit grain en beurre fraiz ou sallé, et le dessaller; puis dreciez vostre grain ès platz, et mettez le boullon dessus. Et y mettez annis blanc ou vermeil ou la grenade ou des amendes pelées, et les roussir ung pou en ung petit de beurre frez sur le feu.

Lassis [2] de blanc de chappon

Mettez cuire vostre chappon avec trumeaulx de beuf, puis prendre tout le blanc du chappon et le charpir [3] ainsi qu'on charpiroit lainne, et prendre des autres membres du chappon, et mettre par pièces, et les frire en sain de lart tant qu'ilz soient ung petit roux; et les dreciez en platz, et met-

---

(1) Ne soient pas trop crevés, trop cuits. — (2) Aucun des trois mss. du *Viandier* ne contient cette recette; le *lassis* nous paroît être une recette analogue au *lacetz* dont il est question dans le *Petit traité de cuisine* (v. p. 122, à la recette du *Blanc mengier*), mais ici elle est beaucoup plus explicite. — (3) Effiler, couper en lanières très fines.

tez par dessus ladicte charpie, puis pelez amendes, broiez et deffaictes de vostre boullon, et y mettez du vin blanc et du verjus, et prenez gingenbre de mesche paré, et le mettez en pouldre, et grainne de paradiz les deux partz, et du succre competemment, et qu'il soit doulx de succre ; puis fault des amendes blanches pelées et les frire en sain de lart ou en sain de porc doulz, et que les amendes soient piquées dedans le potaige, quant il sera drecié ; et soit assez liant tant que les amendes se puissent tenir droictes ; et semez par dessus de l'annis vermeil.

Grane d'escrevisses

Prenez amendez, lavez sans eschauder ne plumer, et broyez ; puis fault avoir de la purée de poys clere et escrevisses grosses et belles, et les cuire les deulx pars eaue et le tiers vin, et ung pou de vinaigre, qui veult ; puis purez et laissiez reffroidir, et mettez les pietz et les colz d'un costé et les mettre hors de leur cotte, puis vuidiez les charcois¹ dedans, batez et broiez très bien comme les amendes, et deffaictes tout emsemble de purée de poys, de vin et de verjus, et tout couller ensemble par l'estamine ; puis prenez gingenbre, ung pou de cynamome, ung pou de grainne de paradiz, et de girofle ung pou moins que de graine, et ung pou de poivre long, et prenez les pietz et les colz des escrevisses, et frisiés en ung pou de beurre, qu'ilz soient secz comme loche fricte, et mettez boullir en une paelle ou en

(1) Carapaces.

ung beau pot net et deffaictes les espices d'un pou de vin et de verjus; et y mettre succre assés largement, et boullir tout ensemble, et saler doulx. Et qui y veult mettre fricture faire le peult; et qu'il soit assez lyant tant qu'il puisse couvrir son grain.

UNG ROZÉ A CHAIR

Prenez amendes sans peler et broiez très bien, puis prenez boullon de beuf, vin et verjus, et deffaictes voz amendes, et coulez par l'estamine; puis prenez vostre grain, c'est assavoir poictrine de veau et poulaille entière ou par quartiers qui soient cuitz ensemble avec ung trumeau de beuf ou autre bon endroit[1]; puis frire son grain en sain de lart tant qu'il soit rousset, puis prenez cynamome fine, non guaires, gingembre de mesche blanc et de menues espices comme grainne de paradiz, girofle et poivre long. Et pour donner couleur, convient avoir tornesot et orcanet[2]; et est l'orcanet aussi duisable[3] comme le tornesot, qui en peult finer, pour cause qu'il n'a pas si vive couleur que le tournesot; et le convient mettre tremper en ung peu d'eaue chaude plus que tyedde iii ou iiii heures, et après, le convient gecter en son pot, et le remuer très bien, après ce que sondit potaige aura boullu, et mouvoir très bien tant qu'il ait couleur semblable à couleur de rosée.

---

(1) Ou autre bon morceau du bœuf. — (2) Tournesol, fruit de l'*heliotropium tricoccum*, matière colorante de même que l'orcanette, plante dont on se sert pour donner une teinture rouge. — (3) Convient aussi bien que le tournesol.

Une trimolette de perdriz

Premièrement, fault les appareillier et les rostir en broche tant qu'ilz soient presque rostiz, puis les oster de la broche, et mettre par quartiers ou les laissier entiers, et mettre en ung beau pot net, et missier ongnons les plus menuz que on pourra, et les frire en ung pou de saing de lart et de boullon de beuf, et gectez dessus lesdictes perdris, et le hocher souvent, puis avoir des foyes de poulailles avec ung petit de pain, et les haller bien sur le grail, et puis mettre tremper, et couller par l'estamine, et gecter en son pot sur son grain de perdris; et après, prenez cynamome fine, ung pou de gingenbre, du clou de girofle et ung pou plus largement de grainne de paradiz, de poivre long et deffectes les espices de bon ypocras. Et, ce fait, tout mettre en son pot, et couvrir son pot très bien affin qu'il n'en ysse point d'alainne, et gecter du succre dessus. Et, quant on le vouldra oster du feu, et[1] y mettre ung bien pou de vinaigre dedans; et qu'il ne boulle point.

Brouet de daintiers de cerf et cervoisons[2]

Premièrement, fault très bien eschauder et laver en eaue boullant les deintiers de cerf, et bien cuitz, puis reffroidiz

---

(1) *Et semble être une faute.* — (2) Les daintiers, ce sont les testicules du cerf; quant aux cervoisons, voici les renseignements que leur consacre l'auteur du *Ménagier*, t. II, p. 156 : « A la Nostre Dame en Mars (25 mars), commencent les appareils des cervoisons, et dit-l'en à *la my-May, my teste*, pour ce que lors le cerf a boulu la moitié de sa teste, mais le droit cuer des cervoisons commence à la Saincte-Croix en May (3 mai) et de là croist le cerf en venoison jusques à la Magdalaine, et peut estre chacié le cerf jusques à la Saincte-Croix en Septembre et lors se passe sa saison ».

et, après, tailliez par morceaulx quarrez, ne trop gros ne trop menuz, et les frire en sain de lart, et mettre en la paelle mesmes du boullon de beuf, et y mettre du persil effueillié et de la poudre fine competemment qu'il ne soit pas trop fort d'espices. Et, pour leur donner liqueur, fault avoir ung petit de cameline ou prendre ung foye ou deux de poulaille et ung petit de pain blanc et les couller, et mettre en son pot en lieu de cameline, et y gecter ung pou de vinaigre, et deffaire ses espices de vin et de vertjus, les deux partz verjus et le tiers vin, ou, en lieu de verjus, groiselles ; et le saller competemment.

Flaons cochus.

Prenez craisme et moyeulx d'œufz bien batus, puis les mettez dedans la craisme, et avoir darioles plus grandes que ceulx que on fait, et y deffaire dedans de la pouldre fine ou blanche, puis avoir grosses anguilles de plain poing, et les eschauder, et rostir très bien, et mettre par tronçons, et les mettre debout esdiz flaons, en chascun trois ou quatre ; et les succrer grandement, quant ilz sont cuitz, et les laissiez reffroidier.

Doreures

Entremetz pour ung jour de feste ou pour ung convy [1] de prince aux trois jours masles de la sepmaine comme

---

(1) Banquet, festin.

dimenche, mardi et le jeudi [1]. Pour farsiz et pommeaulx [2] : convient, pour les pommeaulx, de la chair de porc crue, il ne peult challoir [3] quelle, dont les poulles soient farcies ; et convient, après que la poulaille est tué, rompre ung pou de peau de la teste, et avoir ung tuyau de plume et souffler dedans tant qu'elle soit bien plaine de vent, et puis les eschauder, et, après, les fendre par dessoubz le ventre, et les escorchier et mettre les charcois d'un costé.

Et convient, pour faire la farce pour farcir la poullaille, du blanc, du lart hachié avec la chair, et fault des œufz, de bonne poudre fine, du pignolet [4] et du roisin de Corinde et en farsir la peau de la poulaille et ne l'emplir pas trop qu'elle ne crieve, puis la recoudre ; et convient la boullir en une paelle sur le feu, et ne le fault guaire laisser cuire, et puis les brochez en broches gresles, et, quant les pommeaulx seront bien faictz, les convient mettre cuire avec ladicte poulaille, et les tirer quant ilz seront durciz, et avoir les broches des pommeaulx plus gresles de la moitié ou plus que celles de la poullaille. Et après, fault avoir de la paste batue en œufz tellement qu'elle se puisse tenir sur la paelle, et, quant la poullaille et les pommeaulx seront presque cuitz, les oster et mettre sur sa paste, et prendre de

(1) Il semble qu'il y ait ici deux recettes, peut-être mutilées, et suivant toute apparence, confondues ; l'auteur annonce un entremets et il donne une recette pour un plat assez simple. Ce passage ne se trouvant que dans le ms. du Vatican, nous ne pouvons le donner que tel qu'il est. — (2) Boulettes. — (3) Peu importe la partie de l'animal où on la prenne. — (4) Le pignolet ou pignolat étoit une pâte faite avec l'amande du pin à pignons ; on emploie encore aujourd'hui le pin pignon dans certaines sauces.

la paste à une cuillier nette, en remuant tousjours, et mettre par dessus sa poulaille et ses pommeaulx tant qu'ilz en soient dorez, et les faire par ii ou par iii foiz tant qu'ilz en soient bien couvertz, et fault prendre du feul d'or ou d'argent et les enveloper, et fault avoir ung petit d'aubun d'œuf et les arrouser affin que le fueil tiengne mieulx.

Coqz heaumez [1]

Mettez cochons rostir et poulaille comme coqz et vielles poulles; et, quant le cochon sera rosty d'une part et la poulaille d'autre, convient farsir la poullaille, sans escorcher, qui veult; et la convient farsir de paste batue aux œuf, et, quant ell'est dorée, la convient mettre à chevauchons sur le cochon, et fault ung heaume de papier collé et une lance fichié à la poictrine de ladicte poullaille, et les fault couvrir de fueil d'or ou d'argent, pour les seigneurs, ou de feul d'estain blanc, vermeil ou vert.

Tourtes parmeriennes

Prenez chair de mouton ou de veau ou de porc, et la hachiez competemment; puis fault avoir de la poulaille, et faire boullir, et despecier par quartiers; et fault cuire ledit grain avant qu'il soit hachié, puis avoir poudre fine et l'en espicier très bien raisonnablement, et frire son grain en sain de lart, et, après, avoir de grans pastez descouvers, et qu'ilz soient plus hault dreciez de paste que autres pastez et de la

---

[1] Ce plat nous paroît un entremets dans le genre du *Cigne revestu* ou du *Paon*.

grandeur de petitz platz, et faictz en manière de creneaulx, et qu'ilz soient fortz de paste affin qu'ilz puissent porter le grain; et, qui veult, on y met du pignolet et du roisin de Corinde meslez parmy le grain, et du succre esmié par dessus, et mettre en chascun pasté iii ou iiii quartiers de poullaille pour fichier les bannières de France et des seigneurs qui seront en la presence [1], et les dorer de saffren deffait pour estre plus beaulx. Et qui ne veult pas tant despendre de poullaille, ne fault que faire des pièces plates de porc ou de mouston rosty ou boully. Et quant ilz sont rempliz de leur grain, les fault dorer, par dessus le grain, d'un petit d'œufz bastuz ensemble, moyeulx et aubuns, affin que le grain se tiengne plus ferme pour mettre les bannières dedans. Et convient avoir du fueil d'or ou d'argent ou du fueil d'estain pour les dorer avant les banières.

Pour faire tostées dorées, prenez du pain blanc dur et le trenchiez par tostées quarrées, et les rostir ung pou sur le grail, et avoir moyeulx d'œufz batuz, et les envelopez très bien dedans iceulx moyeulx. Et avoir de bon sain chault et les dorer dedans sur le feu tant qu'elles soient belles et bien dorées, et puis les oster de dedans la paelle, et mettez ès platz, et du succre dessus.

BLANC MENGER PARTY [2].

Prenez amendes eschaudées et pelées, et les broyez très bien, et les deffaictes d'eaue boulue; puis, pour faire la

---

[1] Cela semble vouloir dire qu'il convient de mettre, avec les bannières de France, les bannières des seigneurs qui assisteront au banquet donné par le roi. — [2] *Parti* signifie divisé.

lieure pour les lyer, fault avoir du ris batu ou de l'amydon. Et quant son layt ara esté boulu, le fault partir en plusieurs parties, en deux potz, qui ne veult faire que de deux couleurs, et, qui le veult, faire en iij ou en iiij parties; et convient qu'il soit fort lyé autant que seroit froumentée, tant qu'il ne se puisse reprendre quant il sera drecié ou plat ou en l'escuelle ; puis prenez orcanet, ou tornesot, ou asur fin, ou persil, ou salmonde¹, ou ung petit de saffren coullé avec la verdure, affin qu'il tieng[n]e mieulx sa couleur quant il sera boullu; et convient avoir du saing de porc et mettre tremper dedans l'orcanet ou tournesot, et l'azur pareillement. Et gectez du succre dedans le lait quant il bouldra, pour tirer arrière, et le sallez, et remuez fort tant qu'il soit renforcy et ayt prins sa couleur telle que luy vouldrez donner.

Layt lardé

Prenez du lait et le mettez boullir sur le feu, et avoir moyeulx d'œufz batuz, puis descendez le lait de dessus le feu, et le mettez sur ung pou de charbon, et fillez les œufz dedans.

Et qui veult qu'il soit à chair, prenez lardons et les couppez en deux ou trois morceaulx, et gectez avec le lait boullir. Et qui veult qu'il soit à poisson, il n'y fault point mettre de lardons, mais gecter du vin et du verjus avant qu'on le descende, pour faire brosser², puis l'oster de dessus le feu et le mettez en une nappe blanche, et le laissier esgouter, et l'enveloper en ij ou en iij doubles de la nappe, et le pressourer

---

(1) La salmonde ou sanemonde (du latin *sana munda*) est la benoîte dont le nom scientifique est *Geum urbanum* (Linné). — (2) Nous ne comprenons pas le sens de ce mot.

tant qu'il soit dur comme foye de beuf; puis le mettre sur une table et le taillier par leesches comme de plainne paulme ou trois doys, et les boutonner de clou de girofle, puis les frire tant qu'ilz soient roussés; et les dressiez, et jectez du succre dessus.

Tourtes de layt

Prenez du lait et le mettez boullir sur petit feu de charbon, et convient avoir des œufz entrejectez, ou atout l'aubun, qui veult, et, quant il boust, le departir en deulx vaisseaulx, puis avoir la verdure de persil et couller avec la moittiée de ses œufz, et prendre du vin et du verjus, et le gecter dedans tant qu'il soit bien brossé, puis le mettre reffroidir que on y puisse tenir la main, et avoir une estamine de deux pietz de long, puis prenez une cullerée ou deux dudit lait, et l'envelopez deux ou trois tours dedans l'estamine, puis le frotter au mains bien et fort, et, quant il sera prins et dur, l'oster de l'estamine; mettez refroidir et y piquer deux ou trois renges de cloux de girofle, et après, les frire en sain de lart tant qu'ilz soient roussettes; et les convient servir avec le layt lardé en ung plat, moittiée ung et moittiée aultre.

Buignetz et roysolles de mouelle [1]
Crespes grandes et petites

Les grandes à ung pot à cirop ou en ung paellon d'arain, et les petites à une paelle de fer; faire les convient en aubuns

---

(1) Les recettes des *Buignetz et roysolles de mouelle* ont été omises par l'auteur ou par le copiste. Le *Ménagier*, t. II, p. 225, donne la recette des *Rissolles* en jour de char, et il ajoute : « *Item* à la court des seigneurs comme Monseigneur de Berry, quant l'en y tue un beuf, de la mouelle l'en fait rissolles. »

d'œufz et de fleur batue tout ensemble, et avoir une escuelle de bois creuse et du sain chault, et mettre de la paste en ladicte escuelle, et qu'elle ne soit pas trop forte, et hochier la main dedans la paelle dessus sain chault, et les garder de trop roussir. Et pour petites crespes, convient batre moyeulx et aubuns d'œufz, et de la fleur parmy, et qu'elle soit ung petit plus troussant[1] que celle des grandes crespes, et qu'on ait petit feu tant que le feu soit chault, et avoir son escuelle de boys percée ou fons, et y mettre de la paste; et puis, quant tout est prest, couler et faire en manière d'unne petite boucle ou plus grande et, au travers de la boucle, une manière de ranguillon[2] de paste mesmes, et laissier cuire ou sain tant qu'ilz soient rondelettes.

Et qui veult faire des pipesfarces[3], convient avoir de bon frommage de gain par grosses lesches comme le doy, et les enveloper en la paste des petites crespes, et puis les boutter en son sain chault, et les gardez d'ardoir; et quant ilz sont seiches et jaunettes, les drecier et les crespes avec.

Alouyaulx

Prenez mouelle de beuf ou de la gresse qui est ou rongnon de beuf, et trenchier par morceaulx longs et gros comme le doy d'un homme, et reffaire la mouelle de beuf en eaue chaude, et ne faire que boutter et tirer, et la gresse plus largement, et avoir ung trumeau de veau, et oster la chair des os le plus emsemble qu'on pourra, et la mettre par lesches

---

(1) Un peu plus consistante? — (2) Ardillon. — (3) Sorte de pâtisserie. Le *Ménagier*, t. II, p. 227, donne une recette différente pour faire les pipefarces.

tenues comme une espesse oublée[1], et les estandre sur ung dressouer net, et enveloper les morceaulx de mouelle en ses lesches de veau, et ung petit de sel blanc et de pouldre fine ou blanche, puis avoir une broche de fer bien gresle et les embrocher, puis avoir de la paste tele qu'il convient aux petites crespes, et les en dorer, quant ilz sont bien cuitz au regart de ceulx de mouelle.

Dyapré[2]

Tout pareil comme le grain d'amendes et de rozé cy devant, mais ne luy convient pas baillier si forte couleur, et ne le fault pas tant remuer dedans le pot comme le rozé. Et y fault du succre assés competemment, autant à l'un potaige comme à l'autre; et convient foison grain qui soit frit en sain de lart ainsi comme l'autre.

Taillé

Prenez amende sans peler, lavez et broyez très bien, puis prenez boullon de beuf, du vin et du verjus, et deffaictes voz amendes, et broyez très bien; puis mettez telles espices comme au rosé et au diapré, fors qu'il y fault plus de canelle et de cynamome; et y fault autel grain de poullaille et de veau, et le frire en sain de lart, et y fault du succre assez compettemment; et qu'il soit doulx de succre.

À jours de poisson.

Et qui veult changer lesdiz potaiges à jour de poisson, et

---

(1) Oublie. — (2) En blason, le mot *diapré* signifie couvert de ramages.

qui ne pourroit finer de vertjus, poys [1] avoir de l'eaue boullue, et deffaire les amendes sans peller, puis pour le grain, fault perches et brochetz, et les boullir tant que on les puisse plumer, puis les frire en beurre fraiz, et avoir espices pareilles au dyapré et au rozé, gingenbre, cynamome et moins espices ; et qui n'aroit poisson d'eaue doulce, prenez solles, carreletz, lymandes ; et y convient du succre largement ou plus que ès potaiges dessus diz ès jours de chairs, et soient compettemment sallez.

Tailliz de karesme

Prenez amendez pellées, et broyez très bien en ung mortier, puis ayez eaue boullue et reffroidiée comme tiedde, et deffaictes les amendes, et coulez parmy l'estamine, et faictes boullir vostre lait sur ung petit de charbon, puis prenez des eschaudez cuitz de ung jour ou de deux, et les tailliez en menuz morceaulx comme gros dez, puis prenez figues, dates, et raysins de Daigne [2] et trenchez lesdictes figues et dates, comme les eschaudez, et puis y gectez tout, et le laissiez especir comme frommentée, et mettre du succre boullir avec. Et fault mettre boullir une onde ou deux ledit lait d'amendes ; et pour luy donner coulleur, convient avoir du saffren pour le coulourer comme fromentée, et qu'il soit doulx salé.

(1) Le mot *poys* semble être une faute et nous pensons qu'il faut comprendre que ceux qui ne peuvent pas trouver de verjus *peuvent* le remplacer par de l'eau bouillie. — (2) Raisins de Digne ; *Ménag. de Paris*, t. II, p. 246

Pastez nourroys

Prenez chair cuite bien menue hachiée, pignolet, raisin de Corinde et frommage de gain esmié bien menu, et ung pou de succre et ung petit de sel.

Pour faire petis PASTEZ LOREZ, comme pastez d'un blanc [1] ou au dessoubz, et les frire, et qu'ilz ne soient pas si hault de paste, et qui veult faire des laictues et des oreillettes, fault faire couvercles de pastez, les ungs plus grans que les autres, et les frire en sain de lart porc doulx [2] tant qu'ilz soient durs comme cuitz en ung four ; et qui veult, on les dore de fueil d'or ou d'argent, ou de saffren.

Herissons et potz d'Espaigne

Prenez chair crue, hachiez la plus menue que faire se peult, puis fault roisin de Daingne, frommage de gain esmié, et tout meslez emsemble avec pouldre fine, puis ayez des caillettes [3] de moutton, eschaudez et lavez très bien, et non pas en eaue trop chaude qu'ilz ne se retraient, et les emplez de ladicte chair hachiée, et puis les coudre d'unne petite brochette de boys.

Et qui veult faire des potz d'Espaigne [4], fault prendre de

---

(1) *Pastez d'un blanc*, c'est le prix qui donnoit la mesure du pâté. Autrefois, le pain étoit souvent désigné par son prix qui restoit le même en tout temps, mais dont la taille diminuoit en temps de disette. A cette époque (de 1384 à 1405) le blanc à 6 et 5 deniers 6 grains de titre (moitié argent, moitié cuivre) valoit 10 deniers et quelquefois 12. (Le Blanc, *Traité des monnoyes de France*, Paris, 1696, p. 411.) — (2) En saindoux. — (3) La caillette est le quatrième ventricule du mouton, du veau, etc. — (4) Seroit-ce le même plat que les *Pets d'Espaigne* que cite le *Ménag.*, t. II, pp. 97 et 103 ?

petiz liberons¹ de terre en manière de petites esguières de terre, et les moullier d'aubun d'œuf par dedans, affin que la farce se tiengne mieulx; puis les emplir et mettre boullir sur le feu en paelle ou chaudière; et puis quant ilz sont bien cuitz, les tirer et laissier esgoutter, et quant ilz sont froitz, cassez lesdiz potz et ne despeciez rien, puis avoir broches greslettes et non pas si menues aux herissons²; et fault faire petites pommettes, et mettre en brochettes en deux ou en iii renges. Et puis les dorer de paste et de fleur.

Espaules de mouton farcies
Motes et mangonneaulx

Les convient mettre cuire en une paelle sur le feu, et des cuissotz de mouton et de porc, et qu'ilz ne soient pas trop cuitz, puis les mettre reffroidier, et fault oster la chair de autour des otz, et la hachier bien menu, et la chair des mangonneaulx et des mottes pareillement; puis avoir du pignolat et du raisin de Corinde et avoir une grande allumelle³ d'œufz fritz au blanc lart, puis les trenchez par menuz morceaulx comme dez groz⁴, et gardez qu'ilz ne soient pas ars; puis prendre toutes lesdictes mistions et du frommage de gain esmié, et mettre tout en une paelle ou jatte nette, et très bien mesler, puis convient avoir des ratiz de mouton et les estandre, et mettre de la pouldre fine avec les os dedans sans farce, puis enveloper les os et les farcir,

---

(1) Faute pour *biberons*. — (2) C.-à-d. avoir des broches qui ne soient pas aussi fines que celles employées pour les *herissons*. — (3) Omelette. — (4) Comme de gros dés à jouer.

et puis les enveloper du ratis de mouton et les coudre de brochettes de boys pour tenir la chair qu'elle ne chée d'entour l'espaule, ainsi que compaignons sçaivent bien la manière.

Et pour les motes qui se font en manière de petites tourtelettes et les mangonneaux ainsi longs que petites andoulles, et les enveloper de son dit ratis, et les dorer d'œufz bien et suffisamment; et, au surplus, faire ce que au cas appartient.

Cignes revestuz de leur peau [1]

Les convient souffler et escorcher et eschauder avant l'escorcher, et les fendre par dessoubz le ventre, et oster les charcois [2], puis rostir les charcois en une broche, et les dorer, en tournant, de paste batue d'œufz, aubun et moyeu ensemble; puis les tirer de la broche, et laissiez reffroidier, puis les vestez de leur pel, qui veult. Et convient avoir petites brochettes de boys et mettre au col pour le soustenir droit comme s'il estoit vifz; et est à feste le second mectz.

Paons

Les convient souffler et enfler comme les cignes, et les rostir et dorer pareillement. Et se doivent servir au dernier metz. Et quant ilz sont revestuz, convient avoir broches de boys gresles et tenues pour passer parmy les plumes de la queue, ou ung pou de fil d'archal pour drecier les plumes comme se le paon faisoit la roe [3].

---

(1) V. p. 19. — (2) Carcasses. — (3) La roue.

Entremetz de paintrerie [1]

Qui veult faire le Chevallier au Cigne[2] à son droit, convient avoir xij pièces de boys legierettes dont les iiii qui seront

---

(1) Originairement, le mot *entremets* signifioit simplement le troisième service d'un repas. C'est dans ce sens seulement que Du Cange en a parlé dans son glossaire aux mots *Intromegsium* et *Intromissum*.

Plus tard, sa signification changea et il désigna une sorte d'intermède ou d'interruption du repas par une *surprise* ou distraction quelconque destinée à frapper ou à divertir les convives.

Nous ne pouvons nous étendre ici longuement sur les entremets qui, à différentes époques, furent faits dans ces repas notables, et dont le plus curieux peut-être est celui qui eut lieu à Compiègne, en 1237, aux noces de Robert, frère de saint Louis. Ce sujet a été bien traité dans les *Mémoires sur l'ancienne chevalerie*, de la Curne de Sainte-Palaye, à propos du repas raconté par Mathieu de Coucy et Olivier de la Marche dans lequel, en 1453, le duc de Bourgogne, Philippe le Bon, fit vœu de se croiser contre les Turcs qui venoient de prendre Constantinople. (*Mém. sur l'anc. cheval.*, Paris, Vᵛᵉ Duchesne, 1781, in-12, tome I, p. 185 et p. 245).

Les entremets dont parle notre auteur sont plus modestes et plus pratiques. Il en est, comme le *Cygne revestu*, les *Coqz heaumez*, les *Tourtes parmeriennes*, qui sont élégamment ornés, mais destinés à être mangés ; d'autres, comme le *Chevallier au Cygne*, la *Tour*, l'*Ymage de sainte Marthe*, l'*Ymage de saint Georges* sont des représentations, soit inertes, soit animées, servant seulement à l'ornement de la table ou au divertissement des convives.

Par ces mots *Entremets de paintrerie*, il sembleroit que l'auteur a voulu désigner exclusivement la représentation sur la table, en toile ou en bois peints, de sujets divers. Et, en effet, la nacelle de parchemin du *Chevallier au Cygne*, l'image du dit chevalier dans cette nacelle ; dans l'*Image de saint Georges*, la *semblance* d'un cheval sellé et bridé, tout cela est bien une représentation inerte des sujets indiqués, est bien de la *paintrerie*, car, si dans la même description de l'entremets du Chevalier au Cygne, il est parlé *d'hommes*, ils sont sous la table d'où ils font remuer la toile *taincte à ondes* et ne paroissent pas. Mais dans la *Tour*, après des Sarrasins et des Mores qui ne sont que des *semblances*, il est dit que pour faire l'homme sauvaige, il convient *un bel homme hault et droit*. Puis, immédiatement après, il est parlé de la figure d'une jeune valleton ayant des pelotes de cuir pour les jeter à l'homme sauvage.

Ce mélange de naturel et d'imitation est singulier, mais il nous semble que le mot de l'énigme se trouve dans la description de l'*Image Sainte Marthe* où l'au-

droictes soient plus fortes que les autres, et tout assembler, et clouer bien fort, puis avoir du plonb comme la large

teur dit que *le dit personnage* se peut faire « par deux personnes, qui veult, ou d'ouvrage de paintrerie de telle haulteur et grandeur que on veult. »

Il en résulte qu'en donnant ces recettes, si on peut se servir de ce mot, il entendoit qu'on pouvoit les mettre à exécution soit par des personnages véritables et vivants, soit par des représentations en bois ou en toile peints et, ce dernier cas étant sans doute le plus fréquent, il a donné à cette partie de son livre qui n'est pas la moins intéressante ni la moins précieuse le titre d'*Entremets de paintrerie*. — (2) En l'an 711, Theodoric ou Thierry, seigneur du pays de Clèves, mouroit, laissant pour héritière sa fille unique Béatrix qui habitoit le château de Neubourg situé près du bourg de Nimège. Voici relativement au « Chevalier au Cigne » le joli récit que fait André Favyn de cette légende : « Après la mort de Thierry son pere, les grands seigneurs voisins se voulurent emparer de sa terre, estant destituée de tout humain secours. Mais sur ces entrefaictes, elle estant aux fenestres de son chasteau toute triste, & dolente de ses mesadventures, veid voguer sur le fleuve du Rhin un navire à voiles estendues, & sur le tillac d'icelle un jeune chevalier armé de toutes pièces, l'armet en teste, ombragé de lambrequins & pennaches de quatre couleurs, jaune, & blanc, verd, & rouge, & pour cimier un cigne blanc à la tête eslevée, & coronnée ; au col une trompe en guise de chasseur, tenant en son bras gauche un large *escu de gueules, chargé d'un autre escu d'argent, ayant un tourteau de synople, duquel departoient huit sceptres pommettez, & fleuronnez d'or, remplissans tout l'escu comme en forme de raiz*, & en sa main droicte une espée de fin or.

« Ce navire aborda doucement au pied du chasteau de Nimège, duquel Beatrix estoit descendue à l'instant memorative d'avoir veu quelques jours auparavant en songe un pareil chevalier abordant à ses terres avec mesme equippage. Il luy baisa les mains, luy offrant son service contre ses ennemis, & se fit recognoistre sous le nom de *Chevalier au Cigne*. La demoiselle trouvant ce chevalier à son gré, & en aage de bien faire en son endroict, & contre ses ennemis, le prit en mariage. » (André Favyn, *Le Théâtre d'honneur et de chevalerie*, Paris, Robert Foüet, 1620, in-4, tome II, p. 1374.) V. aussi, dans les *Mémoires d'Olivier de la Marche* (éd. Michaud et Poujoulat, t. III, p. 479) la description d'un entremets du *Chevalier du Cygne* analogue, quoique plus compliqué, à celui de notre auteur.

Le roman du *Chevalier du Cygne* a été publié par M. de Reiffenberg dans les tomes IV, V et VI de la collection des *Chroniques belges* imprimée par ordre du gouvernement, en 1846-1848, avec le roman de Godefroy de Bouillon qui lui fait suite. Il a été tiré à part quelques exemplaires de ces deux poëmes, *le Chevalier au Cygne, Godefroy de Bouillon, suite du Chevalier au Cygne avec des recherches sur*

d'une table [1] de iii piez de long et autant de lé, et y fauldroit bien de ii à iii tables de plonb, et le faire en manière d'un petit coffre qui ait comme ung piet de parfont qu'il puisse tenir deux ou iii seaulx d'eaue, et faire une petite nasselle de parchemin collé où sera mis l'ymage du dit Chevallier au Cigne.

Item, fault la semblance d'un petit cigne qui soit fait de parchemin collé et couvert de menu vair ou de duvet blanc, et fault une petite chaynette semblable d'or pendue au col du dit cigne ataichié à ladicte nacelle parmy ladicte carre [2] de plonb ouquel carre convient iiii rouelles bouttées et iiii chevrons pour bouter çà et là. Et y fault de la toille taincte à ondes en manière d'eaue, et qu'elle soit clouée au hault du carre affin que on ne voye point les hommes qui seront dessoubz.

UNE TOUR

Qui veult faire une tour couverte de toille tainte comme se c'estoit maçonnerie, convient iiii fenestres aux iiii quarrés de la tour, et qu'il y ait semblable comme Sarrasins et Mores faisans semblant de tirer à l'omme sauvage qui les vouldroit assaillir. Et pour faire l'omme sauvaige, convient ung bel homme, hault et droit, vestu d'une robe de toile et chausses et soullers tout tenant ensemble, et que ladicte robbe soit

---

la première croisade. *Bruxelles, de l'imprimerie de Hayez*, 1848, in-4° d'environ 200 pp. (Quérard, XII, 75).

V. aussi Gaston Paris, La Littérature française au moyen-âge. *Paris, Hachette*, 1890, in-12, § 29.

(1) Une lame de plomb. — (2) Carré.

toute couverte de chanvre paint. Et, en la tour, il fault comme la figure d'ung jeune valleton qui deguisé soit comme enfant sauvaige, et qu'il ait des pelotes de cuir plainnes de bourre ou des estaint¹ tains en manière de pierres pour gecter contre ledit homme sauvage.

Pour faire l'ymage Saint George et sa pucelle².

Convient faire une grande terrasse de paste ou de legier boys comme celuy de quoy on fait les pavoiz, et faire la semblance d'un cheval sellé et bridé, et l'ymage de saint George sur ledit cheval, et ung dragon soubz les pietz dudit cheval, et la pucelle qui mainne le dit dragon lyé de sa sainture parmy le col.

---

(1) *Estain* ou *estam*, laine peignée, sorte de longue laine (Godefr., *Dict. de l'anc. lang. franç.*)

(2) « Saint Georges fut du lignaige des Capadociens et vint unnefois en la province de Libie en la cité de Silène et deles cette cité estoit un estang ouquel il avoit un dragon qui se tapissoit la, et ce dragon avoit mainteffois chassé le peuple qui aloyt armé contre luy, et venoit aux murs de la cité, et tuoyt par son souffler tous ceulx qu'il trouvoit pour laquelle chose les gens la furent contrains, et lui donnoyent chescun iour deux brebis pour appaiser sa forcennerie, car, quant il ne les avoyt, il assailloyt si les murs de la cité qu'il corrompoit si l'air par son souffler que plusieurs en mourrurent, et lors luy donnerent tant que les bestes estoyent a bien peu falliz et mesmement qu'ilz ne peurent avoir nulles herbes pour les bestes. Et doncques eurent conseil entre eulx et luy donnerent chescun iour ung homme et une beste tant qu'ilz donnoient par sors enfants filz et filles et que le sort n'espargnoit nul, mais estoient tous les enfans de ce peuple gastés si que une foiz fut esleu par sort et jugé a donner au dragon la fille du roy et donc le roy fut espovanté... Et adoncques s'en ala elle au lac, et quant le benoit George qui passoit par la la vit plourant, il luy demanda ce que elle avoit. Et elle luy dit : Beau juvencel, chevauche hastivement et t'en fuys que tu ne perisses avecques moy. Et George luy dit : Ne doubte, fille, mais dys moi que tu actens icy et que tout ce peuple regarde. Et elle luy dit: Bon juvencel,

Pour faire l'ymage Saincte Marthe [1]

Convient faire l'ymage saincte Marthe, le dragon de son long en costé elle, et une chainne d'or lyée au col du dragon, don celle saincte le tendra, comme elle le conquist.

si comme je voy tu es de grand cueur noble, mais pourquoy desires tu mourir avec moy, va t'en hastivement. Et George luy dit : Je ne me partiray d'ici devant que tu me aies dit ce que tu as. Et quant elle luy eut tout exposé, George luy dit : Fille, ne doubtes, car je te ayderay au nom de Jhesucrist. Et elle luy dit : Bon chevalier, ne te peris pas avecques moy, il me souffit si je peris seule, car tu ne me pourras aider ne delivrer, mais periroyes avecques moy, et si comme ilz parloient, vecy le dragon qui vient et leva le chief de l'eaue. Lors dit la pucelle en tremblant : Fuy toi, sire, fuy toi hastivement. Et George monta sur son cheval et se garnit du signe de la croix et assaillit hardiement le dragon qui venoit encontre luy et brandit forment sa lance et se recommanda a Dieu et navra le dragon et le geeta à terre et dit a la fille : Gectes luy ta cainture entour le coul et ne le doubtes en rien, belle fille. Et quant elle eût ce fait, le dragon la suivit ainsi comme ung tres debonnaire chien. Et lors quant ilz l'eurent mené en la cité, le peuple le vit si commenca a fuyr par montaignes et par vallées... » Jacques de Voragine, *Légende dorée*, Lyon, Mathieu Husz, 1488, in-fol. goth., f. K6 r°.

(1) Voici encore, d'après Jacques de Voragine, la légende de sainte Marthe : « Après l'Ascencion de nostre Seigneur, quant la despartie des disciples fut faicte, elle (Marthe), son frère le Lazare, Marie Magdaleine sa seur, et saint Maximin qui les avoient baptisées et à qui ilz avoyent esté commandés par le sainct Esperit, et moult d'autres furent mis en une nef sans gouvernail et sans voyle et sans soustenement de vivres et les y mirent les mescreans juifz, et par le conduit de Dieu, ilz vindrent à Marseille, et puis alèrent à Ays et la convertirent le peuple a la foy. Et la benoîte Marthe estoit moult emparlée et gracieuse a tous. Et en ce temps avoyt en ung boys sur le Rosne entre Arles et Avignon ung dragon demy beste et demy poison (sic) plus gros que ung beuf et plus long que ung cheval et avoyt les dens agues comme ung espée. Et estoit cornu de chescune part et se tapissoit en l'eaue, et tuoit tous les passans, et noyoit les nefz, et estoyt venu par la mer de Galatye. Et avoyt esté engendré de leutaran ung serpent tres cruel d'eaue et de une beste qui est appelée onaque que la région de Galacien engendre. Et quant on le suyvoit par un espace de temps, il mectoyt hors l'ordure de ventre ainsi comme ung dart et ardoit tout ce a quoi il touchoyt. Et Marthe, a la prière du peuple, ala la et le trouva mengant ung homme en sa bouche. Et lors gecta dessus luy d'eaue benoyte et luy monstra une croix et fut tantost vaincu et

Et se peult faire ledit personnage par deux personnes, qui veult, ou d'ouvrage de paintrerie de telle haulteur et grande[u]r que on veult.

Entremetz plus legiers

Convendroit faire terrasses de pain bis et faire comme une damoiselle assise sur la terrasse, laquelle terrasse soit couverte de fueil d'estain vert et herboyé en semblance d'erbe vert.

Et y fault ung lyon qui ara ses ii pates de devant et la teste ou giron de la damoiselle. Et luy peult-on faire une gueule d'arain, et la langue d'arain tenue, et les dens de papier collé à ladicte gueulle, et y mettre du canfre et ung petit de coton; et quant on vouldra servir devant les seigneurs, y bouter le feu.

Et qui veult faire la semblance d'un loup, d'un ours, d'un asne royé, de serpent ou quelque autre beste, tant privée que sauvage, se pevent faire semblables comme le lyon, chascun endroit soy.

La poulse[1] pour ung chappon gras. Amassez la gresse du chappon et le foye aussi, et passez par l'estamine avec boullon de beuf, et destrempez ung pou de gingenbre avec verjus, et mettez boullir en une paelle tout ensemble, et lyez de moyeulx d'œufz batuz et du succre largement, et levez les ailles et cuisses de vostre chappon, et versez vostre sausse dessus.

---

se tint comme une brebis. Et lors saincte Marthe le lya de sa cainture et fust tantost tué du peuple à lances et à pierres. Et ce dragon estoyt appellé de ceulx du pays tarascon et encores en la remembrance de ce est ce lieu appellé Tarascon et avant estoyt appelé Nazolus c'est à dire noir lieu.... » *Lég. dorée*, f. Riiii r°.

(1) C'est très probablement une faute pour *saulse* ?

PIÈCES JUSTIFICATIVES
DU SUPPLÉMENT

PIÈCES JUSTIFICATIVES

DU

SUPPLÉMENT

PIÈCE Nº 18.

PHILIPPE DE VALOIS DONNE A GUILLEMIN TIREL, UN QUARTIER DE TERRE EN L'ISSUE DE S. GERMAIN EN LAYE ET SEPT CHESNES SECS QUI S'Y TROUVENT. — SAINTE JAME, NOVEMBRE 1330.

Donatio cujusdam quarterii terræ facta Guillelmo Tirel.

Philippe par la grace de Dieu Rois de France, nous faisons savoir a tous presens et a venir que, attenduz et considerez les aggreables services que Guillemin Tirel, vallet de cuisine de bouche de nostre tres chiere compaigne la Royne, nous a faiz en ladicte cuisine, en recompensacion desdiz services, li avons donné et donnons par ces presentes lettres, pour lui et pour ses hoirs a tousjours mais, de grace especial, un cartier de terre en l'issue de Saint-Germain en Laye et sept chesnes secs qui sont oudit cartier qui se cofronte d'une partie as terres de Rogier le Sergent et de Pierre Soutiz, d'autre partie, a tenir de lui, de ces hoirs et de ceus qui de lui auront cause perpetuelement par tel maniere que li, sui hoir et cil qui de luy auront cause nous paieront chascun an douze deniers de annuel o perpetuel cens, es termes acoustumés, lesquelles choses nous li avons octroyés, sauve en autres choses nostre droit et en toutes le droit d'autruy. Et pour ce que ce soit ferme et estauble a tousjours mays nous avons fait mettre nostre scel en ces presentes lettres. Donné à Sainte-Jame, l'an de grace mil ccc trente, ou mois de novembre.

Par le Roy a la relation Mess.
G. BERTRAN.   SAVIGNI.

Arch. nat., *Trés. des Chartes*, J.J. 66, n° 817.

PIÈCE N° 19

CHARLES V PERMET A GUILLAUME TIREL DIT TAILLEVENT, D'ACQUÉRIR DE QUI IL VOUDRA ET DE DONNER A QUELQUE ÉGLISE OU A QUELQUE ECCLÉSIASTIQUE QUE CE SOIT, POUR FONDER DES SERVICES POUR LE REPOS DE SON AME ET L'AME DES SIENS, 24 LIVRES PARISIS DE RENTE, SANS PAYER AUCUNE FINANCE. — PONTOISE, JUIN 1364.

Admortizatio xxiiii libr. par. sine financia pro G° Tirel al. Taillevent coquo regis.

Karolus &ᵃ (sic) notum facimus omnibus tam presentibus quam futuris quod cum dilectus coqus noster, Guillelmus Tirel al. Taillevent, certa pietatis opera, pro divini cultus augmento ejusque et suorum parentum remedio animarum, instituere et ordinare proponat, Nos, ejus laudabile propositum commandentes et attendentes propensius grata fidelitatis obsequia que idem Guillermus inclite recordationis carissimo domino et avo nostro regi Philippo cujus etiam dum viveret coqus extitit et nobis diuttinis temporibus extiterit et que nobis continuè exibere non cessat, eidem Guillermo de nostra certa scientia et speciali gracia concessimus et concedimus per presentes ut ipse viginti quatuor libras parisiensium annui et perpetui redditus, simul aut per partes, extrà feodum et sine justitia, ubicunque voluerit acquirere possit et ipsas acquisitas simul aut per partes in ecclesias seu personas ecclesiasticas quascunque, religiosas vel seculares, conventus, capitula, seu collegia, titulo donationis seu nomine elemosine aut in alia pia opera et perpetuas usus transferre, convertere, ordinare et disponere valeat prout et quotienscunque sibi placuerit et usum fuerit expedire quodque ecclesie, persone ecclesiastice, conventus, capitula et collegia predicti ac loca in quos que vel quas hujusmodi redditum modo predicto transferri, converti, ordinari et disponi contigerit, ipsum redditum habeant, teneant et possideant perpetuo liberè pacificè et quietè, absque coactione vendendi vel aliter quovis modo extrà manum suam ponendi, seu prestandi propter hoc nobis vel quibuscunque successoribus nostris imposterum financiam aliqualem. Nos enim hujusmodi financiam, attentis dictis servitiis, dicto Guillermo de nostra uberiori gracia remittimus, donamus et per presentes quictamus donis vel graciis per nos vel successores nostros, licet in presentibus minimè exprimantur, eidem Guillermo factis, statutis etiam vel ordinationibus et mandatis contrariis nonobstantibus quibuscunque. Quod ut firmum et stabile perpetuo perseveret presentes litteras sigilli nostri quo antè susceptum regni nostri regimen utebamur apensione fecimus muniri salvo in aliis jure nostro et in omnibus quolibet alieno.

Datum apud Pontizaram anno domini millesimo trecentesimo sexagesimo quarto mense Junii.

Per regem   Tourneur   visa

Arch. nat., *Trés. des Chartes*, J.J. 96, n° 139.

PIÈCE N° 20

Vente par Ysabeau Le Chandelier, veuve de Guillaume Tirel, de deux maisons sises a Paris — Paris, le dernier jour d'avril 1398.

Sachent tuit que, par devant nous, Regnault Germain, chanoine d'Aucerre, receveur de reverend pere en Dieu Mons. l'evesque de Paris, fu personelment Jaquet Cardon, clerc, ou nom et comme procureur de Ysabeau, vefve de feu Guillaume Tirel dit Taillevant, en son vivant premier escuier de cuisine et sergent d'armes du Roy nostre sire, qui, tant en son propre et privé nom et comme executeresse dudit feu Guillaume, jadis son mari, se dessaisi de deux maisons entretenant, à deux pignons que ladicte Ysabeau ou dit nom se disoit avoir, assises à Paris devant la Croix-Neuve, tenant d'une part à Jehan Dufaux, en la censive de Mons. dont mencion est faicte es lettres parmy lesquelles ces presentes sont annexées, lesquelles deux maisons, comme dit est, ladicte Ysabeau, ou nom que dessus, a vendues à honnorable homme et sage maistre Jaques Lefer, procureur au Parlement, et à Jehanne sa femme, pour le pris et par la forme et maniere contenues es dictes lettres ; et, à la requeste dudit procureur, en avons mis lesdiz acheteurs et, par ces presentes, metons en saisine et possession, sauf tous droiz, en recevant, pour ce, d'iceulx, les ventes appartenant à mondit seigneur desquelles nous les quitons et tous autres. En tesmoing de ce nous avons mis à ces presentes nostre seel et saing manuel, le derrenier jour d'avril, l'an mil ccc iiii^{xx} et dix huit.

Germain.

Arch. nat., L. 534.

TABLE ALPHABÉTIQUE DES MATIÈRES

CONTENUES DANS CE SUPPLÉMENT

TABLE ALPHABÉTIQUE DES MATIÈRES

CONTENUES DANS CE SUPPLÉMENT

A

Ables, 216, 217, 243.
Agu, expl., 225.
Aigneaux rostis, 214, 226.
Aigreffins, 189, 217, 245.
Allemaigne (Brouet d'), 214, 215 — de chair, 223 — de connins, 223 — de poulaille, 223.
Alles de mer, 247.
Allouetes, 189 — rosties, 229.
Allumelle, 269.
Almaigne, Alemaigne. V. *Allemaigne.*
Alose, 242 — cuite au four, 242 — d'eau doulce, 216 — de mer, 217.
Alouyaulx, 265.
Amendes (Comminée d'), 214, 221.
Amydon, 263.
Andoylles aux pois, 214 — aux poreaulx, 214.
Angleterre (Soutif brouet d'), 214.
Angrefin. V. *Aigreffins.*
Anguilles, 216, 242 — en pasté, 242 — renversées, 189, 242 — (Brouet vertgay d'), 215, 237.
Annis blanc, 254, 255 — vermeil, 254, 255.
ANSELME (Le Père), 207.
Arsure (Pour oster l'), 213, 219.

Asur fin, 263.
Aubun, expl., 240.
Aulx blans, 218, 249 — camelins, 218, 249 — aux harens fraiz, 218, 249 — atout la cotelle, 218 — (Jance aux), 189, 218 — vers, 218, 249.
Avant-propos, 183.

B

Baien, expl., 252, 255.
Baleine, 217.
BALUZE, 207.
Bannières de France, 199, 262 — des Seigneurs, 199, 262.
Bar, 242.
Barbe Robert (Sauce), 189, 249.
Barbillons, 216, 242.
Barbue, 217, 246.
Baudés (Porte), 227.
Baudoyer (Place), 227.
Baye, 253.
BERRY (Duc de), 200, 201, 207, 264.
BERTRAN (G.), 206, 280. — (Robert), 206.
Bescuit (Chaudumé au), 215, 237.
Bettes, 248.
Biberons, 269.
BLANC (Le), 268.
Blanc brouet de chappons, 214, 223.
Blanc mengier de chappon, 216, 241 — party, 262.
Boe, expl., 236.
Bœuf à la porée, 214 — (Trumel de), 214.
BOILEAU (Étienne), 227.
BONARDE (Jehane la), 204.
Boully lardé, 213, 219.
Bourbier. V. Bourblier.
Bourblier de sanglier, 214, 229.
BOURGOGNE (Jeanne de), reine de France, 202 — (Philippe le Bon, duc de), 271.
Boussac de connins, 223 — de lièvres, 214, 223.
Bousture de grosse chair, 213, 219.
Boyans. V. Baien.
Brahons, expl., 223.
Brayer, expl., 221.
Braytte. V. Brete.
Bresmes, 216, 217, 242, 246.
Brete, 190, 217, 245.
Brochet, 216 — au chaudumé, 241 — en potage, 241.
Brosser, non expl., 263.
Brouet d'Allemaigne, 214, 215 — de chair, 223 — de connins, 223 — d'œufs, 239 —

de poulaille, 223 — d'Angleterre, 214 — de canelle, 214, 221 — blanc de chappons, 214, 223 — de daintiers de cerf, 198, 258 — georgié, 214, 222 — rousset, 214, 222 — sarrasinois, 190, 215, 238 — de verjus, 214 — de verjus de poulaille, 224 — vertgay, 214, 224 — vertgay d'anguilles, 215, 237 — vert d'œufz et de fromage, 239 — aux yssues de porc, 249.
Brouets, 240.
Brun des poulletz, expl., 233.
Buchettes, expl., 230.
Buffaut (Pierre), 186, 202.
Buhoreaulx rostis, 215.
Buignetz de mouelle, 201, 264.
Butors rostis, 215, 231.

C

Cailles, 190, — rosties, 229.
Caillettes de mouton, 268.
Calongne. V. *Escaloigne*.
Cameline, 218, 249.
Canelle (Brouet de), 214, 221.
Cardon (Jaquet), 282.
Carini (Lettre de Mgr), 185.
Carpes, 242 — alozées, 216.
Carre, 273.
Carreletz, 218, 267.
Cavelée, expl., 246.
Cendre gravelée, 251.
Cerf (Brouet de daintiers de), 198, 258 — (Venoison de), 213, 220.
Cervoisons, 258.
Chair (Brouet d'Allemaigne de), 223 — (Bousture de grosse), 213, 219 — (Gelée de), 215, 234 — (Rozé à), 257.
Chandelier (Ysabeau le), 204 — (Vente de deux maisons appartenant à), 204, 205, 282.
Chappons (Blanc brouet de), 214, 223 — (Blanc mengier de), 216, 241 — (Eaue rose de), 240 — aux herbes, 213, 220 — (Houdons de), 214, 223 — de haulte gresse, 190, 228 — au jaunet, 214 — (Lassis de blanc de), 255 — rostis, 214, 228 — au vertjus, 214 — (Poulse (Saulce ?) pour), 276.
Charcois, 256, 270.
Charles IV, empereur des romains, 199.
Charles V, Avant-propos, 193, et *passim*.
Charles VI, Avant-propos, 193.
Charpie, 226.
Charpir, expl., 255.

n ij

Chaudeau flament, 216, 240.
Chaudumé au bescuit, 215, 237.
Chaudumel. V. *Chaudumé*.
Chaudun de porc, 214, 220, 249.
Chevalier au Cygne, 271, 272.
Chevesneaulx, 216.
Chevreaux rostis, 214, 226 — (Venoison de), 213, 220.
Chevrel. V. *Chevreaux*.
Chien de mer, 217, 244.
Chiet, expl., 226.
Chouz, 248.
Ciboulles (Potaiges de), 248.
Cine. V. *Cygne*.
Citail. V. *Citoual*.
Citoual, 252.
Civé de connins, 214, 225 — de lièvres, 214, 225 — de moules, 248 — d'oistres, 215, 238, 248 — d'œufs, 215, 239 — (Poivre) de poisson, 216 — de veel, 214, 225.
Clou de girofle, 264.
Cochon farci, 226 — (Yssues du), 226.
Colin, 245.
Comminée d'amendes, 214, 221 — de poisson, 215, 216, 237, 241 — de poulaille, 221.
Compiègne, 199, 271.

Congre, 217, 244.
Connins (Brouet d'Allemaigne de), 223 — (Boussac de), 223 — (Civé de), 214, 225 — rostis, 214, 228.
Convy de prince, 198, 259.
Coq, expl., 220.
Coqz heaumez, 198, 261, 271.
Corinde (Raisin de), 260, 262, 268, 269.
Cormorans rostis, 215, 231.
Coucy (Mathieu de), 271.
Coulleiz de perche, 216, 241 — d'un poulet, 216, 240.
Crappois, 190, 217, 245.
Crespes grandes et petites, 264.
Cresson (Porée de), 218, 248.
Cretonnée de fèves nouvelles, 214, 221 — de poys nouveaulx, 214, 220.
Croix-Bigne, 205.
Croix-Neuve, 205, 282.
Cuisinière bourgeoise, 194.
Cuissetes, 232.
CURNE DE SAINTE-PALAYE (La), 192, 199, 271.
Cygne revestu (Entremets d'un), 215, 234, 270, 271 — rosti, 215, 230.
Cycongnes rosties, 215, 230.

D

Daigne (Raisins de), 267, 268.
Daintiers de cerf (Brouet de), 198, 258.
Darioles 259.

Dates, 267.
Deintiers. V. Daintiers.
DELAMARE, 227.
Dessaler (Pour) potaiges, 213, 219.
Destremper (Pour), 250.
Digne. V. Daigne.

Dodine, 228, 231.
Dorée (dorade), 190, 218, 246.
Doreures, 198, 259.
Drois (Menus), 215.
DUFAUX (Jehan), 205, 282.
Duisable, expl., 257.
Dyapré, 266.

E

Eaue grasse, 227 — rose d'un chappon, 216, 240 — d'une poulle, 240.
EHRLE (Rév. Père), 186.
Entremetz, 215, 231 — d'un cygne revestu, 215, 234 — plus legiers, 200, 276 — de paintrerie, 192, 199, 200, 271.
Escaloignes (échalottes), 245, 250.
Eschinée (Janbon sallé avec l'), 214.
Escrevisses, 216, 243 — Grane d'), 256 — de mer, 248.

Esguières, 269.
Espaigne (Potz d'), 268.
Espaules de mouton farcies, 269.
Esperlans, 190, 247.
Espices du Viandier, 249.
Essuyer, expl., 233.
Estaint, expl., 274.
Estoffes, expl., 225.
Estouppez, expl., 252.
Esturjon, 217, 247.
ÉVREUX (Jeanne d'), reine de France, 187, 206.

F

Faisans rostis, 215, 230.
Farsiz, 260.
Faulx grenon, 215, 231.
FAVYN (André), 272.
Faye (foie), 224.
Fèves nouvelles (Cretonnée de), 214, 221 — frasées, 248.

Figues, 267.
Fil d'archal, 270.
Flans cochus, 259 — en karesme, 218, 248 — (Aultres), 218.
Flaons. V. Flans.
Flez, 217, 246.

Fontaine - Guerin (Hardouin de), 207.
Fontenay (M. le Vicomte de), 184.
Foyes, 231.
Franc bogan, 198.
Frase de veel (veau), 214, 226.
Froide sauge, 215, 234.

Fromage (Brouet vert d'œufs et de), 239.
Fromentée, 215, 232.
Fruites, 189, 217.
Fuites. V. *Fruites*.
Fust, expl., 236.
Fuccus, 217.

G

Galantine (Lamproye en), 215, 236.
Gantes, 189.
Gardons, 216.
Gaymel, Gaymeau, 216, 243.
Gelée de chair, 215, 234 — de poisson, 215, 234.
Gelines rosties, 214, 228.
Georgié (Brouet), 214, 222.
Germain (Regnault), 282.
Gingembre coulombin, 254 — de mesche, 254 — (Jance de), 189, 218.

Gournault, 217, 244.
Grane d'escrevisses, 256 — de loche, 215, 237 — de menuz oyseaulx, 214, 222 — de perches, 216, 240.
Grappois. V. *Crappois*.
Grenon (Faulx), 215, 231.
Grimondins, 217, 244.
Gruyau d'orge, 216, 241.
Guède (Parciaulx de), 233.
Guichard Dauphin (Inventaire des livres de), 207.
Gymiau. V. *Gaymel*.

H

Hannons, 217, 248.
Harens fraiz (Aux aux), 218, 249.
Haste du porc (Menue), 222.
Haubert, expl., 249.
Haye-du-Puits (La), 187, 206, 207.
Hericot de mouton, 213, 219.

Herissons, 268.
Hérons rostis, 215, 230.
Hettoudeaulx rostis, 214, 228.
Hochepot de poulaille, 214, 224.
Hosties dorées, 254.
Houdons de chappons, 214, 223.
Huitres. V. *Oïstres*.

J

Jaillot, 205.
Jaligny (Château de), 207 — (Guichard Dauphin, seigneur de), 207.
Janbon bruslé fraiz aux poreaulx, 214 — à la rappée, 214 — sallé avec l'eschinée, 214.
Jance aux aulx, 189, 218 — de gingembre, 189, 218 — de lait, 189, 218 — pour morue aux aulx, 218.
Janse. V. Jance.
Jargeau, 198.
Jaunet (Chappon au), 214 — (Poivre), 218 — (Trumel de bœuf au), 214 — (Veel au), 248.
Julsiers, 231.

L

Laictues, 268.
Lait (Jance de), 218 — lié, 215, 239 — lardé, 263 — de Provence, 216 — (Tourtes de), 264.
Lamproye fresche, 215, 217 — en galantine, 215, 236 à la saulce chaude, 235.
Lamproyons, 216, 243.
Langlois (M. E.), 186.
Lappereaulx rostis, 190, 228.
Lassis de blanc de chappon, 255.
Laubigois (Jehan), 197.
Leclerc (M. Henri), 184.
Lefer (Jacques), 205, 282.
Legrand d'Aussy, 227.
Leschié, expl., 245.
Lespinasse (M.), 227.
Liberons. V. Biberons.
Lièvres (Boussac de), 214, 223 — (Civé de), 214, 225 — rostis, 214, 228.
Loche, 190, 216, 243 — (Grane de), 215, 237.
Loppinetz, 237.
Lorier (Feuilles de), 234.
Louvre (Ordonnance du), 197.
Luce (M. Siméon), 183, 185, 204, 206.
Lux. V. Luz.
Luz, 216, 241 — en galantine, 241.
Lyèvres. V. Lièvres.
Lymande, 190, 218, 247.

M

Macis, 219.
Malades (Viandes pour), 216, 240.
Malars de rivière rostis, 215, 231.
Mangonneaulx, 269.
Manuscrit du Vatican, 209 — (Description du), 187 — (Epoque de la composition du), 186 — (Fac-simile du), 212 — (Première partie du), 213 — (Deuxième partie du), 251.
Maquereaulx, 217, 245.
MARCHE (Olivier de la), 271.
Mauvilz rostis, 229.
Meiclez, expl., 219.
Meinuise, 243.
Mellanz (merlans), 217.
Ménagier de Paris, 192, et passim.
Menjoire, 254.

Menuz drois, 215.
Merlnz, 190, 244.
Mesche (Gingembre de), 254.
Mictés, expl., 219.
Millet, 215, 232.
Missés, missiés, expl., 219.
MONTFAUCON, 185.
Moruaulx, 190, 245.
Morue, 217, 245 — aux aulx, 2?
Motes, 269.
Mouelle (Buignetz de), 201, 2 — (Roysolles de), 201, 264.
Moules, 217, 248 — en civé, 2?
Moulst (Sauce de), 228.
Moustarde (Souppe en), 215, 2?
Mouton, 219 — (Caillettes d? 268 — (Espaules de), 269 (Hericot de), 213, 219 — à porée, 214 — (Ratiz de), 2 — rosti, 214, 226.
Mulet, 217, 245.

N

NAVENNE (M. de), 186.
Navetz, 248.

Neux, 198.

O

Oefz. V. Œufs.
Oes. V. Oyes.

Oestres. V. Oistres.
Oetardes. V. Outardes.

Œufs (Brouet d'Allemaigne d'), 239 — (Brouet vert d'), 216 — (Brouet vert d') et de fromage, 239 — (Civé d'), 215, 239.
Oiseaulx (Grane de menuz), 214, 223 — rostis, 215, 229.
Oistres, 248 — (Civé d'), 215, 238, 248.
Orcanet, 257, 263.
Ordonnance du Louvre, 197.

Oreillettes, 268.
Orfin, 217, 245.
Oublée (oublie), 266.
Oues (Rue aux), 227.
Ours (Rue aux), 227.
Outardes rosties, 215, 230.
Oyers Saint-Merry, 227 — (Statuts des), 227.
Oyes rosties, 214, 227.
Oysons en rost, 227.

P

Paintrerie (Entremetz de), 192, 199, 200, 271.
Paon revestu, 270 — rosti, 215, 270.
Paonneaulx, 254.
Parciaulx de guède, 233.
Pareceulx, expl., 227.
Paris, 205 et passim.
PARIS (M. Gaston), 273.
Party, expl., 262.
Pastés lorez, 268 — nourroys, 268 — (Pijons en), 229 — — (Plouviers en), 190, 229 — (Porc en), 190, 226 — en pot, 218 — (Veau en), 226 — (Videcoqz en), 190, 229.
Perches, 216, 242 — (Coulleiz de), 216, 241 — (Grane de), 216, 240.
Perdriz rosties, 215, 229 — (Trimolette de), 258.

Petz d'Espaigne. V. *Potz* d'Espaigne.
PHILIPPE le Bon, duc de Bourgogne, 271.
PHILIPPE de Valois, 202, 204, 279.
Phuca, *Phycis*, 217.
Pièces justificatives, 277.
Piez (Menuz), 231.
Pignolet, 260, 262.
Piguons. V. *Pijons*.
Pijons en pasté, 229 — rostis, 215, 229.
Pinperneaulx, 216, 243.
Pipesfarces, 265.
Pleiz (plies), 217, 246.
Plommé, expl., 240.
Plouviers en pasté, 190, 229 — rostis, 215, 229.
Poches, 190 — rosties, 231.
Pois, 248 — (Andoylles aux),

o i

214 — (Cretonnée de) nouveaulx, 214, 220.
Poisson (Comminée de), 215, 216, 237, 241 — d'eaue doulce, 216, 241 — (Gelée de), 215, 234 — de mer plat, 217, 246 — de mer ront, 217, 243 — (Poivre civé de), 216 — (Saulce à garder) de mer, 189 — (Saulce jaunette de), 239.
Poitevine, (sauce), 218.
Poitrine de veau, 257.
Poivre chault, 214 — civé de poisson, 216 — jaunet, 189, 218 — noir, 189, 218.
Pommeaulx, 260.
Pontoise, 204, 280.
Porc, 219 — (Brouet aux yssues de), 249 — (Chaudun de), 214, 220, 249 — (Menue haste du), 222 — (Janbon de), 214 — en pasté, 190, 226 — rosti, 214, 226.
Porc de mer, 217, 243.
Poreaulx, 248 — (Andoylles aux), 214 — (Janbon bruslé fraiz aux), 214.

Porée (Beuf à la), 214 — (Mouton à la), 214 — de cresson, 218, 248.
Potages de choulles, 248 — (Pour dessaler tous), 213, 219 — lyans, 220 — lyans sans chair, 215 — appelé menjoire, 254 — (Menuz), 248 — (Pour oster l'arsure de tous), 213, 219.
Polz d'Espaigne, 268.
Poucins en rost, 228.
Poudre de grenade, 254.
Poulaille (Brouet d'Allemaigne de), 223 — (Brouet de verjus de), 224 — (Comminée de), 221 — farcie, 215, 232 — (Pour farcir la), 260 — (Hochepot de), 214, 224.
Poulet (Couleiz d'un), 216, 240 — rosti, 214, 228.
Poulle (Eaue rose d'une), 240.
Pourcel (Soux de), 236.
Pourcelet farci, 215, 226.
PROST (M. Bernard), 202.
Poulse (Saulce ?) pour un chappon, 276.

R

Raisin de Corinde, 260, 262, 268, 269 — de Daigne, 267, 268.
Ranguillon, 265.
Rappé, 214, 225.

Rappée, 218 — (Janbon de porc à la), 214.
Ratiz de mouton, 269.
Raye, 217, 244, 246.

Recettes du manuscrit de la Bibliothèque Nationale, ne figurant pas dans le manuscrit du Vatican et *vice-versa*, 189.
REIFFENBERG (M. de), 272.
Ribeletes, 229.
Ris engoulé, 215, 233.
Rissoles en jour de char, 204 — de mouelle, 201, 264.
Roe (roue), 270.
Roi Modus (Ms. du), 207.

Rome (Manuscrit de), Avant-propos et *passim*.
Rossaille, 216, 242.
Rostz, 214 — de chair, 228.
Rotisseurs, 227.
Rouen (Vicomté de), 206.
Rouget, 217, 244.
Roussel (Brouet), 214, 222.
ROUX DE LINCY (Le), 207.
Roye. V. *Raye*.
Roysolles. V. *Rissoles*.
Rozé à chair, 257.

S

Sade, expl., 230.
Saint-Denis (Chroniques de), 199.
Saint-Eustache (Église), 205.
Saint-Germain-en-Laye, 202, 279.
SAINT-GEORGE (Pour faire l'ymage de), 271, 274.
SAINT LOUIS, 199, 227.
Saint-Martin-des-Champs, 205.
Saint-Merry (Oyers), 227 — (Porte), 227 — (Rue), 227 — (Saulse), 227.
Saint-Sevrin (Carrefour), 227.
Saint-Jame, 279.
SAINTE-MARTHE (Pour faire l'ymage de), 271, 275.
SANCERRE (Isabeau de), 207.
Sancte, 218.

Sangle, expl., 228.
Sanglier (Bourblier de), 214, 229 — (Venoison de), 220.
Sarcelle, 190 — rostie, 231.
Sarrasinois (Brouet), 215, 238.
Sauge, 219.
Sauge (Froide), 215, 234.
Saulce Barbe Robert, 189, 249 — chaude, 235 — de jance pour morue aux aulx, 218 — jaunette, 216 — jaunette de poisson, 239 — de moust, 228 — à garder poisson de mer, 189 — poitevine, 189 — Saint-Merry, 227 — verte, 189, 218.
Saulces boullues, 218 — non boullues, 218, 249.
Saulcisses (Tronsons de), 229.

o ij

Saumon, 217, 245.
Saupiquet, 228.
Sausse. V. *Saulce*.
Sautoilles. V. *Setailles*.
SAUVAL, 205.
SAVIGNI, 280.
Savourez, expl., 228.
Seiche, 217, 247.
Seive brisée, 253.
Semez, expl., 254.
Setailles, 216, 249.
Sigongnes. V. *Cycongnes*.
Solles, 217, 246.

Soringue, 222, 237.
Souppe en moustarde, 215, 238.
Souppes, expl., 228.
Soussie, 218.
Soustil brouet d'Angleterre, 214, 224.
Soutif. V. *Soustil*.
Soux, 215 — de pourcel, 236.
Spatule, 231.
Statuts des oyers, 227.
SUÈDE (Christine de), 187.
SULLY (Marie de), 208.

T

Table de plomb, 273.
Taillés, 215, 232, 266 — à jours de poisson, 266 — de karesme, 267.
Tailletz, Tailliz. V. *Taillés*.
Taillemaslée, 249.
TAILLEVENT, Avant-propos, *passim* — (*Viandier* de), 209 — (Pièces relatives à), 277 — vallet de cuisine de bouche de la reine, 202, 279.
Tanche, 190, 216, 242 — renversée, 242.
Tartes en karesme (Pour faire), 218, 248 — (Pour faire aultres) 218.
Terrasses de pain bis, 276.
Thynnus (thon), 218.

TIREL (Guillaume). Avant-propos, *passim*. — (Guillemin), *ibidem*.
Toile tainte à ondes, 273.
Tornesot. V. *Tournesot*.
Tostées dorées, 262.
Toster, expl., 228.
Tour (Une), 271, 273.
Tournesot (tournesol), 257, 263.
TOURNEUR, 281.
Tourtes de layt, 264 — parmeriennes, 261, 271.
Tourtourelles rosties, 215, 230.
Trimolette de perdriz, 258.
Trippes, 190, 249.
Troussant, expl., 265.
Truite, 216, 243 — saumonneresse, 190, 217, 245, 247.

Tramel de beuf au jaunet, 214.
Trute. V. *Truite*.
Tuilleiz. V. *Taillé*.
Tune (thon), 218.
Turbot, 217, 246.
Turturelles. V. *Tourtourelles*.

V

Veau (Civé de), 214, 225 — (Frase de), 214, 226 — aux herbes, 220 — au jaunet, 248 — en pasté, 226 — (Poietrine de), 257 — rosti, 214, 226.
Veel. V. *Veau*.
Vendoises, 216.
Venoison de cerf, 213, 220 — de chevreau sauvage, 213, 220 — (Toute) rostie, 215, 229 — de sanglier frez, 220.
Verdir (Pour), 250.
Verjus (Brouet de), 214, 224 — (Chappon au), 214.
Vertgay (Brouet), 214, 224.
Vertochez, 252.
Viandes pour malades, 240.

Videcoqz, 206 — en pasté, 190, 229 — rostis, 215, 229.
VILLON (François), 194.
Vin (Pour garir) boatté, 252 — enfusté, 252, 253 — qui a la seive brisiée, 253 — qui trait à aigreur, 252 — (Pour garder) d'engresser, 251 — d'être trouble, 251 — (Pour esclarcir) roux, 253 — vermeil, 253.
Vinaigrette, 214, 222.
Vins (Pour admender les), 251 — (Pour degresser tous), 251 — (Remèdes touchans le fait des), 191, 195, 251 — (Usage de mettre les) en bouteilles, 192.
VORAGINE (Jacques de), 275.

Y

Ypocras, 258.
Ysope, 219.

Yssir, expl., 240.

ERRATA

Page 120, ligne 11

Au lieu de : *Ciconant,* lire : *Citonaut.*

Page 142, ligne 2

Au lieu de : *à la grange françoise,* lire : *à la geauge françoise.*

CETTE ÉDITION A ÉTÉ TIRÉE
A TROIS CENT CINQUANTE EXEMPLAIRES
dont

CINQUANTE EXEMPLAIRES
de format petit in-4°, sur papier de Hollande

TROIS CENTS EXEMPLAIRES
de format in-8°, sur papier vélin du Marais

Il a été tiré, en outre, un exemplaire sur vélin et trois exemplaires sur papier de Hollande, de format petit in-4°, et non mis dans le commerce.

ACHEVÉ D'IMPRIMER

LE 12 SEPTEMBRE 1892

POUR

H. LECLERC ET P. CORNUAU

Successeurs de Techener

219, RUE SAINT-HONORÉ, A PARIS

PAR

JOSEPH PIGELET

IMPRIMEUR A CHATEAUDUN

www.ingramcontent.com/pod-product-compliance
Lightning Source LLC
Chambersburg PA
CBHW070452170426
43201CB00010B/1316